本著作是浙江省高等学校访问学者项目《网络谣言传播及治理研究》，项目编号 FX2014022的研究成果

本著作出版受到"浙江省哲学社会科学重点研究基地—浙江省信息化与经济社会发展研究中心"资助

U0733151

网络舆情理论与案例

蒋小花　张瑞静　著

中国时代经济出版社

China Modern Economic Publishing House

序　言

一、互联网对整个社会的影响达到新阶段，民间移动舆论场日益活跃与壮大

1. 移动互联成为国民社会生活的新常态

互联网作为信息化社会的基础设施，已经对中国政治、经济、文化、社会等领域发展产生深刻影响。2016 年 4 月，习近平总书记在网络安全和信息化工作座谈会上提出"推动我国网信事业发展，让互联网更好造福国家和人民"。2016 年 7 月，中国互联网络信息中心发布的第 38 次《中国互联网络发展状况统计报告》报告显示，截至 2016 年 6 月，我国网民规模达到 7.10 亿，网民的人均周上网时长为 26.5 小时，其中使用手机上网的比例达到 92.5%。可见移动互联已经成为国民社会生活的新常态。中国网民保持移动互联的首要互联网应用就是以微信、QQ、微博等新媒体平台为代表的社交应用。截至 2016 年 6 月，微信朋友圈、QQ 空间使用率分别为 78.7%、67.4%。与此同时，微博用户规模达到 2.42 亿，使用率为 34%，比 2015 年有所回升。

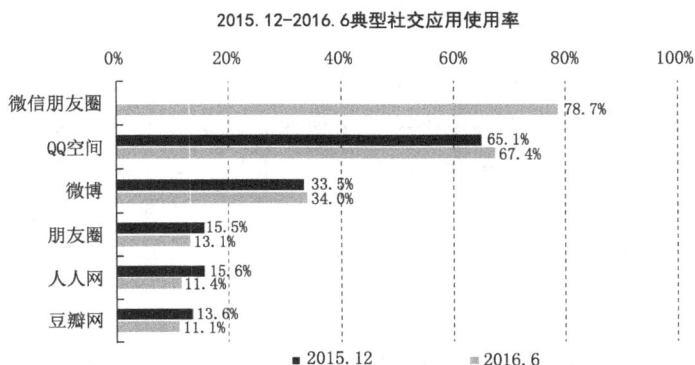

图1　典型社交应用使用率

随着互联网及移动互联网基础设施建设和用户数量的持续攀升，移动互联的社会生活状态，将对我国的经济、政治、文化、社会等领域的发展产生越来越深入的影响。

2. 民间移动舆论场日益活跃与壮大

移动互联网的迅速普及，带来了"人人都是麦克风、个个都有话语权"的"自媒体"时代。近几年来，以微博、微信、论坛、客户端、个人空间、社交网站、视频网站为代表的新媒体平台迅速发展，社会化媒体呈现出日新月异的态势，现代舆论传播的体系与格局发生剧变。基于传统主流媒体的大众传播，构建了官方独享的舆论场；但基于自媒体的移动互联传播体系，则构建了非官方的民间移动舆论场。这两个传播系统形成了两套不同的话语体系。自2010年开始，移动互联网就以颠覆一切的态势席卷中国大地。以移动社会媒体应用为载体的民间舆论场，跃升为我国社会舆论场的主流阵地。官方舆论场与民间舆论场的分化与冲突，迫切需要新型主流媒体担负起价值沟通与共识达成的桥梁职能。[①]为此，自2016年上半年开始，中央和各级地方传统主流媒体，纷纷积极利用"两微一端"[②]向新媒体转型，其中人民日报、央视新闻等传统媒体已经形成了强大的网络传播影响力。

二、国家治理现代化发展的关键：网络舆情治理

1. 互联网与国家治理现代化

人类社会按照农业社会、工业社会、信息社会的脉络发展——这是目前一个被普遍接受的观点。信息化的概念，是用来描述人类社会由工业社会向信息社会过渡的社会现代化发展过程。目前信息化正席卷全球，成为推动世界经济和社会全面发展的关键因素。一个国家的信息化程度，决定着这个国家在新时期生存与发展的实力和地位，是21世纪综合国力较量的制高点。全球性的互联网络将成为人类各种政治、经济、文化、社会活动的基础设施，人类之间的交流形式彻底改变，人们的生活习惯、工作方式、价值观念及思维方式等全面转变，娴熟的互联网素养是人类现代化的标志。

十八届三中全会《中共中央关于全面深化改革若干重大问题的决定》正式提出了"推进国家治理体系和治理能力现代化"，第一次用"社会治理"替代"社会管理"。这意味着在推进信息化进程中，国家治理现代化与工业现代化、农业现代化、国防现代化、科学技术现代化一并成为我国现代化发展的五个目

---

① 朱春阳：《我国需要什么样的新型主流媒体》，《新闻与写作》2016年第4期。

② "两微一端"包括微信、微博及新闻客户端。

标。国家治理现代化，是指推进社会治理创新的一种新理念，要求注重运用法治方式，实行多元主体共同治理。国家治理现代化强调多元行动者对社会公共事务的合作管理，其目的是维护社会秩序，增进公共利益。这表明治理是一个由多元主体与政府共担责任的手段。多中心，网络化，合作管理被认为是治理概念的核心，基于互联网运用的国家治理方式与方法，成为国家治理现代化的重要考量依据。

2. 全面推进国家治理现代化的要务之一：治理网络舆情

世界各国在信息化普及与发展加快的过程中，都存在不同地区或不同群体之间形成"信息分化"与"数字鸿沟"的现象，即信息富有者和贫乏者之间出现明显区隔，这一区隔进一步加深了社会贫富分化程度。我国目前处在社会转型期，网络群体性事件、突发性事件频发。为此我们党提出要推进国家治理现代化，以实现全面建设小康社会的伟大目标。在一个提倡"治理"而不是"管理"的社会权力格局中，在多元主体共同治理过程中，多方参与是实现治理过程的基本保证。治理的过程就是政府与社会之间建立一种新型的互动关系的过程，以保持政府治理与社会治理的良性互动。所以网络舆情治理是社会治理的基本内容之一。①党委领导、政府负责、社会协同、公众参与是社会治理结构中的四大治理主体。而这些治理主体之间的沟通和协作需要一个高效便捷的桥梁。②互联网尤其是社交媒体具有交互、即时、海量、共享、易得、便捷等特征，无疑是最佳的沟通平台，是实现社会治理的重要工具。微博、微信、论坛等社交平台可以成为联系各个主体的桥梁和纽带，能够实现政党、政府、非政府组织（NGO）和公众等各个治理主体之间的互动与合作，正好契合善治对协作、沟通、共享的基本要求。治理网络舆情，打通官方舆论场与民间舆论场，消除隔阂，达成共识，这在很大程度上可以提高国家治理的效率，降低社会发展的成本。

三、我国网络舆情传播现状

网络舆情是指通过互联网表达和传播的各种不同情绪、态度和意见交错的总和。③伴随着中国互联网的发展，近些年来网络舆情传播的特征可以概况为：传播科技引爆网络舆论；网络舆情震撼中国社会。我国对网络舆情的关注始于2005年，至今十余年的时间里，一直与社交媒体的发展息息相关。

2000年博客开始进入中国。木子美事件，使更多中国民众了解到博客，

---

① 王朋兵：《社会转型期网络舆情及其治理理论认知》，《中共济南市委党校学报》2015年第6期。

② 陈世华：《微博参与与社会治理：理论依据和实践路》，《中国出版》2015年第8期。

③ 刘毅：《网络舆情研究概论》，天津人民出版社，2007年版。

并开始运用博客。2005 年国内各门户网站，如新浪、搜狐等纷纷加入博客阵营，博客进入中国的春秋战国时代。2007 年，基于网民对 BBS、RSS、新闻跟帖、聊天室和即时通信工具的广泛使用，中国的网络舆论是"较大规模、较强力度"①。经过 2008"博客年"，进入 2009 年，网络舆情热点事件的首发主体，传统大众媒体与网民的比例是 2：1，即首发主体有 1/3 左右是网民。当时网民发布信息主要依赖的是论坛，这些信息只有经过网络搬运工向主流论坛搬运，被主流化以后才能成为热点事件，即存在一个信息差序流动和主流化的过程。②但随着 2009 年 8 月微博在中国的出现③，进入 2010 年后我国舆论传播格局大变——同传统媒体相比，互联网无论是第一消息源的比重，还是有影响力的独立言论数量都大幅度上升，论坛和微博成为引发社会热点事件和引领舆论话题的场所。后来的发展趋势是：虽然论坛、博客适于发表系统和深入的思想观点，但舆论的意见交换却大量转入了微博平台。④由此呈现了 2010 年中国网络传播的浓重一笔，"网络问政大潮初涌"。⑤而到微博快速崛起的 2011 年，微博传播和网民围观越来越成为舆情热点的重要表达形式，⑥网络舆论引领社会舆论的力量呈排山倒海之势。

在新媒体发展史上，2010 年为微博元年，2011 年为政务微博元年。短短几年里我国政务机构微博与政务人员的微博数已经近 30 万，覆盖了上至中央部委、下至县乡局委的各个层次。在这一阶段，传统新闻信息的传播格局被改变。"草根"阶层、弱势群体，借助新媒体纷纷卷入"网络问政、网络参政"的信息传播过程中，并产生巨大社会反响，引发一个接一个网络舆情热点事件。如果说在中国社会舆论议程设置的"份额"中，2009 年"草根"阶层的分量是三分天下，那么通过互联网，在 2010 年"草根"阶层就已有半壁江山；到了 2011 年，传统主流媒体已经无法与以微博为代表的新媒体分庭抗礼，而是

① 祝华新、胡江春、孙文涛：《2007 中国互联网舆情分析报告》，《今传媒》2008 年第 2 期。汝信、陆学艺、李培林：《2008 年中国社会形势分析与预测（社会蓝皮书）》，社会科学文献出版社，2008 年版。

② 喻国明：《网络舆情热点事件的特征及统计分析》，《人民论坛》2010 年第 11 期。

③ 2009 年 8 月中国最大的门户网站新浪网推出"新浪微博"内测版，成为门户网站中第一家提供微博服务的网站，微博由此正式进入中文上网主流人群的视野。

④ 刘鹏飞：《2010：网络舆论格局新变及传统媒体的作为》，《新闻记者》2011 年第 1 期。

⑤ 祝华新、单学刚、胡江春：《2010 年中国互联网舆情分析报告》，《社会蓝皮书》2011 年版。汝信、陆学艺、李培林：《2011 年中国社会形势分析与预测（社会蓝皮书）》，社会科学文献出版社，2011 年版。

⑥ 叶国平：《当前我国社会舆情分析》，《红旗文稿》2011 年第 17 期。

开始主动合作。尤其是在突发事件中，原来有"议程设置"功能的传统媒体，面对微博的信息传播优势，还要面对"议程被设置"的局面。① 这一现实，也是 2012 年初，"走基层、转作风、改文风"的新闻实践活动在我国主流媒体的新闻战线上轰轰烈烈举行起来的主要原因。

2012 年，微博的影响力达到顶峰，开始走下坡路。此时，微信凭借"查看附近的人"的陌生人交友功能及"摇一摇"，用户迅速突破 1 亿。2013 年被称为微信元年。从这一年开始，大量用户和开发者向微信迁移，微信的崛起使得移动舆论场域蔚然成风。两微一端，成为这一时期的舆论主战场。传统媒体均开通官方微博、微信公众平台及新闻客户端，只为争得移动终端上的一席之地，群雄逐鹿的状态目前仍在持续。自媒体人则在此时纷纷创建微信公众号，粉丝经济效应初具规模。到 2014 年中国进入媒体融合元年。这一年中国传统媒体的新媒体平台，在构建网络社区、引入电子商务平台方面，终于有了成功的先例，如浙江日报报业集团的新媒体业务。2015 年，以"吴晓波频道""罗辑思维"为代表的自媒体大爆发；以"今日头条""喜马拉雅 FM"等为代表的内容平台大放异彩。信息生产力量、信息供给关系、信息传播权力格局，在移动互联网的咄咄逼人之势下悄然剧变。关系传播与情感传播造就的基于趣缘的虚拟社会群体传播，成为当下的主流传播形式。中国网络舆情生态演变至今，无人能够否认：民间移动舆论场跃升为舆情传播的主流阵地。

在传统媒体主导社会舆论的时代，弱势群体的发声平台准入门槛高，参与成本大。而在信息时代，新媒体尤其是微博的低准入门槛，使社会"草根"阶层通过互联网有了一吐为快的话语空间，网络成为现时期网民宣泄言论、意见、爱憎与诉求的最佳媒介场所。② 网络舆情主体政治参与的低成本，大大加速了网络民主化的进程。③ 互联网上反映弱势群体呼声与心态的意见广泛传播，并形成了洪流般的网络舆论，这种网络舆论形成了对公权力的有效节制，为激活中国社会变革提供了广泛的群众基础和深厚的道义资源。近几年基于网络传播而形成的热点事件或群体性事件，反复证明"网络舆情是一种巨大的政治改变力量，这日益成为我们必须面对的政治现实"。④ 伴随着互联网用户的激增，

① 张瑞静：《在博弈中双赢：微博与传统主流媒体——以"甬温动车追尾"突发事件的信息传播为例》，《济南大学学报（社会科学版）》2011 年第 6 期。

② 朱清河、时潇锐：《社会转型期网络舆情的正向选择——从上海"钓鱼执法"事件谈起》，《当代传播》2010 年第 4 期。

③ 张丽红：《试析网络舆情对网络民主的影响》，《天津社会科学》2007 年第 3 期。

④ 史波：《网络舆情群体极化的动力机制与调控策略研究》，《情报杂志》2010 年第 7 期。

网络舆情的撼动力量不容忽视。有文章以《网络舆论倒逼中国改革》为题指出：中国网络舆论的影响及热烈度绝对是世界上最强的。[①] 在社会急剧转型的今天，社会公众对于贫富差距和不公现象的愤懑，对于部分公职人员贪污腐败的不满，对于弱势群体利益受损和社会道德沦丧事件的积愤，使得网民在互联网上激活一座又一座舆论火山，并最终促发了震动整个社会的一个个群体性事件或者公共事件。目前网络舆情成为全社会无法回避的复杂问题。如何正确应对网络舆情，各级党委和政府管理部门、涉事单位或企业，以及网民或用户个人都需学习。

我国社会舆情的思想研究和制度建设有着悠久的历史。但是在理论上真正对舆情的研究始于 2003 年，对网络舆情的关注始于 2005 年，对网络舆情的研究至今也不过 10 多年的时间。网络舆情研究是一个新的社会科学与自然科学交叉的研究领域，在国内对此进行研究的人员和机构相对较少，研究深度也尚待加强。本书旨在抛砖引玉，就教于大方之家。由于作者水平有限，错误、疏漏之处难免，敬请指正批评。

---

① 祝华新：《网络舆论倒逼中国改革》，《当代传播》2011 年第 6 期。

目 录

第二篇 案例篇

第一篇

理论篇

第一章　网络舆情概述

> 舆论是公众关于现实社会及社会中的各种现象、问题所表达的信念、态度、意见和情绪表现的总和，具有相对的一致性、强烈程度和持续性，对社会发展及有关事态的进程产生影响。其中混杂着理智和非理智的成分。
>
> ——陈力丹《舆论学——舆论导向研究》

第一节　网络舆情相关概念

网络信息技术的不断发展引起信息传播方式的重大变化，新的舆情传播机制正在形成，网络舆情成为观察社会问题的晴雨表，网络舆情研究越来越引起人们的重视。在实际研究中，舆论、舆情的内涵并不清晰，所以首先对两个概念进行界定。

一、舆论的内涵

（一）舆论的由来

舆论观念有久远的历史。据相关记载，"舆"字最早出现于春秋末期，如《老子》"虽有车舆，无所乘之"，文中"舆"本义是车厢或轿，延伸义为车，可以解释为众、众人，与现代意义的"舆论"中的"舆"没什么联系。还有《左传·僖公二十八年》"听舆人之诵"，《晋书·王沈传》"自古圣贤，乐闻诽谤之言，听舆人之论"，"舆人"都表示为众人。"舆论"两字连用，最早出现于《三国志·魏·王朗传》"没其傲狠，殊无人志，惧彼舆论之未畅者，并怀伊邑"，表示公众的言论，与现代意义比较接近。中国古代所称的"舆论"一词一般是泛称，其内涵与通常的民谣、谏诤、清议并无太大差别。

欧洲古代社会也有关于舆论相似概念的记载，但"public opinion"一词直到18世纪才作为一个独立的词组出现。这个词组包含了"人民主权"的理念。1762年，法国启蒙学者雅克·卢梭（J. Rousseau）在《社会契约论》使用了这个概念，他认为："在全世界一切民族中，决定人民爱憎取舍的绝不是天性而是舆论。"马克思认为："舆论是一般关系的实际的体现和明显的表露。"①恩格斯曾经说过："世界历史——我们不再怀疑——就在于舆论。"②在现代生活中，舆论成为一个常用词。

（二）舆论的概念

在目前的学术界，舆论的定义多种多样。作为一门学科，美国学者沃尔特·李普曼教授（Walter Lippman）在1922年出版的《舆论学》中认为：舆论就是存在于他人脑海中的关于需求、意图和人际关系的图像，从而肯定了"固定的成见"在舆论形成过程中的作用。著名学者陈力丹《舆论学——舆论导向研究》认为："舆论是公众关于现实社会以及社会中的各种现象、问题所表达的信念、态度、意见和情绪表现的总和。"基本可以概括为三个方面：第一，舆论单纯是一种公众的意见，包括评论、看法、讨论等；第二，这些意见往往涉及公众关心热点事件；第三，舆论除了表示意见，还包括信念、态度、情绪等的总和。笔者认为，舆论是集合化了的公众意见，是公众自发形成的民意的集合，是指社会公众在参与现实生活过程中对各种事件、现象、观点等所产生的一种社会政治态度。

二、舆情的内涵

（一）舆情的由来

舆情，简单地说是舆论情况。在《辞源》把"舆情"解释为"民众的意愿"。根据史料记载，在唐朝"舆情"两字就开始使用，唐朝诗人李中在《献乔侍郎》中就有："格论思名士，舆情渴直臣。"清代名著《聊斋志异·续黄梁》中也出现过"舆情"这个词汇："伏祈断奸佞之头，籍贪昌之产，上回天怒，下快舆情。"学术上对"舆情"概念作为现代意义使用进行研究，是1999年天津社会科学院的舆情研究所。舆情概念被广为人知是2004年《中共中央关于加强党的执政能力建设的决定》中提出了舆情管理的要求。

---

① David McRaney：You Are Not So Smart，Publisher：Gotham（October 27，2011）.

② Davison, W.（1983）：The third-person effect in communication, Public Opinion Quarterly 47（1）：1-15.

（二）舆情的概念

舆情的概念表述很多。王来华在《舆情研究概论：理论、方法和现实热点》阐述，舆情是一种社会政治态度，由主体、客体、空间和中介性社会事项组成。毕竟认为舆情是社会群体对某些社会现实和现象的一种主观反映，是群体性的意识、意见和要求的综合表现[①]。张克生把舆情称为社情民意，认为舆情是社会客观情况和民众的主观意愿[②]。

从传播效果的角度来看，本文认为舆情应该是客体在认知、态度和行为三个方面对主体所造成影响的呈现。不论是国家管理者还是普通民众，要判断舆情，也是从这三个方面去认定的。认知、态度和行为是舆情的核心。当舆情表面上停留在认知、态度层面时，不表示没有行为，只是行为没有外显而已。之所以将行为纳入舆情范畴，首先是行为本身的存在是不能忽视的，其次行为是认知和态度的进一步延伸，最后对舆情的认定更加立体和全面。所以舆情是指在一定的时期、某一区域内，围绕某一社会事件，人们对社会热点事件或现象集中表达的社会政治态度、体验、情绪的心理状况或行为倾向的总和。应该由以下几个方面构成：第一，舆情首先是民意集合的客观反映。没有民意，就没有舆情。第二，不是所有的民意都能上升为舆情，只有对政府决策有影响的民意才能汇聚成舆情。第三，舆情的客体是社会中介性事项。要研究舆情，必须分析每个社会事件的特点和发展规律。第四，舆情还体现为各不同利益主体的政治态度和利益诉求，对国家、社会和社会事物的看法、意见和态度。

三、与舆论的异同点

（一）舆论与舆情的共同点

舆论和舆情作为一种言论形态，其表现形式都是公开的言论，都涉及公众的各类意见，其运行都需要依托一定的载体。舆论和舆情所关注的都是社会热点，都是人们参与政治生活的一种方式。二者之间的关系为，舆论是社会舆情的一部分，舆情一般会引发舆论的关注，而舆论也可以引导，甚至改变整个舆情的发展方向。

（二）舆论与舆情的差异

1.研究的角度不同

舆情研究主要针对的是因特定事件引发的立场、观点，不管是否公开，只要是大众所思所想都能成为研究对象；舆论研究主要是将传播出来的言论或意

---

① 毕竟：《试论高技术传播时代的舆情预警》，《新闻记者》2006 年第 4 期。

② 张克生：《舆情机制是国家决策的根本机制》，《理论与现代化》2004 年 4 期。

见作为研究对象。

2. 关注对象不同

舆情关注的重点主要是来自公众的声音，这种利益诉求的声音没有表达出来之前只能算舆情，不会形成舆论；舆论不仅关注公众的声音，也关注政府的声音。

3. 表达的强度不同

舆情表达的是强烈社会情绪、大众观点，不管意见是主流还是非主流、公开还是不公开、理性或者非理性都可以形成舆情。舆论表达的社会意见一般只包括主流的和公开性的社会意见，强度相对较弱。

4. 形成机理不同

舆情的形成需要特定事件的刺激。比如柴静的纪录片《穹顶之下》的出现使得老百姓对雾霾天气的意见形成了舆情，而在日常生活中公众对雾霾天气这一现象形成的各种意见属于舆论，在柴静的纪录片刺激下，原先的意见汇聚就形成舆情。

四、网络舆情的内涵

（一）网络舆情定义

技术的发展使网络已成为公众表达意见的重要渠道。网络舆情对政府管理、人们的社会生活都产生了很大影响。一些重大的网络舆情事件如果处理不当，会引发社会动乱，甚至会威胁社会稳定。

我国网络舆情研究始于 2005 年，随着群体突发事件的增多，社会关注度不断增强。对于网络舆情，中山大学周如俊、王天琪认为，舆情是公众对互联网上传播的热点问题所表现的有一定影响力、倾向性的意见或言论[1]。王来华教授认为，网络舆情主要指网民的社会政治态度[2]。天津社科院刘毅认为，网络舆情是通过互联网，公众对各种公共事务所持有的多种情绪、态度和意见交错的总和[3]。高承实认为，网络舆情一般由主体、客体、本体、载体和引体五个方面组成[4]。网络舆情的定义还有一些其他的表达，但大多数学者都认为网络舆情是社会舆情在网络世界的直接反映。

---

[1] 周如俊、王天琪：《网络舆情：现代思想政治教育的新领域》，《思想理论教育》2005 年第 11 期。

[2] 王来华：《论网络舆情与舆论的转换及其影响》，《天津社会科学》2008 年第 4 期。

[3] 刘毅：《网络舆情研究概论》，天津人民出版社，2007 年版，第 53 页。

[4] 高承实、陈越、荣星、邬江兴：《网络舆情几个基本问题的探讨》，《情报杂志》2011 年第 11 期。

本文将网络舆情定义为：在一定的时间、区域内，以网络为载体，人们围绕某一社会热点问题、事件或现象短时间内表达出来的社会政治立场、观点、情绪的心理变化或行为意向的总和，由语言、文字、图像、视频等多种方式来表现。主体是社会大众、政府部门、经济组织、媒体等个人和团体，客体是各种社会热点现象和问题，载体是互联网络（包括移动互联网络）空间中的以BBS、微博、微信等为主的社会性软件，本体是情绪、态度、意见、行为倾向等基本内容，引体是社会热点、突发事件。

网络舆情在某种程度上反映了人们对热点、焦点问题的态度和观点，有助于政府及时了解社情民意，掌握相关事件发展动向，及时解决人们关心的问题，提高政府社会管理能力和水平。

（二）网络舆情的功能

1. 网络舆情民意表达功能

在传统主流媒体时代，信息是单向传播，民众与公共权力机构沟通渠道较少，人们通过媒体获得生活所需要的各种信息，很难把自己的想法、意见反馈给政府、社会。而互联网的发展，弥补了沟通渠道缺陷，政府部门和社会大众通过互联网这一新渠道实现了良性互动。在"人人都是麦克风"的时代，人们可以通过网络媒体的各个平台表达自己的观点，发出自己的声音。由于互联网传播速度快，众多的民意很容易形成网络舆情，民意表达比传统媒体具有更大优势。

2. 网络舆情监督功能

没有监督的权力，必然会导致腐败。网络舆情关注的主要是当前的一些热点事件，如环境保护、官员腐败、司法公正、公共政策制定、城管队伍、医疗卫生、食品安全、收入分配等，这些问题的妥善解决很多都跟政府部门有关。每一个重大舆情事件的发生、演变与解决的全过程，几乎都会在网络媒体上引起人们的高度关注，有的甚至导致群体性事件发生。大众对政府政策、决策的意见建议、态度和行动将产生重要影响，加上网络的匿名性，使网民敢于在互联网上发表自己的真实想法，在舆论监督上优势明显，从而实现对政府公权力和权威的有效监督。

3. 网络舆情对改革的推进功能

网络媒体的普及，使更多的公众进入网络世界。我国目前有超过6亿的网民，这6亿网民对社会问题的认识，虽然观点会不一致，但是也有相当数量网民会达成共识。这部分网民达成的共识就是民意，反映了广大人民群众的共同愿望和利益诉求。在网络舆情的基础上不断深化改革，这样的措施才具有科学性和可行性，才能代表多数人的利益，从而获得多数人的支持。

近年来，许多重大网络舆情事件，由于网民的热切关注，才得到公正合理的解决，并在此基础上，推动了相关制度和法律的改革。2009年，备受关注的吴英非法集资诈骗案，引发网民的大讨论，引起了大规模的网络舆情事件。2012年"两会"结束后，温家宝总理在新闻发布会上对"吴英案"谈了三点启示，要求对民间借贷的法律关系做深入调查和研究，使民间借贷有法律保障，在此基础上，国家相关部门出台了相应政策，合同法、民法通则对民间借贷做出了相应的规定，2015年出台中小企业税收政策减免政策，完善中小企业贷款制度等。

4. 疏导情绪功能

由于我国社会经济发展正处于转型期，各种社会矛盾、利益主体冲突凸显，人们在生活中面临的压抑情绪、对政府的意愿亟须有表达的渠道。人们通过网络平台表达自己对政府政策决策的意见，诉说生活中碰到的困难和困惑，发泄自己对现实生活的不满情绪等。所以，只要民众利益诉求的渠道畅通，网络舆情可以很好地疏导、释放网民的不良情绪。但是，如果民众的利益诉求表达渠道不畅，民众的意见和建议得不到重视或延误解决，容易触动网民的敏感神经，就可能形成网上炒作，个体情绪传染到群体，演变为群体性事件。网络舆情某种程度上是现实生活的晴雨表，是网民情绪意愿的情感宣泄的场所。

第二节　网络舆情要素特征

一、网络舆情主体

（一）大众网民

互联网的发展，网民数量快速增长。中国互联网络信息中心（CNNIC）发布第37次《中国互联网络发展状况统计报告》显示，截至2015年年底，我国互联网普及率已达50.3%，网民人数达6.88亿。我国网民在手机使用、性别、学历、收入方面如图1-1所示。

1. 中国网民规模和互联网普及率

随着越来越多的人接入互联网，新网民的数量快速增长，手机成为人们最常用的上网设备，通过手机上网的网民已达90.1%。他们通过手机交友、购物，互联网与人们日常经济社会生活的进一步深度融合。

图1-1　中国网民规模和互联网普及率

2. 中国网民性别结构

网民性别结构趋向均衡，中国网民男女比例为 53.6∶46.4，女性网民比 2014 年上升了 3%。说明随着经济水平、文化教育程度的提高，女性话语权也在不断提高。

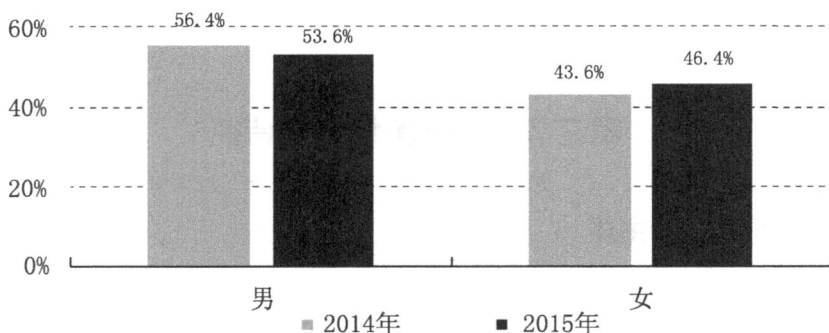

图1-2　中国网民性别结构

3. 中国网民学历结构

网民的学历水平三分之二集中在初中、高中等中等教育水平，小学及以下学历人群上升了 2.6%，低学历人群使用网络继续增加，大学本科及以上基本保持不变。

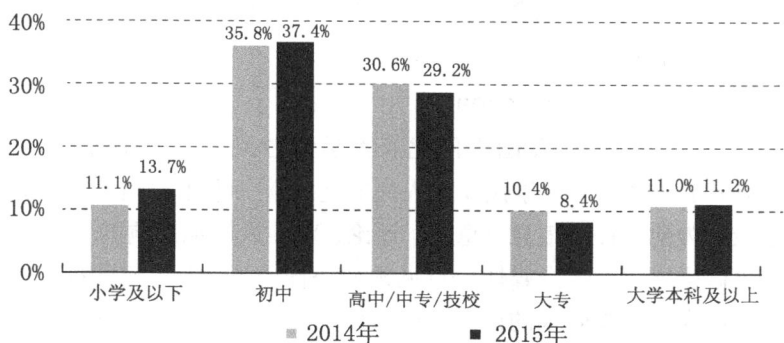

图1-3　中国网民学历结构

4. 中国网民个人月收入结构

改革开放以来我国社会经济取得快速发展，人们的生活水平也逐步提高，2015 年网民月收入 3000 元以上的人群占 58.3%，其中，月收入 3001 ~ 5000 元的群体占 23.4%。

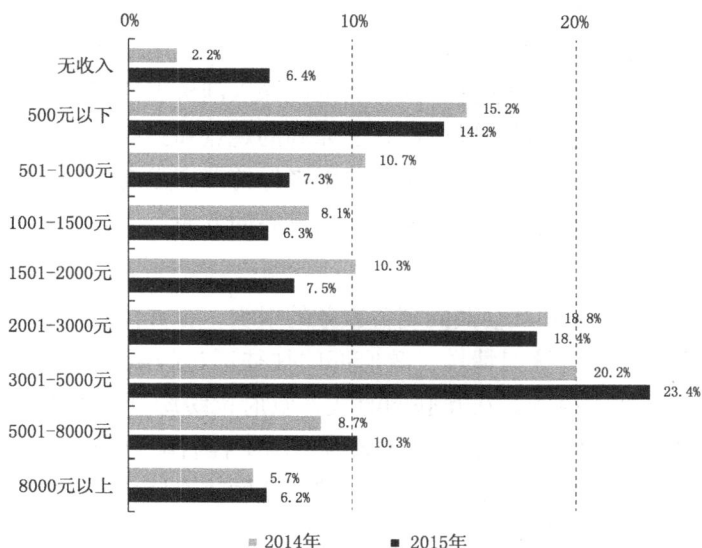

图1-4　中国网民个人月收入结构

从以上数据可以看出，中国网民数量不断增长，不同的年龄层次、不同的学历、收入水平使用互联网人数越来越多，移动互联网与人们日常生活联系越来越紧密，"互联网+"使越来越多的个人、企业取得发展，对于整体社会的影响已进入到新的阶段。

（二）意见领袖（opinion leader）

"意见领袖"一词由美国哥伦比亚大学学者保罗·拉扎斯菲尔德（Paul F.Lazarsfeld）于20世纪40年代在《人民的选择》一书中提出，主要是指在人际传播中经常为他人提供信息、意见、评论，对他人施加影响的"活跃分子"。拉扎斯菲尔德提出了"大众媒体→意见领袖→普通受众"的新传播理论范式，改变了人们对大众传播效果的认识。伊莱休·卡茨在与拉扎斯菲尔德在两人合著的《个人影响》中做了进一步阐释，认为意见领袖必须拥有专业能力，是价值的表达者。也就是说，意见领袖主要是利用自身的专业知识和能力，对专业领域的信息进行传播和解读，从而影响他人。网络意见领袖，就是在网络平台上，运用自己的专业知识、特长，为人们提供资讯，并且对他人造成一定影响力的"活跃分子"。自媒体的快速发展，他们在网络舆论中起到的作用越来越大。

网络意见领袖通常在大型门户网站开设博客、微博，就某个热点事件发表自己的见解。有时在一些由知名学者、专家、草根活跃人士等组成的时政论坛中发表演讲，引起民众的关注和信服。他们通常用与政府不同的角度审视生活中的焦点、热点事件，容易引起民众的兴趣。他们利用专业领域的知识累积、背景及特有的言论角度和表达形式，为网民深入剖析事件背后的玄机，提供独到的信息解读；或是凭借幽默的语言、犀利的观点和锲而不舍的热情等自身魅力，与其处于同一个兴趣爱好圈中的追随者保持着高强度的黏性。网络意见领袖在某些热点事件中能起到引导网络舆情发展的方向。

（三）政府部门

政府作为为公民和社会共同利益服务的组织，有责任协调处理各种利益矛盾及社会事务。在传统舆情场，政府部门往往通过报纸、电视、新闻发布会等渠道发出自己的声音。在互联网时代，政府也纷纷开设网站、微博、微信等，直接向外发布信息。从1999年政府上网工程启动至今，中央和省级的组成部门已全部建设政府网站。根据国务院办公厅政府信息公开办公室资料，到2015年7月7日，政府网站全国共计8.58万个，其中，广东、山东、四川等建设的政府网站数量较多。微博的迅速发展引起党和政府的高度重视，各级党政机关及个别地方官员开设官方微博，提高政府的行政管理能力。在新浪网开通的政务微博的数量已从2011年的2.2万发展到2015年15.2万，取得快速增长。2015年年度发博量达到2.5亿，阅读量达到1117亿。目前，全国各省、自治区、直辖市已经都开通政务微博，江苏、河南、浙江等省份政务微博数量超过 6000 个，已成为政府与社会信息交流沟通的有效渠道。

表1-1 2011—2015年新浪网政务微博变动情况表

年份	党政机关微博数	公职人员微博数	小计
2011年	12103	10652	22755
2012年	37508	27873	65381
2013年	66830	33321	100151
2014年	94164	35939	130103
2015年	114706	37684	152390
合计	325311	145469	470780

（四）企业

企业是产品的生产者和销售者，必然成为网络舆情的"主角之一"。企业网络舆情是指在网络空间内，消费者、媒体、竞争对手、社会公众等对于企业产品、服务、社会责任及其他因变事项产生热点问题的意见、态度、情感和行为倾向的集合。近年来企业网络舆情事件多发，有些对企业发展有促进作用，有些则对企业发展造成负面作用，甚至损失惨重。如三鹿奶粉事件最终致企业破产，富士康员工自杀事件影响富士康的企业形象，娃哈哈等大牌饮料含病菌事件造成企业重大损失。对于那些正面作用的事件，企业无须做过多的处理或者在可能的情况下利用一下，对企业进行正面的宣传。但是对于那些负面的事件企业就必须引起注意，如果对于这些事件不管不顾，事件可能会被大规模传播，进而产生企业网络舆情危机。企业在面对负面网络舆情事件时，要尽快查找原因，在分析事件原因的基础上，判断该事件对企业带来的风险，进而采取下一步应对的措施。

目前，已有近百万企业注册微博，借助微博平台优势，通过微博积累粉丝，宣传产品。企业应通过关键词、敏感词及时掌握企业舆情发展动向，一旦出现用户的投诉或诋毁、劳工纠纷、安全或环保事故等，要快速启动企业舆情处理方案，避免负面消息扩散对企业发展的影响。

（五）媒体组织

媒体是信息传播的载体，直接影响人们对世界的认知，对大众了解和解读热点事件、处理舆情危机发挥着关键的作用。在网络舆情事件中，有很多问题直接由主流媒体提出；有些先由网络新媒体披露，再由主流媒体跟进报道，经过层层深入，还原事实真相，最终平息舆情。比如对食品安全舆情事件，对食品安全事件真相的揭示在很大程度上就是通过专业媒体探访实现的。专业媒体可以进入食品生产加工企业现场察看，通过采访或者是暗访的方式了解食品安全监管部门的工作是否符合相关规范等。所以在网络舆情事件中，主流媒体因为其权威性会影响网络舆情事件的发展。

二、网络舆情客体

（一）网络舆情客体的内涵

网络舆情客体有广义和狭义之分。从狭义上来看，仅仅是指网络舆情传播的对象，涉及的主要是国家的政策与法规及社会主体舆情事件等；从广义上来看，还包括网络舆情传播过程中涉及的人们对政府和社会主体、对舆情事件的态度和舆情事件发生的社会根源。

（二）网络舆情客体的类型

网络舆情客体根据不同的传播方式和传播内容，大体分为以下几类：

1. 政治舆情

政府管理网络舆情涉及国内政治、法治生活中的方方面面，是网络舆情中影响力最大一种。

（1）涉官舆情。政府官员作为一个特殊群体，颇受大众关注，一些普通问题一旦遭到别人利用，借助着网络，谣言就会肆意传播，而且倘使处理不当，很普通的问题就容易被政治化，进一步损害政府官员的形象乃至政府公信力。诸如陕西官员在特大车祸现场微笑、江苏官员在爆炸事故现场阻拦记者直播、雷政富不雅视频等各类牵涉官员的事件，原本是官员个人问题，但经过"人肉搜索"和背后网络推手的恶意煽动，舆情事件不断被扩大化和夸张化，从而在一定程度上对涉事政府官员乃至整个政府的形象都造成了极大的负面影响，继而伤害政府公信力。

（2）涉警舆情。警察作为正义的化身，该类舆情事件的聚焦点表现为警民关系，执法公正性、规范性受到社会的广泛关注。"我爸是李刚"事件；呼格吉勒图冤案；2012年7月2日，四川什邡群体事件；2013年2月12日，游客三亚袭警事件；2013年6月4日，女民警被当卖淫女错抓事件；2013年8月17日，河南林州警察摔婴事件；兰州财经大学学生拍警察粗暴执法屁股被打开花等都引起网络的激烈讨论。

（3）涉法舆情。司法机关作为维护公民权利的一道最好防线，如果不能保持客观、公正，不仅公民的人身自由受到侵犯，甚至公民的生命也会面临威胁。该类舆情事件的聚焦点表现为司法机关审理案件的公正性。如赵作海、聂树斌冤案事件，许霆案定性及判决，浙江叔侄冤案等都引起人们对司法公正的广泛关注。

（4）涉恐舆情。主要指某些集团和个人为了实现某种政治、社会或私人目的，在公共场所，针对普通民众制造恐怖气氛、引起人们恐慌的暴力恐怖事件。一种类型是发布恐怖谣言，营造恐慌气氛，扰乱社会秩序。主要利用微博、微信和社区论坛等自媒体，发布某时某地将要或已发生恐怖袭击等有关的谣言，在社会中制造恐慌情绪。如2015年多名网友在未经证实的情况下通过微博、微信转发"沈阳中街发生新疆暴徒砍人事件"。另一种类型是直接实施恐怖袭击事件。如2014年昆明火车站广场暴力恐怖袭击事件。因恐怖袭击的破坏性强，直接关系人民生命安全，此类舆情极易触动公众紧张的神经，造成恐慌情绪。

（5）涉军舆情。主要是以军队的人员或事件为对象，包括和军队、军人等敏感话题有关的舆情事件。由于军队的神秘性、特殊性，往往瞬间就被广泛传播。如军车进京、军人方大国殴打空姐事件、军人假扮喇嘛事件等，对军队和社会稳定造成很大负面影响。

2. 经济舆情

经济类舆情主要指与企业提供的产品、服务的质量有关的事件，如三星手机爆炸事件、大众汽车尾气排放造假事件、毒胶囊事件等；一些事关企业自身形象的事件，包括企业内部管理、履行社会责任、管理层的丑闻等；还有可能引起网络舆情危机事件，如如家酒店女生遭陌生男子劫持事件、三聚氰胺毒奶粉事件、潘石屹打人事件、农夫山泉水质标准事件等。

3. 文化教育舆情

文化教育网络舆情涉及国家文化建设的各个方面，包括科教文体等。一类是文化方面的明星引发的舆情。如明星柯震东、房祖名吸毒丑闻，大互联网企业女优被引入"土豪"年会、艺术家挤破头进"美协"。另一类是在教育领域因某个事件引发的舆情。主要是针对招生考试、师德师风、教育管理三个方面。如高考减招事件、高考替考事件、教授抄袭门、"范跑跑"等。

4. 社会舆情

社会网络舆情与我们日常生活密切相关，包括社会公众关注的食品、环境、公共安全等社会热点事件和焦点话题等。

（1）食品安全舆情。民以食为天。近几年，食品安全事件频发，已成为人们最关切的民生问题之一。从三聚氰胺奶粉引起国产奶粉的信任危机，至今国产奶粉的信誉还未完全恢复，毒生姜、瘦肉精、塑化剂超标等到"云南幼儿园学生群体性中毒""惠州83名学生集体食物中毒"让人们谈食色变。因食品安全事故导致的经济损失，2015年至少达到500亿元，而因此死伤的人数约万余人。2015 年上半年食物中毒事件就有 68 起，平均每 3 天就一起食品中毒事故，都涉及民众的安全感和尊严，反映了我国食品安全生产和管理机制存在的问题。

（2）环境舆情。在环保领域，主要以垃圾焚烧、PX 项目、PM2.5、水环境四方面矛盾为主。柴静关于雾霾调查的《穹顶之下》播出后，迅速在微信、微博等社交网络得以"病毒式"传播，全民刷屏，引发全国人民对蓝天白云、新鲜空气的关注与讨论。而各地的 PX 项目都因为当地民众的抵制进展缓慢或被停止。

（3）医药卫生行业舆情。由于国家对医疗事业投入不足，"以药养医"、不合理的医疗资源配置等原因造成看病难、看病贵，开大处方，因为部分医护人员缺乏责任心，导致所有医护人员都被贴上标签，有的甚至使用暴力手段表达诉求，医患矛盾的根源不在于医患双方，而在于我国医疗制度和体制。医患纠纷中"医闹"事件和极端的"伤医、杀医"事件频现，加上中科院怀孕女博士在北医三院猝死一事，医患舆情频频出现，引发民众对医生职业和就医环境的思考。

（4）弱势群体舆情。一是留守儿童问题。如举世震惊的贵州毕节 4 名留守儿童喝农药自杀悲剧，引起广泛关注。二是校园暴力事件或被侮辱事件，引发对未成年人保护讨论。三是对社会底层弱势者的尊重问题。如徐纯合因涉嫌暴力袭警被开枪击毙事件，引发阶层身份及其尊严问题的大讨论。弱势人群引发的舆情往往引起人们的同情心，特别值得政府和全社会的反思和警醒。

（5）涉爆舆情。这里的涉爆事件主要是指与恐怖事件无关的公共安全事故。如 2014 昆山工厂爆炸事件，2015 年天津港危险品仓库爆炸事故。爆炸事件暴露了部分生产经营主体只顾追求利润最大化，不顾人民生命和财产的安全，也是相关部门监管不到位的结果。

（6）突发舆情。在社会生活中，因某件意外事件引发的危机事件。如 2015 年上海外滩广场迎新年踩踏事件，东方之星客轮沉没事件，哈尔滨陶瓷市场仓库起火事故，意外事件给人民生命和财产带来巨大的损失。

5. 国际舆情

主要是指境外发生、涉及主权国家及国家与国家间国际互动关系，在国内网络上热门的舆情事件。如导弹击落 MH17 马航客机事件、乌克兰危机、ISIS 横扫中东、朝鲜核危机、叙利亚内战和英国脱欧等。

三、网络舆情载体

在网络环境下，网络舆情信息主要通过 BBS 论坛、博客、微博、微信、移动客户端等新兴载体表现。下面对主要的舆情载体做简单介绍。

（一）BBS论坛

BBS，电子公告板（Bulletin Board System）或者公告板服务（Bulletin Board Service）作为提供电子信息平台工具，就像日常生活中的黑板报。网民经注册后，就可以在论坛通过布告栏交流信息或表达意见。随着时代的发展，如今专门性的、地域性的论坛纷纷建立，各种商业、公共网站都建立有自己的论坛平台供网民来发布信息、表达意见、结交朋友。有共同爱好的群体可以组建专题类论坛，例如旅游、集邮、收藏、体育、购物类、育儿、休闲、动漫论坛，这样的专题性论坛能够在单独的一个领域里，围绕一个话题或事件展开讨论，增加互动性和丰富网站的内容。专题类论坛由于信息分类明晰，话题讨论专业，常常吸引志同道合的人群一起讨论，在专业领域往往具备一定的影响力。综合类的论坛恰恰相反，吸引网民关注的原因是因为论坛上信息比较丰富和广泛。

到2015年底，我国使用BBS论坛的网民数量为1.19亿，网民中使用BBS论坛的约占17.3%，相比2014年下降2.3%。其中，手机使用论坛的用户数量为0.86亿，BBS论坛的发展使网上发表言论的网民数量快速增加。如天涯社区，注册用户超出8000万，网民相对稳定，发言积极，交流活跃。百度贴吧注册用户已突破10亿，主题吧1900万个，每月活跃用户超过3亿。强国论坛因官方的背景，被称为"中文第一时政论坛"。还有新浪、搜狐、腾讯等商业门户网站的BBS论坛，很多人会在上面爆料和讨论问题，发布自己的观点。这些网站每天的访问量、浏览量都很大，社会公众的话语影响力大为增强，网络社区也逐步形成。

（二）博客

博客（Blog），又为网络日志。在微博、微信产生之前，博客是大部分网民交流意见、观点的一个重要平台。作为一个由个人管理的网站，博主可以不时更新文章，发表言论。在博客空间，博主是空间的主人，进入空间的网民可以参与讨论。我国博客用户规模为4.74亿人，使用率为71.1%。每当发生重大舆情事件之后，极易在短时间内通过博客达成共识，大V的博客在大量粉丝的围观下数量猛增。一般关注热点事件的博客的类型分为两种，一类是新闻记者的博客，一类是知名学者、专家、草根中活跃人士的专栏博客。新闻记者有时候因为媒体的限制，不能在主流媒体上完整表达某件事情，就借助博客进行补充。知名专栏博客的博主大部分是大学教授、明星、企业家、专家学者、社会名流，但也有少许普通人活跃分子，在他们周围拥有大量的围观者，他们的意见往往主导着事件发展，形成网络舆情。

（三）微博

微博（MicroBlog）由博客发展而来，可以在桌面、浏览器、移动终端等多个平台方便使用，更加平民化，造就了无数草根英雄。微博最早、最有代表性的是 2004 年美国出现的 twitter，2006 年在中国出现类似产品，但一开始用户不多，直到 2008 年，用户数才有快速增加。我国最早的微博平台是 2009 年 7 月创建的新浪微博，微博信息发布以 140 个字为限，微博与博客实际上不仅仅是字数上的区别，微博大大扩展了粉丝、互粉、关注、同步互动等功能。微博进入人们的视野是石首事件。2009 年 6 月青年厨师涂远高自杀身亡，家人和工作酒店双方就自杀还是他杀责任分歧各执一词，大量群众集合在酒店前围观起哄，损坏汽车、打伤武警、火烧酒店，引发了大规模群体性事件。但是，当地政府、主流媒体不仅没有第一时间公开说明情况，反而封锁消息，在现场的一位网民利用手机微博，用图片和文字说明实时发送了 140 条事件相关内容，记者、网民通过他的微博第一时间了解事件进展。微博利用自己可以现场直播的优势，登上历史舞台。在后来的许多突发事件中，如玉树地震、7·23 动车等议题中，展示了微博在网络舆情事件发展中的作用。

（四）微信

微信（wechat）是一种集传播、服务、娱乐、评论及多媒体分享于一体的社交平台，基于朋友圈的内容分享、基于微信群的社群交流及基于微信公众号的大众传播，形塑了一个真正意义上的立体式、多面向的社交媒体平台，其移动接口具备互动、联结、生动、易得、可变动、低成本且易使用等技术与社会特性。在微信上，网民可以方便地通过文字、图片、语音和视频交流，使用、操作方便，在亲戚朋友、同学和有相同爱好者之间迅速流行，深受网民喜欢，已成为一种强大的社交平台。截至 2015 年年底，微信月活跃用户已超过 5 亿。微信传播的内容，除了生活琐事、日常交流、心灵鸡汤等话题外，也涉及一些谣言和敏感议题，特别是一些负面信息很容易跨微信群传播，在网络舆情事件中显示出不容忽视的力量，成为网络舆情治理的新目标。

（五）移动新闻客户端

随着移动智能终端的推广，人们获取信息越来越便捷。特别是腾讯、新浪、搜狐、网易、凤凰五大商业门户网站的移动新闻客户端成为用户获取信息的主要渠道。此外，"南都周刊""联合早报""纽约时报""BBC"等也成为许多网民的选择。截至 2014 年 6 月，我国手机新闻客户端用户已达 3.9 亿，成为微博、微信之后的第三个新媒体舆论场。据统计，客户端的用户数量超过亿的门户网站有腾讯、搜狐、网易和今日头条等，其中今日头条资讯类客户端，通过精准的分发技术、差异化的个性资讯服务，用户黏性和满意度较高。

移动新闻客户端通过新闻、社交网站、论坛和境外媒体等，采用新闻聚合推送方式，将网络新闻和微博、微信、博客、论坛等上的言论自动聚合，再通过预设排版规则或简单人工整理后自动推送给用户。网络"意见领袖"和网络用户在移动新闻客户端上经常发表观点看法，并参与微博、微信、论坛、博客、QQ 等互动，影响网络舆论的走向。

（六）其他网络社群

网络社群在我国的发展始于 2003 年，2008 年进入了快速发展期，规模迅速扩大，至 2010 年网络社群已迅猛发展。网络社群是具有相近兴趣的网民的聚集地，他们在网络中通过 QQ 群、微博、微信等形式交流。目前，较有影响的网络社群主要有校内网、开心网、QQ 群等，网络社群的每一个用户都是一个中心，由于各类社群注册用户数很多，开心网约有 8000 多万、人人网约 1.37 亿，这意味一条"小道消息"可以呈放射状向其周围的朋友传播，很短的时间可以让千万人知晓。

第三节　移动互联网舆情传播特征

互联网的实时、互动、海量信息的优点为大众表达意见提供了便捷的渠道，改变了我国的传播格局。近十多年来，许多群体性事件在互联网的作用下发生、发展，就是舆情传播新特征影响下给社会管理带来的巨大变化。

一、移动互联网现状

（一）移动互联网发展

移动互联网是手机、电脑等移动设备和网络结合的成果，是互联网的重要组成部分。4G 网络的发展和无线网络的推广为手机上网奠定了基础，手机用户已成为数量最多的上网客户端，移动互联网进入了快速发展期。2014 到 2015 年，在手机通话总时长下降的同时，移动数据流量业务比上年提高 40 个百分点，4G 用户渗透率达到 29.6%，移动互联网用户规模、智能手机出货量增长迅速。从移动互联网信息消费为 GDP 的贡献来看，移动互联网信息消费成为经济增长新动力，2015 年超过 2.3 万亿元，占当年 GDP 的比重达到 1.4%以上。"互联网 +"时代加快了产业跨界融合，手机地图、购物、支付等应用方便了人们生产生活，人们无论在家里还是在路上都能通过移动互联网浏览新闻、在线购物、在线游戏和在线交流，人们的日常生活与手机紧密相连，同时也增加了网民对手机的依赖性。

在移动媒体平台不断融合的压力下，近几年，传统媒体加快转型升级，在原有的传统传播渠道基础上，通过增设门户网站、手机报、微信等手段，全方位、多渠道增加辐射面和影响力。在手机端，除自有客户端外，还通过今日头条、ZAKER、搜狐客户端等聚合客户端发布信息。人们通过电脑、手机上网随时关注社会热点、传播信息和发表评论，网络信息在短时间内就会迅速集聚、扩散，形成网络舆情，政府管理部门如果对互联网网络舆情传播的规律、特征不研究、不把握，等到舆情事件发生时就会束手无措，从而演变成舆情危机，给社会的安全和稳定带来威胁。

（二）移动互联网信息传播的特点

移动互联网信息传播是在传统互联网的基础上的创新变革，他们之间有一些共性，但也有很多自身的特点。

1. 终端移动性

在移动互联网时代，信息的接收终端主要是智能手机和平板电脑。手机和平板电脑呈现小型化特点，便于随身携带。在固定的互联网时代，人们的工作、学习一般限于在公司、住宅等固定场所，而现在，用户可以在移动状态下接入和使用互联网服务，不受场所的限制。目前，移动互联网已覆盖城市角角落落，涉及人们衣、食、住、行等方方面面，让我们的工作、生活与学习变得更加自由，而不必受限于相对固定的生活场所和传统网络环境。

2. 社交化

中国人民大学彭兰教授认为："社交化是移动化以外另一股推动互联网发展的力量，而移动互联网时代的社交活动，所改变的是人在网络中的角色，并导致了相应的社会关系变革。"便携普及的移动终端，即时接入的移动网络，形成各种各样的社交网络，如微信、微博、唱吧、陌陌等，这些社交应用在移动互联网时代快速增长，人们通过这些移动平台建立社群，随时随地方便沟通交流。随着移动网络的不断延伸，人类在虚拟空间的行为具有更多的现实属性，现实世界和虚拟空间正日渐趋同。

3. 碎片化

区别于传统的一对多的信息传播方式，移动互联网结合智能手机，人们可以一直保持在线，利用休闲时间，随时随地接受和交换信息。用户的信息消费从过去的关注"大空间"，到现在关注随时变化的"微空间"。网络用户使用时间呈现出碎片化的倾向，个体进行的是"注意力消费"活动，往往处于一种"忙里偷闲"的状态，如手机阅读、手机游戏、织微博、围观与分享等，新闻事件可以第一时间在网络空间上发布，也可以在第一时间被转播。

二、基于移动互联网的舆情传播特征

（一）网络舆情传播载体多样化拓宽公众交流渠道

传统媒体的信息传播是方式单一、方向单向性的传播。如报纸是通过文字、图片的方式传达新闻信息，广播是用声音传达信息内容，电视则以声音、画面和情景融合的方式传播内容。在传统媒体主导舆论这一阶段，传者和受者处于"分离状态"，传授双方直接交流的机会少，媒体与受众之间缺乏互动，媒体作为信息提供者和传播者，控制着信息资源和信息发布权，是人们获得信息的唯一渠道，人们信息表达机会和途径都很少。如果人们要反馈信息，通常也是事后的，处于被动接受状态。

网络的开放性为传受双方提供了自由便捷交流的可能与机会，而网络与手机结合更使意见的表达如虎添翼。在智能手机上发布信息流程简单，信息传播速度快，可提供事件最新动态。近几年，微博、微信异军突起，网络舆情载体中心快速向微博、微信等转移，占据网络舆情主阵地。自 2010 年微博产生以来，活跃度已经超越了传统的 BBS 论坛、博客、QQ 群、贴吧等网络舆论载体，成为热点事件曝光和发酵的主力军。第五代微博的即时通信功能更加增强了这一趋势。只要有手机，就可以即时更新自己微博的内容。2011 年微信推出以来，因为其使用的方便性已成为网民发布信息的首要选择。目前人们使用微信主要是聊天交流等社交沟通，但微信群内朋友之间信息到达率、阅读率与转发率高，传播速度快范围广。微信还可以对用户群体进行细分，传播的针对性强。尽管目前微信交流主要限制在相对封闭的熟人圈，舆情场不容易形成，但是微信公众号的开放性使其信息传播力不容忽视，特别是在突发事件时极易传播负面信息，影响事件的发展方向。

移动新闻客户端、新闻跟帖、留言板、播客、人人网等不同的载体作为网民交流的渠道，网民只要点点鼠标，就可以获取及时、充分、全面的信息，并对事件发表自己的意见。在这些海量、公开的信息中，那些与社会公共话题相关的更容易引发网络舆情，如"邓玉娇"事件、"躲猫猫""温州动车事故""高考减招"等，在这些事件中，网民的关注和热议的焦点一直伴随着信息的曝光、调查和结果各个阶段。

（二）网络空间的开放性拓展了舆情表达范围

网络技术的开放性改变了信息传播的空间向度，信息传播不受地域的限制，无论是山区还是海岛只要有网络手机人们就可以自由交流信息，信息传播实现了从"点对面"到"点对点"。在互联网社会中，地球的高山、海洋及国家等空间距离被压缩，通过网络电子信息重新组成一个独立信息流空间，打破传统媒体的信息管制。

即时通信、微博、微信、YouTube、Twitter 等新的社交平台的出现，网民能够利用自身的社会关系、兴趣爱好等组成一个个网络社交群落，为网民提供个性化讨论区，实现点对点的交流。同时，通过设置开放的虚拟空间，如论坛、贴吧、聊天室等，网民可以对相关热点问题进行专题讨论。社交平台通过这些功能，聚合网民的不同意见，成为网民表达意见的有力渠道。随着移动网络终端的快速发展，在这些社交平台上，网民可以"即时发布、随地发布"信息，通过手机、APP 等便携设备，只需要点击几下键盘，就可以用文字、图片形式把发生的事件即刻传播出去，现实事件可以在短短的几分钟内就映射到网络空间，网民可以便捷地发表言论、倾诉情感等，也激发了网民参与信息传播活动的热情。正如尼葛洛庞帝所言："过去，地理位置相近是友谊、合作、游戏和邻里关系等一切的基础，而现在的孩子们则完全不受地理的束缚，数字科技可以变成一股把人们吸引到一个更和谐的世界之中的自然动力。"

（三）网络信息传播碎片化加快舆情聚集速度

在传播领域，网络信息内容碎片化表现是，海量信息的堆积及意见表达的多元化。传统媒体信息传播以新闻周期为单位进行，如报纸信息一般以日计算、期刊以期为单位计算。而网络媒介，尤其是微博、微信等自媒体不受周期限制，将时间的非线性、碎片化优势发挥到极致。随着 4G 技术广泛应用，手机的随时随地拍摄、传输功能，使其成为重要的信息传播工具。网民可以随时利用空闲时间发布信息，时间的利用效率大大提高。比如网民借助微博，可以就身边发生的人和事发表见解，也可以关注他人资讯。由于微博信息缺少把关人，存在一些虚假信息，众多碎片化、微型化的点滴信息一旦与某一具体主题相关联时，往往会形成一股舆论洪流。

（四）网络自由性提供弱势群体情绪表达平台

在传统媒介环境下，社会群体，尤其是弱势群体往往由于参与渠道较窄、影响能力有限等原因，无法在媒介上表达自己在现实生活中的利益诉求和真实感受，尤其是像不信任、不公平、被剥夺感这些对社会不满之类的心态，更是只能通过"大道不传，小道传"的途径被关注。互联网的自由、开放性为弱势群体提供了自由表达意见的可能，因种种原因未能进入大众媒体的弱势群体声音，可以在网络上找到生存的空间，可以获得他人的关注。他们可以通过网络平台和渠道自由表达意见建议，并不断刺激、放大网络舆情。尤其是社会底层农村问题，在传统传播时代，尽管由于经济发展落后和固有的城乡二元体制等原因，其一直是社会矛盾和冲突的凸显区，但却很容易被主流媒体边缘化。然而随着互联网的普及和使用，农村问题也有可能成为引发互联网热议和动员的重要源头，如宜黄拆迁、陕西孕妇引产、广东乌坎事件等。

（五）网络隐匿性带来网络舆情表达非理性化

网络使用的匿名性是一把双刃剑，它给人们的公开表达信息带来一定的安全感，讲真话不再担心被报复，更加敢于真实地说出自己的意见，揭露社会管理的弊端，为政府制定政策决策提供民意基础。同时，由于信息发布终端缺乏控制，把关人缺失，如果网民的自我约束能力较弱，部分网民情绪发泄会失去理性，黄色、暴力，甚至反动的垃圾信息充斥着网络，通过相互感染，这些情绪化言论可能发展成为有害的舆论，从而影响社会稳定。

在现实生活中，由于网络隐匿性的特点，很难追查发帖人的身份，一些个人和团体出于某些目的，通过商业运作的模式，雇用"网络推手""网络发帖员"，有组织地在网上发布信息进行自我炒作。有些人在现实生活中和他人发生矛盾或冲突，借助互联网对他人进行人身攻击、谩骂、诽谤、侮辱。"人肉搜索"等网络暴力的滥用，个人信息屡屡泄露，甚至侵犯个人名誉，让人们丧失基本的安全感，造成恶劣的社会影响。可见，传播主体的隐蔽性让网民难以辨别信息的真假，难以判断哪些是网民客观性的诉求，哪些是网络推手精心策划的诉求，给舆情管理带来难度。

第二章　网络舆情研究的理论基础

> 人的行为已经不再是对客观环境及其变化的反映，而成了对媒介塑造的"虚拟环境"的反应。他们的虚拟环境，世界在他们内心形成的图像，是他们思想、感情和行为中的决定性因素。
>
> ——【美】沃特尔·李普曼《公众舆论》

何为理论？理论就是关于某一具体现象、经过论证与组织的一系列概念和阐释。理论都是抽象的，所以通常人们提起理论学习、理论研究时会说"枯燥的理论"。所谓枯燥，正是源于理论的抽象性。理论的本质是一种建构——理论不能反映现实世界，但能够解释现实世界。而且理论提供的是深入而系统的解释——对可变因素之间内在联系的规律和模式进行确认，所以理论可以用来分析或解释现象。理论化的思考是进一步研究的基础。理论研究有助于我们传播和交流知识。理论具有一定的历史性与价值倾向，因此理论会对其涉及的现实产生影响。在社会科学研究领域，学者们认为值得研究的一系列概念和变量，再加上一些有关事物如何运作的特殊观点构成理论范式。通俗地说，绝大多数学者会就研究对象以及如何阐释它们达成共识，这种共识就是范式。理论范式的确立是一个社会科学研究领域成熟的代表。

与理论范式相关的另一个概念是超理论。超理论试图描述、解释不同理论之间的相同点和不同点。超理论是有关理论的理论，是探讨以下问题的理论：应该观察什么、应当如何进行观察、理论应当采取何种形式。[①] 超理论包括认

---

① ［美］斯蒂芬·李特约翰：《人类传播理论》（第7版），史安斌译，清华大学出版社，2004年版，第30页。

识论（有关知识的问题）、本体论（有关存在的问题）和价值论（有关价值的问题）。认识论对应两种世界观：一种认为现象是有形的、可知的；另一种认为知识不是发现的，而是在求知者和已知事物之间的互动中产生的——即唯物主义可知论与唯心主义的不可知论两种。辩证唯物主义的认识论把实践作为认识的基础，把辩证法运用于认识论。本体论聚焦于人类社会交往的本质问题，也存在两种立场：行动性的和非行动性的，前者指个人能够创造意义、具备明确的意图、能够做出真正的选择；后者指行为由环境所决定，个人的主动性被低估。价值论也存在两种立场：一种是认为价值观在理论研究中很重要，应努力把价值观念向着积极的方向引导；另一种认为科学研究应当与价值观相剥离。

网络舆情作为一个研究领域，其理论范式尚未定型，相关的超理论更是处于萌芽阶段。网络舆情的理论研究，目前只有研究框架及理论依据，其理论资源通常是从传播学、社会学、心理学、管理学等学科中借鉴或汲取。随着网络技术和传播技术的发展，自2010年开始传统媒体与新兴媒体深度融合，移动互联网覆盖率与手机网民数量激增，中国开始进入移动互联网的"新常态"，"三微一端"的移动舆论场成为网络舆论的新重心[①]。这种发展与变化给我国政府、社会、业界、学界在网络舆情研究的理论与实践方面都带来了新的机遇与挑战，同时也引发了学术界对网络舆情研究课题更为热烈的关注。在2008年，我国网络舆情研究者就提出了网络舆情的研究框架（如图2-1所示），该框架把研究内容分为基础理论、支撑技术和成果运用三层。时至今日，尽管涉及网络舆情研究的各类各项文献与成果在数量上已经突飞猛进，但其主题与方向依然是在这个研究框架内蹒跚向前。由于我国经济政治发展处于转型期，"网络问政、网络反腐"等网络舆情传播事件激增，所以近几年关于舆论引导、舆情监控、舆情治理、突发性网络舆情事件预警等方面的研究越来越多，第一层次的研究出现了成果单一凸显的状况。

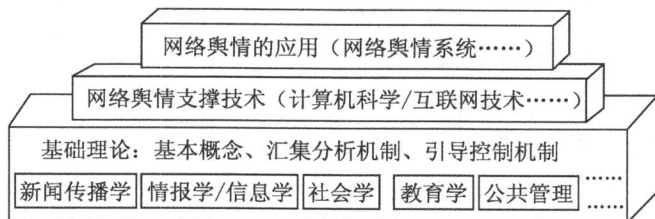

图2-1　网络舆情学术研究框架图

---

①　李未柠：《中国开始进入互联网"新常态"——2014中国网络舆论生态环境分析报告》，http://mt.sohu.com/20150527/n413904842.shtml。

这种研究议题单一膨胀的状况，已经引起研究者的反思。国内研究者指出：面对"人人皆媒，万物相连"的网络世界，国内外关于网络舆情的研究总体上呈现蓬勃发展态势，但目前国内舆情研究却表现出"策为上、术为主、学匮乏"的尴尬学术现实①。"策为上、术为主、学匮乏"，主要是指研究网络舆情管控方法与技术的成果较多，这类研究多以服务政府、提供政策建议、决策参考为主要目的，对学理的追寻、学术的探索往往淡化、弱化处理。任何一个成熟的社会科学，在史、论、术三个方面做到三足鼎立才能够建立起较高的学术地位。学术发展史与社会发展史，解决了"从哪儿来"的问题。知道从何而来，向前而进的步伐才会踏实有序，这是"史"的重要性。而"论"主要是指理论研究，这是一个学科或者研究领域的核心与精华。"术"即应用研究是在理论研究的基础上反哺社会、造福人民。所以一个学科的科学化进程必然伴随着对理论研究的追寻与探索。鉴于此，在网络舆情研究的三个层面，夯实第一层的基础理论研究特别重要。网络舆情研究，作为一个涉及多学科的新兴研究领域，其基础理论是从各个相关学科理论中借用、扩展、延伸而最终升华为自身的理论内核。目前来看，网络舆情研究的理论资源主要是来自于传播学、社会学、心理学三大学科。

第一节 传播学视角下的网络舆情研究

舆论研究在传播学研究领域一直备受关注。许多传播学者都著书立说来阐释舆论传播的原理，如美国著名的新闻记者沃尔特·李普曼所著的《公众舆论》，对传统民主政治舆论学说进行分析，既是传播学的经典著作，也是研究舆论、分析舆情的必读书籍。我国关于舆论研究的经典著作，也多来自于新闻传播学者，如中国社科院陈力丹的著作《舆论学——舆论导向研究》和清华大学刘建明的著作《舆论传播》。《舆论传播》是了解舆论的基础教材，书中对很多涉及舆论的专业名词进行界定与解释。《舆论学——舆论导向研究》集中论述我国"大众传媒与舆论导向"问题。

传播学的奠基人拉斯韦尔在考察了传播的基本过程后，将其解析为五个主要环节或要素，形成了后来人们称之为"五W模式"的过程模式。这五个W分别是英语中五个疑问代词的第一个字母，即Who、Says What、In Which Channel、To Whom、With What Effect。这个过程模式明确勾勒出了传播学研究

---

① 卿立新：《创新大数据时代的网络舆情管理》，《红旗文稿》2014年第22期。

的五个主要领域：控制研究、内容分析、媒介研究、受众研究和效果研究。在传播学视域下研究网络舆情，多数研究有意或无意地都会从5W出发来分析研究对象，即从传播主体、传播过程、传播效果、传播内容、传播媒介出发，通过剖析舆情传播个案的发展与演变过程，讨论分析影响舆情产生演进的各种制约因素及形成机制。在分析过程中，研究者往往有两种取向，一种是用已有的传播学理论去分析网络舆情传播现象，另一种是基于网络舆情传播的案例，来论证已有理论的解释力。前者是对理论的工具性运用，后者旨在验证与拓展已有的理论。不论哪一种，都会将大众传媒纳入研究视野。大众传媒是舆论的重要载体，因此是一种重要的对舆论产生影响的社会影响力，那么它们在"社会影响"这一整体中处于怎样的地位？1995年美国舆论学研究者提出的"关于舆论的社会影响来源四方格"理论从传播环境与社会影响两方面结合的角度，划分出四种变动着的对舆论产生重要影响的领域，如图2-2所示。

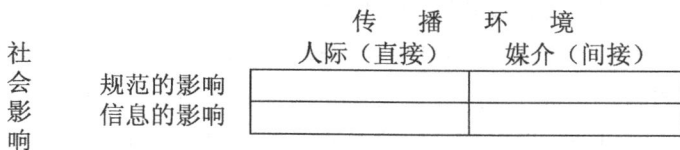

社会影响		传播环境	
		人际（直接）	媒介（间接）
	规范的影响		
	信息的影响		

图2-2　关于舆论的社会影响来源四方格

这四个方格将大众传媒在舆论中的地位清晰地显示了出来：媒介占据着两个方格，对宏观范围内的舆论，发挥着至关重要的作用。需要指明的是，大众传播媒介的言论不等同于舆论，尽管大众媒介有"舆论界"的别称。理论上说媒介应该代表舆论，但由于媒介自身受到各种利益、权利组织、隶属关系等因素的控制，代表舆论的程度要具体分析。反映舆论其实是大众传播媒介的功能之一。马克思和恩格斯曾形象地把报刊比喻为舆论的纸币。围绕着大众传播媒介，传播学视域下的网络舆情研究，以下经典理论常被用来作为理论依据或者分析对象。

一、议程设置理论

议程设置的理论思想，最早可以在沃尔特·李普曼的著作《公众舆论》发现。在《公众舆论》中李普曼提到的"拟态环境"，与议程设置的概念有异曲同工之处。传播学奠基人哈罗德·拉斯韦尔关于大众传播的"环境监视"社会功能理论，也包含着这一理论的内涵。但通过实证研究提出这一理论假说的，是美国传播学家麦库姆斯和唐纳德·肖于1972年在《舆论季刊》上发表的论文《大众传播的议程设置功能》。1968年美国总统选举期间，两位学者调查了大众传播媒介的选举报道对选民产生的影响，论文《大众传播的议程设置功能》是调查研究总结。两位学者在实证调查的基础上提出了议程设置理论，该理论的核心观点包括：（1）大众媒介往往不能决定受众"怎么想"，但却具有决定受众"想什么"的功能，即大众媒介可以设置公众议程。（2）大众媒介反复传播的"重要事件"，会成为受众认为重要的事件，即大众传媒对事物和意见的强调程度与受众的重视程度成正比。"议程设置"理论假说揭示了在传播效果形成过程的最初阶段即认知层面上的效果。"议程设置"理论暗示了这样一种媒介观，即大众传播媒介是形成拟态环境的主要机构。该理论对考察媒体的舆论导向过程具有重要启示意义。这一理论揭示了大众传媒在建立共识、实现对话、构造事件、吸引眼球方面具有重要作用。由此也可以发现媒体人对新闻事件的评判，在很大程度上影响着公众的注意力与判断方向，所以记者、编辑、评论员的责任心非常重要。

分析不同媒体"议程设置"的不同特点，并对其相互作用的关联进行系统分析，成为后来研究的热点。在网络舆情研究领域，目前结合移动互联网络的传播特征，我国研究者开始关注设置媒介议程时不同力量之间的较量与矛盾。在转型的中国，目前公众议程、传统媒介议程、网络媒介议程之间的关系愈发复杂而变动不居。我国的传统主流媒体，"议程设置"功能一直毋庸置疑。但面对新媒体在突发事件中的优势，传统主流媒体还要面对"议程被设置"的局面。2011年7月发生甬温动车追尾事件，当时微博在报道新闻、反映舆情方面的传播潜力，比传统主流媒体更能夺人耳目。追尾事件发生前的7分钟，就有乘客在微博上发出动车行驶缓慢的消息；事故发生4分钟后，有乘客通过微博发布出消息：动车紧急停车并停电，有两次强烈的撞击；事故发生13分钟后，有乘客发出求助微博，该微博转发突破10万；事故发生20分钟后，"四节车厢掉下高架桥，两节车厢脱轨"的微博发出；事故发生1小时后，事故现场群众自救的照片通过微博发到网上；事故发生12小时后，微博上相关讨论量已突破200万条，其中寻人消息的转发量已经超过了50万条。网民从事故现场、寻人、遇难名单、献血现场、救援现场、善后事宜、医院救治等多角度展示这次突发事件，相关微博一直源源不断地传到网上。铁道部新闻发言人的不当言辞也通过微博在网上迅速传播，被不少网民调侃甚至恶搞，俨然成为网络流行语。网民对动车安全、铁道部职责、救援工作的质疑，通过微博淋漓尽致地表达了出来。时任总理温家宝去往温州事故现场视察，在各大主流媒体如人民日报、中央电视台、新华社把这则新闻播报出来之前，甚至在温总理到达之前，在动车事故现场等候的记者已经通过微博，将记者入场、布置温总理讲话地点和新闻发布台等事件的图片与信息全部都发到了互联网上。温总理答中外记者问的发言也通过微博在网上"直播",时效性远超传统主流媒体。① 从此开始,互联网改变了新闻生产与舆情传播的常规。

目前在中国,传统媒体与网络媒体对舆情热点事件进行传播时内容与功能迥异。传统媒体的内容常为"锦上添花"型,功能多为"解疑释惑";网络媒体常为"火上浇油"型,功能多为"发泄怨恨"和"行动动员"。传统媒体与网络媒体信息内容呈"冰火两重天"之态,这是网络舆情传播事件爆发的重要诱因。同时在网络舆情传播事件爆发的过程中,虽然网络媒体和草根网民在披露信息和曝光事件方面的优势明显,但是传统媒体对舆论的推动力量依然不可替代,缺少了传统媒体,尤其中央权威媒体的参与和介入,区域性的网络舆情传播事件就无法在全国范围内形成互动态势。

二、沉默的螺旋理论

"沉默的螺旋"是由德国女学者诺埃勒 – 诺依曼 1974 年在《传播学刊》上发表的一篇论文提出的传播效果理论。1980 年以德文出版的《沉默的螺旋:舆论——我们的社会皮肤》一书,诺依曼对这个理论进行了全面的阐释。这一理论建立在人的社会从众心理和趋同行为的分析基础之上。所谓从众与趋同,是指现实生活中的大多数个人,都会发现单独持有某些态度和信念就会陷入某种孤立;因为害怕孤立,所以个体通常不太愿意把自己的观点说出来。心存顾虑的个人在群体赞成的呼声不断升高时,会表达自己也赞成的观点;在赞成的呼声下降之时,却会保持沉默。"沉默的螺旋"理论,基于这种常见的社会现实现象而提出了理论假设:占支配地位的或日益得到支持的意见会愈加得势,另一方则越来越失去支持的声音。一方表述而另一方沉默的倾向是一个螺旋过程,这个过程不断把一种意见确立为主要意见。如果这个过程有大众媒介参与,螺旋往往形成的更快、也更明显。

这一理论有一个著名的表述:舆论是社会的皮肤。2016 年 7 月 2 日,我国著名的网络舆情研究专家喻国明撰文指出:

舆情是社会的皮肤,是社会时势的晴雨表,管理者更应从舆情的表达中发现和解决社会的深层问题,而不是以"平复"舆论为管理的唯一归依。群体性事件、突发性事件不能简单归类为舆情的控制和引导问题,因为舆情的发生其实是由现实的社会问题、社会矛盾来决定的,如果仅仅把它看作为话题引导的

---

① 张瑞静:《在博弈中双赢:微博与传统主流媒体——以"甬温动车追尾"突发事件的信息传播为例》,《济南大学学报(社会科学版)》2011 年第 6 期。

问题，那是治标不治本。……我们一定要认识到，舆情是社会皮肤，是感知社会时事的晴雨表，要发挥舆情作为调整社会政策的重要参照系的功能。如果就舆情而说舆情，有时是没有答案的，因为这并不是一个简单的技巧和应对方式的问题，而是整个社会系统中重要的一环。这是很重要的第一点。[①]

沉默的螺旋理论提醒我们要注意透视舆论的表面现象。广泛传播的舆论也许在更深层次埋有更大的冲突。对于文化程度高、自主意识较强的公众，沉默其实是一种反抗，契机出现螺旋会出现反转。在目前运用沉默的螺旋理论分析网络舆情传播现象的研究成果中，研究者的观点出现了有趣的对立：一方认为网络传播的匿名性、互动性、开放性使得网民无须"沉默"，"螺旋"会减少；另一方则指出由于互联网乌烟瘴气、鱼龙混杂，理性群体、精英群体会选择旁观与漠视，在网络舆情传播过程中发声的多为暴民，沉默的都是中高层，"沉默的螺旋"更多更大。

三、把关人理论

"把关人"又称"守门人"。"把关人"这一概念，最早是美国社会心理学家、传播学的奠基人之一库尔特·卢因（又译为勒温）在1947年研究群体中信息流通渠道时提出的。库尔特·卢因指出：在群体传播过程中存在着一些把关人，只有符合群体规范或把关人价值标准的信息内容才能进入传播的通道。20世纪50年代传播学者怀特把"把关人"概念应用于新闻研究，提出了新闻信息传播过程的"把关"模式。"把关"过程模式揭示出新闻媒介的报道活动不是"有闻必录"，而是对众多的新闻素材进行权衡、取舍、加工的复杂过程。在这个过程中大众传播媒介形成一道关口，通过这个关口传递给受众的新闻信息只是海量信息的一小部分。"把关人"理论凸显了新闻记者、编辑个人主观判断的取舍选择对新闻传播的重要作用，成为新闻传播早期的经典理论之一。

在大众传媒进行新闻报道的实际过程中，确实存在"把关"现象，但其实质与过程的复杂性，远远超过新闻记者、编辑个人主观判断、进行取舍选择的行为。职业媒体人在工作实践中，会根据新闻信息的客观属性、新闻报道的专业标准和新闻传播的市场标准、新闻媒体机构的立场和方针三大原则来进行信息的取舍。大众媒介的新闻报道与信息传播活动，并不具有纯粹的"客观中立

---

① 喻国明：《我对当前网络舆情治理问题的两个基本观点》（http://mp.weixin.qq.com/s?__biz=MzI5NzAyODEzMw==&mid=2649789859&idx=1&sn=2ceca406a601b51d7353c5f6059668c1&scene=23&srcid=0703ikfOo47wD7FottpEesJt#rd）。

性"。与媒介方针、媒体利益一致或相符的新闻内容更容易优先入选、优先得到传播。随着互联网对当代社会发展进程的渗透与影响，传播生态环境发生变化，"把关人"理论及其现实应用受到了挑战与质疑。传统媒体中的"把关人"即记者、编辑等人，具有媒介内容选取的决定权。但互联网是一种"去中心化"的"新型互动媒介"，在互联网世界中，信息传播不是单向的、线性的，而是互动与交融的，传播者和受传者的区别在减小。互联网使昔日的把关人失去了信息传播中的特权，"把关人"这一传统角色在新的传播时代正在逐渐转变。

网络论坛在我国网络舆情信息传播过程中，一直是信息来源的关键节点，同时还是聚焦话题、引发关注的重要空间。以网络论坛信息传播为例，可以发现"去中心化"的信息流动特征非常明显。在网络论坛信息传播中，人们采取的是讨论和交流这种互动及时、沟通便捷的传播方式。这种交互性强的传播方式使"把关"角色大大弱化、"把关"的可行性大大降低。网络传播信息的开放性、虚拟性、即时性导致无数个体化的传播主体浮出水面，无数个性化信息在世界范围内扩散。信息无疆界扩散，关卡有时形同虚设。网民或用户平等意识、民主意识增强，对互联网信息管制心存抵制。同时，由于网络传播迅速、高效、无界，论坛"把关人"可能根本来不及做出反应，一些帖子已经造成巨大的社会影响。海量的互联网信息鱼龙混杂、令人目不暇接，"把关人"自身对信息进行分辨、判断的能力，也有待更新换代。

不过信息把关的过程在互联网时代依然存在。依然以网络论坛为例。首先网民个人与版主，都要承担把关的责任与义务。在论坛这种开发、平等的公共空间内，信息的真实性与意见的可靠性首先是由网民自己来"把关"。网民通过论坛发表意见或信息，就是进入了公共舆论空间，因此网民对自己所发布的信息要把好出口关，不能信口雌黄、信马由缰，更不能不假思索、不辨是非。而版主即网站论坛的管理人员，要担任维护论坛的讨论风气、推动论坛的调性与理性等治理论坛舆论空间的责任。版主属于网民，但又不同于一般网民。版主的管理是引导网络论坛舆论走向的最直接方式。版主与传统意义上的把关人职能相近，但两者在把关方式与责任方面还是有差别的。传统媒体的把关人是决定信息取舍的主导者；网络论坛的版主是相对的管理者和引导者。在论坛信息把关的过程中，网民、版主之上还有一个重要关卡，就是网站编辑，这是网络媒介带来的新兴从业人员。网站编辑的"把关人"角色，承担专业媒体人的职责，这些职责包括对信息的真实性、伦理道德、社会公德等进行审查，必要时可以采取技术手段过滤掉不该出现的"糟粕"。网站编辑之上是最高层次的媒介把关关口，即媒介制度或传播法律。法律法规具有强制性的约束力。建立符合中国国情的新闻传播法及互联网治理政策，具有特别重大的意义。

四、两级传播与意见领袖传播理论

首先看一则上海市组织人事报 2016 年 7 月 8 日的新闻报道（图 2-3）。

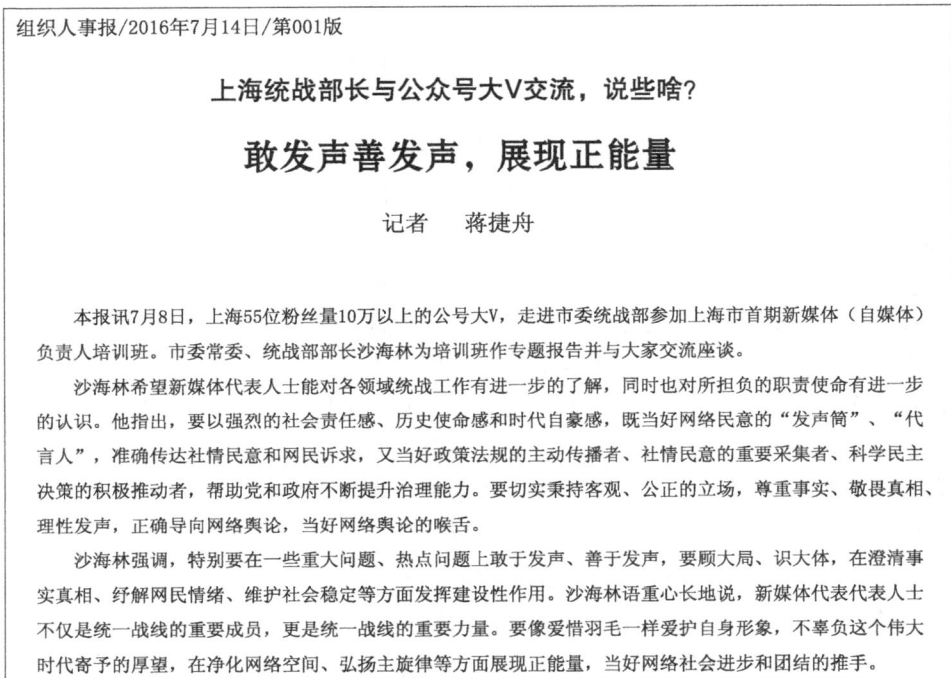

组织人事报/2016年7月14日/第001版

上海统战部长与公众号大V交流，说些啥？

敢发声善发声，展现正能量

记者　蒋捷舟

本报讯7月8日，上海55位粉丝量10万以上的公号大V，走进市委统战部参加上海市首期新媒体（自媒体）负责人培训班。市委常委、统战部长沙海林为培训班作专题报告并与大家交流座谈。

沙海林希望新媒体代表人士能对各领域统战工作有进一步的了解，同时也对所担负的职责使命有进一步的认识。他指出，要以强烈的社会责任感、历史使命感和时代自豪感，既当好网络民意的"发声筒"、"代言人"，准确传达社情民意和网民诉求，又当好政策法规的主动传播者、社情民意的重要采集者、科学民主决策的积极推动者，帮助党和政府不断提升治理能力。要切实秉持客观、公正的立场，尊重事实、敬畏真相、理性发声，正确导向网络舆论，当好网络舆论的喉舌。

沙海林强调，特别要在一些重大问题、热点问题上敢于发声、善于发声，要顾大局、识大体，在澄清事实真相、纾解网民情绪、维护社会稳定等方面发挥建设性作用。沙海林语重心长地说，新媒体代表人士不仅是统一战线的重要成员，更是统一战线的重要力量。要像爱惜羽毛一样爱护自身形象，不辜负这个伟大时代寄予的厚望，在净化网络空间、弘扬主旋律等方面展现正能量，当好网络社会进步和团结的推手。

图2-3　上海市组织人事报2016年7月8日报道《敢发声善发声，展现正能量》

在这则报道中出现的"公号大 V"是谁呢？是网络空间的意见领袖。意见领袖是传播学的重要专业名词之一，最早由传播学四大奠基人之一拉扎斯菲尔德在 20 世纪 40 年代提出。1940 年美国总统大选期间，拉扎斯菲尔德等人对选民进行调查，探讨大众传播媒介在影响选民投票决策时影响力。调查结果显示：大多数人早在大众传媒的竞选报道宣传之初就已经做出了投票的决定，只有约 8% 的人是由于媒体的竞选宣传活动改变了投票的意向。这批人之所以中途改变主意，并非受到了媒体宣传的影响，主要是因为身边亲戚、朋友的劝服而改变初衷。而那些能够影响别人的"亲戚、朋友"们，往往与媒介关系密切——他们平时频繁地接触报刊、广播、广告等媒体，对有关事态了如指掌。于是那些经常与他们交往的选民便从他们那里间接地获得了竞选的重要信息，并且会听取、认可他们对竞选问题的解释、归因与决定。这一部分有影响力的、频繁接触大众传媒的选民，被拉扎斯菲尔德等人称为"意见领袖"（又译为舆论领袖）。

根据拉扎斯菲尔德等人提出的"意见领袖"理论，不难发现在传播过程中存在着两级传播过程：大众媒介传播的信息并不是直接"流"向一般受众，而是要经过意见领袖这个中间环节，再由他们转达给相对被动的一般大众。为此，拉扎斯菲尔德提出了信息的两级传播模式，即大众传播媒介的信息流动过程是沿着"大众传播——意见领袖——一般受众"的路线前进的，意见领袖处于中间的关键位置。后来，拉扎斯菲尔德等人又对竞选以外的其他媒介活动如购物、时尚流行等领域进行了多次实证调查，同样发现了意见领袖的存在。由此"意见领袖"和"两级传播"理论成为传播学的经典理论。

在现实生活中，容易发现意见领袖并不集中于特定的群体或阶层，而是均匀地分布于社会上各个不同的群体和阶层中。甚至可以说每一个群体都有自己的意见领袖。意见领袖与群体内的普通成员，一般处于平等关系，而非上下级关系。不过意见领袖也是不断发生变化的。随着时空条件、人际关系、议题内容、社会地位、社交活动的频率、群体成员的变化等，都可能促使此时此地此处此事的意见领袖，变成彼时彼地彼处彼事的被影响者。

意见领袖作为一种社会现象广泛存在于不同社会之中和传播过程中，虽然存在的形貌可能有些差异。2009 年新浪微博诞生不久以后，互联网上就出现了"大 V"这个词，并迅速成为互联网意见领袖或者舆论领袖的代名词。网络大 V 都是网络空间内的活跃者，他们中从不缺少愿意针对公共议题进行批评的建言者，敢言敢说是他们的特质，有号召力、有影响力是他们的共同点。网络大 V 的身份各异，他们关注的领域与引领的话题也不同，但有一点是相同的——他们的粉丝数通常多达数百万（如表 2-1 所示）。潘石屹的微博粉丝总数超过 1700 万、姚晨的微博粉丝总数超过 7800 万。要知道全球发行量最大的报纸，日本的《读卖新闻》，发行量接近 1000 万份；而我国发行量最大报纸《参考消息》，发行量是 300 万份左右。① 相比之下，大 V 的影响力令人震撼。

---

① 腾讯专稿：《解读｜世界各国报纸销量冠军》（http://gd.qq.com/a/20140702/071066.htm）。

表2-1　新浪大V的微博基本信息

微博名称	微博总数	粉丝总数	日均微博数	微博原创率	平均评论数	平均转发数
潘石屹	22176	17235226	2.516129	0.5641026	0.51282054	532.4487
于建嵘	3183	1952881	2	0.14516129	126.67742	329.91934
徐昕	6080	30038831	15.419354	0.14853556	37.328453	146.17992
姚晨	8053	78141159	2.8064516	0.26436782	858.37933	1663.1954
何戎	7210	69760481	2.2634587	0.1746521	856.37422	1604.7912
作业本	4172	8786752	0.9354839	0.27586207	873.37933	1522.7587
五岳散人	23059	1615928	13.5161295	0.45584726	169.16707	171.39618
罗昌平	11207	650449	7.354839	0.53070176	77.45614	210.35527
胡锡进	4269	4347464	1.3225807	0.31707317	183.7317	180.63414

　　网络大 V 在互联网世界中占据信息高位，拥有引发话题、设置议程的影响力，尤其是在微博信息传播中，微博大 V 成为微博话语的"过滤器"和"扩音器"。在目前这个移动互联网时代，社交媒体日益发达，以微博为代表的社交平台成为人们浏览新闻、聚焦话题、表达意见、传播观点的主要空间。在社交平台上微博大 V、社会公知等意见领袖往往具有设置议程的功能。有大量个案研究表明，公共知识分子的参与或者网络大 V 的传播将大大扩张网络舆情传播事件的传播速度和范围，可以确定：意见领袖人物如公共知识分子的参与是网络舆情传播事件爆发的关键传播因子。

　　然而，在近几年来，网络大 V 在突发公共事件和热门公共议题中的信息传播中，随意表达观点、蓄意激发民怨、刻意夸大事实、恶意散播谣言等多种失德、失范现象愈发严重。国家有关部门自 2014 年开始，实施净化网络环境的专项治理行动"净网行动"，在互联网领域掀起了一场舆论风暴。这次行动过后，以网络大 V 为主的意见领袖如何正确地引导微博舆论、净化网络公共空间，如何加强"把关人"意识和角色定位等问题，成为加强网络舆论引导和管理的重要课题。2016 年 2 月底，国家网信办依法关闭了 @任志强、@罗亚蒙、@演员孙海英、@王亚军上海、@荣剑2001、@文山娃、@纪昀、@大鹏看天下等网络大 V 账号。由此，网络大 V 如何自律、如何承担自己应有的责任再次成为学界和业界关注的焦点。①

第二节　社会学理论在网络舆情研究中的运用

　　根据人民大学复印报刊资料移动阅读平台"壹学者"在 2016 年 8 月 5 日提供的数据，以"网络舆情"为研究关键词的文章主要分布在"文化信息传播

———————

　　①　靖鸣、王勇兵：《新浪大 V 传播行为的变化与思考——以突发公共事件为例》，《现代传播—中国传媒大学学报》2016 年第 5 期。

类（56%）""政治学与社会学类（21%）"（如图2-4所示）。

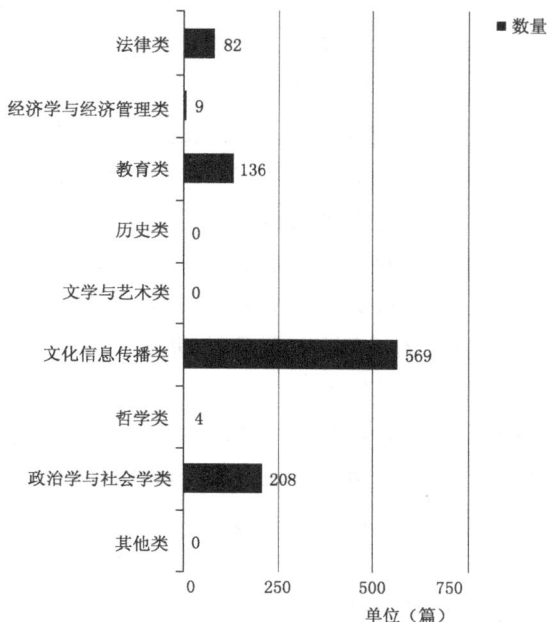

图2-4　壹学者平台"网络舆情"研究学科分布（截止日期：2016年8月5日）

　　由此可见，在我国学界除了传播学领域的研究者在关注网络舆情，政治学与社会学领域的学者也较为关注。究其原因，无外乎是网络舆情传播本身，是一种社会现象，更是一种社会问题。近年来频发的网络舆情传播群体性事件，如瓮安事件、邓玉娇事件、杭州飙车案等，事件的指向如果分为"个人／群体、企业／领导、政府／官员"三类，可以发现当今的普通网民对"政府／官员"群体的理解颇为泛化——与公检法公职人员、官二代、官方背景等相关事件中的人物，通常都被猜测或认定为"政府／官员"群体是责任方。"涉政"事件是近年来比例最大的网络群体性事件。同时，目前我国的大部分网络舆情传播群体性事件都属于寻求舆论支持的抗议维权行为，其折射主题可以概括为情感诉求、经济利益与人身安全三类。与经济利益紧密关联的征地拆迁事件是近些年网络群体性事件的"活火山"。与人身安全相关的事件，主要涉及食品安全、医患纠纷、交通安全。有研究者发现，与情感诉求和人身安全相比，经济利益更有利于事件从情绪转化为行动。即在中国的社会现实背景下，经济利益诉求较情感诉求和人身安全更容易引发网络群体性事件的爆发。此外，所有的网络舆情传播群体性事件爆发均发生在网络上，但其事件本身所处的社会环境有所不同，有发生在大都市的，有发生在中小城市和农村的，还有发生在境外的。但研究者发现发生在大都市的事件更容易成为网络群体性事件传播。[①] 可见网络舆情传播，不仅仅是一种传播现象，实质上还是互联网时代诞生的新的社会现象，在某种意义上也可以说是新的社会问题。

基于社会学研究的网络舆情分析，较为关注网络舆情现象的诱因、网络舆情传播热点事件的影响作用及文化、经济、社会三者之间与网络舆情的互动关系。网络舆情传播事件发生的主要原因，需要从社会、政治、经济、文化及个人身份等角度，对网络舆情的影响因素及机制进行审视。纵观目前社会学视域下对网络舆情的研究，往往从文化传统（包括地域社会）、社会结构、社会变迁、社会运动、经济状况、社会群体、社会流动、阶级阶层、职业、性别、宗教、社会规范、家庭、教育、科学技术等角度，考察个体意见与群体意见的形成，进而考察网络舆情的形成。对于网络舆情信息传播主体与信息内容指涉主体而言，有七个考察舆情形成的社会因素现在已经成为研究中常见主要参考依据，分别是社会阶层（或地位）、种族（或民族）、年龄、性别、教育程度、经济收入、居住地。以下重要的社会学理论，常被用来作为理论依据或者分析对象。

一、网络社会小世界理论

美国社会学家曼纽尔·卡斯特的《网络社会的崛起》一书使"网络社会"在学界成为一个热词。何为网络社会？网络社会是现实的社会，是一种世界普遍交往的社会结构。随着人类社会结构的变迁与科学技术的发展，人类社会交往的关系网络与信息技术网络逐步交错互构，形成新的网络社会共同体。这个网络社会共同体是社会成员在互联网背景下进行的社会交往系统。针对网络社会的研究，涉及网络社会的基本概念、结构特征、网络行为主体、网络认同及动员问题、网络社会中的信息传播形态、网络个体行为心理、动机、行为特征等。随着互联网时代社交媒体的广泛运用，学界对网络社会的研究多以社交媒体入手。小世界理论（六度分离理论）就是社会学家在研究社交网络时提出的一个概念，这一概念及其相关理论，成为学界常用的网络社会分析工具。

1967 年哈佛大学的著名学者斯坦利·米尔格兰姆在《今日心理学》杂志发表文章提出小世界理论（六度分离理论），引起了轰动。斯坦利通过实验发现：任何两人都有可能建立联系，且关系链的平均长度为 6 人，即平均通过 6 个人，起始人总可以找到目标人。世界真小啊——小世界由此得名，小世界理

---

① 李良荣、郑雯、张盛：《网络群体性事件爆发机理：传播属性与事件属性双重建模研究——基于 195 个案例的定性比较分析（QCA）》，《现代传播》2013 年第 2 期。

论也由此被称六度分离理论。该理论的通俗表述是"两个素不相识、看似毫无瓜葛的人之间，最多隔着 6 个人"。按照这一理论，网络社会中每个个体的社交圈如果层层放大，最后就成为一个容纳全世界人类的巨型网络。随着信息技术特别是各种网络社交媒体的运用，六度分离空间进一步缩短。2011 年 11 月，Facebook 和米兰大学的研究者以 7 亿用户数据为基础，通过精确的网络算法计算得出每两个用户之间平均通过 4.74 个间接人而不再是 6 个人就能够建立联系。这个研究修正了小世界理论（六度分离理论），原有的六度分离空间现在已经不足五度。社交媒体在互联网中的应用越来越普遍，可以预见的是随着用户基数不断增多、普及范围不断扩大，原本就"小"的世界会变得"更小"。

小世界理论（六度分离理论）最初应用于人文科学领域，近年来又引起数学家和物理学家及数理经济学家的广泛兴趣，并对其进行了深入研究。来自理工科的学者们研究了一维模型，分别用特征路径长度和集团化系数来描述网络系统中各个结点间的流通和聚集性质，并通过理论分析和数学模型证明只要使大世界中各连接以很小的平均概率"断键重连"，就可以实现大世界向小世界的过渡，从而基本保持大世界的结构而实现小世界的功能。随机网络、熟人构成的集团化网络、网络节点、网络距离等概念，对于网络舆情的启示在于，网络信息不确定性传播的复杂性和系统性，以及在此基础上产生的种种宏观表现和动态规律，是当代网络社会本身所产生的客观现象。我国研究者根据小世界网络的基本特性构建起公共危机信息传播的复杂网络模型，通过改变特殊的参数来对网络演变进行调节，并观察公共危机信息传播的变化情况。模拟情况显示政府及时准确发布危机信息，提高网络传递效率，增加信息覆盖范围，以及有效疏通、监控各种谣言是危机信息管理的重要环节。[①]

网民通过网络表达和传播的各种不同情绪、态度和意见交错的总和，称之为"网络舆情"，它是通过文字、图像、音频和视频等形式在网络上发布和传播，其中以文字形式为主。舆情的产生和变化是一个复杂的过程，会受到个人和环境等因素的影响，需要借助一定的手段才能获取真实的舆情。网络舆情的主体是网民，网民在网络上表达自己的观点，反映网民对某事件的态度是倾向于支持、中立还是反对，这种态度被称为倾向度。我国研究者基于人际关系网络的小世界效应特性，提取某论坛某时段某事件的主帖和全部回帖，建立网络舆情虚拟空间，提出网民观点倾向度转换规则。在此基础上研究者构建基于小世界效应的网络舆情演化迁移元胞模型，运用该模型对网络舆情的观点演化进

---

① 陈晓剑、刘智、曾璠：《基于小世界理论的公共危机信息传播网络调控研究》，《情报理论与实践》2010 年第 5 期。

行分析，并进行实验仿真研究。实验结果验证了网络舆情演化中存在的观点统一、两极分化和观点漂移的现象。这些结论为网络监察部门和新闻管理部门判断是否是人为炒作舆论提供了一定的理论依据和判断技术。[①] 小世界理论（六度分离理论）作为网络舆情分析工具，有利于分析网络信息不确定性现象产生的主体行为因素，也有助于从网络场域出发，分析网络社会的"去中心化"带来的信息发布主体的增多，以及信息权力的生成。这可以为消解中国转型期网络信息不确定性现象提供有益借鉴。

二、社会网络分析理论

社会学的研究对象是社会关系，而非具体的社会个体。因为作为个体的人是千差万别、变化多端的，唯有其关系是相对稳定的，社会网络分析就是研究这些社会关系，由此来研究人们社会交往的形式、特征及不同群体或组织之间的关系结构。社会网络分析是社会学领域比较成熟的分析方法，社会学家们利用它可以得心应手地来解释很多社会现象。就理论起源而言，"社会网络分析"是西方社会学的一个重要分支，是从 20 世纪 30 年代末出现并在最近 20 多年得到重要发展的研究社会结构的最新方法和技术，也是一种全新的社会科学研究范式。因为主要分析的是不同社会单位（个体、群体或社会）所构成的社会关系的结构及其属性，所以社会网络分析又被称结构分析法。

社会网络分析理论中的"网络"指的是人与人之间的各种关联，是社会个体成员之间因为互动而形成的相对稳定的关系体系，包括朋友关系、同学关系、生意伙伴关系、种族信仰关系等。社会网络是由许多节点构成的一种社会结构，节点通常是指个人或组织，节点彼此相连，构成网络状结构。作为一种研究方法，社会网络分析的基本原理包括：关系纽带经常是不对称的并相互作用的；关系的具体内容和联结强度都有所不同；关系纽带间接或直接地把网络成员连接在一起，所以需要在更大的网络结构背景中对其加以分析；社会关系纽带结构产生了非随机的网络，因而形成了网络群、网络界限和交叉关联；关系是一种资源，建构关系网络会产生以获取稀缺资源为目的的合作和竞争行为。

社会网络分析已得到广泛应用，它既是对关系或结构加以分析的一套技术，也是一种结构分析的理论方法。目前社会网络分析主要是通过数量统计研究人类社会系统的结构和交互模式，解释人类社会行为规律和社会现象。小世界理论（六度分离理论）是社会网络分析这一完善理论体系中的一个著名子理论。

① 王根生、勒中坚：《小世界效应的网络舆情演化迁移元胞模型》，《小型微型计算机系统》2011 年第 12 期。

社会网络分析目前主要有两个流派，一是针对整体网络结构进行分析，主要研究群体中角色关系结构；一是针对自我中心网络分析，主要关心个体行为如何受到人际关系网络的影响，进而研究社会团体和人际关系网络的组成。可以发现研究社交媒体是应用社会网络分析技术的一个很好的方式，因为二者的核心都是人与人之间的关系。近年来国内已有研究者将此方法应用于网络舆情研究领域来实现系统化分析，如对网络结构和关键节点及位置角色的分析。翁士洪和张云以 2015 年柴静"穹顶之下"事件的微博传播为个案，首先筛选出此事件中微博转发量最多的 100 个节点，并将此次事件的三个初始信息发布源"柴静看见""人民网""优酷"作为初始节点，使用随机抽样的原则进行滚雪球抽样。研究者通过谷尼微舆情软件进行数据挖掘，选取了 100 个在此次事件中传播较为热门的网络名人作为网络节点，同时随机抽取了 88 个普通的节点作为研究对象，图 2-5 显示了节点与节点之间的关系矩阵可视化结果。

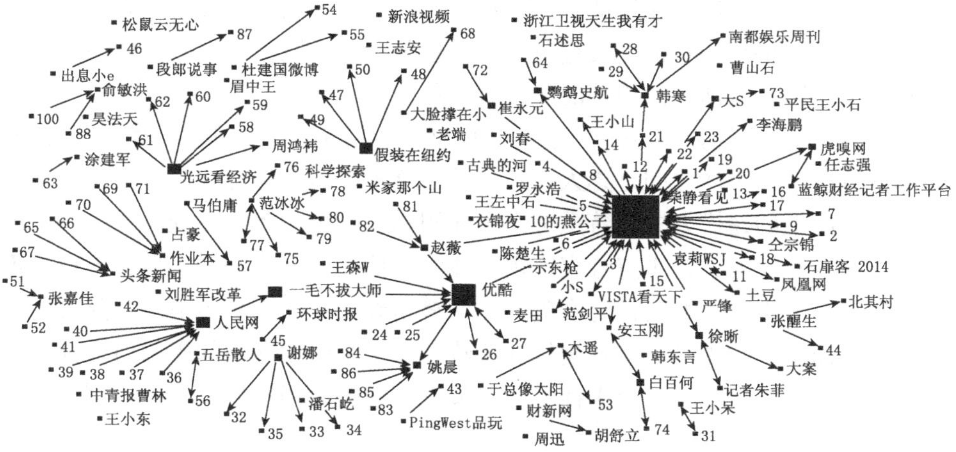

图2-5　柴静"穹顶之下"事件微博舆情互动的网络结构

研究者通过"确定网络节点→确定网络关系→搜集处理数据→建立关系矩阵→建立网络模型→分析结构与分析中心性"的定量分析方法，研究了微博舆情互动网络，得出以下几个结论[1]：

第一，微博等新媒体形成的新网络结构会改变政治生态。微博舆情互动网络中的网络结构与节点位置决定着成员的"影响力"程度。涉及公共议程事件的微博舆情互动和扩散以社会网络结构为基础，其网络密度受到节点间关系强

① 翁士洪、张云：《公共议程设置中微博舆情互动的社会网络分析》，《武汉大学学报（人文科学版）》2016 年第 1 期。

度的显著影响。

第二，新媒体时代中国公共议程设置出现新的模式，微博舆情互动对公共议程的作用比传统模式要大。中国的公共议程设置正在经历从自上而下、单向性的传统模式向自下而上、交互性的新模式转型，传媒议程、公众议程和政策议程出现整合，三大议程之间密切联系，交互影响，网络自媒体成为当下中国公共议程设置中的关键推力。在网络时代背景下，微博等新媒体使得微博舆情互动对公共议程的作用比传统模式要大。这更新了人们对公共议程设置模式的认知，对现有公共议程设置理论有所突破，深化了对公共议程设置的研究。

第三，新媒体比传统媒体更易引爆公共议程讨论。在"穹顶之下"事件微博舆情互动网络中，媒体类和明星名人类微博是舆情网络互动中的关键核心节点，传播的舆情信息来源较广，也具有较强的舆情传播能力。

运用社会网络分析方法，对网络舆情的分析和仿真也是当前的研究热点，研究内容包含网络舆情客体即话题的迁移和深化、舆情主体即参与者的变化和观点倾向、网络结构特征、关键节点的分层与识别、网络舆情指标体系等。目前有关舆情网络传播规律模型的研究大致包括为两类：

（1）基于全连接网络的舆情传播模型。所谓全连接是假设网络节点彼此无障碍链接，即个体之间是熟人模式。基于这种模型有两种建模方式：一种是采用自下向上的建模方式，着重考察个体间相互影响的舆情演变；另一种采用自上向下的建模方式，重点考察宏观群体的舆情演变。这些基于微分方程建模的模型具有数学上的严密性与准确性，能够精确地描述网络舆情随时间变化的过程，从而分析和预测其演化规律及趋势。基于全连接网络的舆情传播模型的缺点也很明显——现实社会中社会网络节点之间的通畅性显然不会达到个体之间均为熟人的程度。

（2）基于交叉学科的舆情动力学传播模型。主要研究网络舆情信息传播参与者之间相互作用的机制。此类模型也对其中的个体性质和行为规则做了理想化的假设，比如假设研究对象是同质同构的。个体的均等、同质与网络舆情传播过程组成各要素的真实情况显然不吻合。

虽然数学模型太过规整与理想，但使用社会网络分析模型有助于分析网络舆情传播事件中的行为逻辑、行为模式及政府和网民互动这一微观行为和过程机制。社会网络分析方法，通过对互动网络结构进行定量分析与测量，能够深化突发事件和公共事件的舆情传播理论研究和管理实践。

三、社会管理转向社会治理的理论创新

在社会发展的历史进程中，原始部落时期血缘关系是社会管理的依据。自

首个封建王朝夏朝建立开始，中国的社会管理方式开始以地缘为依据，运用国家强制力量进行集中管理。这种以王权统治为中心、皇权至高无上、辅以思想道德教化的社会管理方式持续到清朝灭亡。之后中国陷入军阀混战，国家社会管理遭到破坏，社会秩序主要依靠民间基层组织维持。新中国成立后，依托计划经济体制建立起高度集中的、政府包揽一切的"管控型"社会管理体制。度过计划经济时期，我们迎来了改革开放的市场经济大发展时期，此时的中国逐步形成了中国特色的"党政主导型"社会主义社会管理格局，其特点是以促进社会和谐稳定为出发点、以建立现代社会管理体制为目标、以保障和改善民生为重点、以强化社会服务为依托。党的十八届三中全会首次在中央文件中提出"社会治理"的社会管理理念。"社会治理"是指在党的领导下，在政府主导下，政党、政府、社会组织、企业和公民等各类主体遵循社会发展规律，秉持"以人为本"理念，坚持公正和人道等原则，为增进公共利益、促进社会系统协调运转和人际和谐，齐心协力对社会系统的组成部分、社会生活的不同领域及社会发展的各个环节进行组织、协调、服务、监督和控制的过程。其中治理主体包括政党、政府、社会组织、企业和公民。

从社会管理到社会治理，是中国共产党长期社会管理实践经验的总结和理论创新的升华，蕴含着深刻的现实意义和时代价值。治理和管理虽然只有一字之差，其实质却是社会建设和社会管理理论的重大创新。社会治理与社会管理有着明显区别，其特征是社会治理更加强调多元主体合作共治、更加强调社会自治、更加强调多种手段的综合运用、更加强调协商互动。[1] 多方参与是实现治理过程的基本保证。治理的过程就是政府与社会之间建立一种新型的互动关系的过程，以保持政府治理与社会治理的良性互动。所以网络舆情治理是社会治理的基本内容之一。[2] 党委领导、政府负责、社会协同、公众参与是社会治理结构中的四大治理主体。而这些治理主体之间的沟通和协作需要一个高效便捷的桥梁。[3] 互联网尤其是社交媒体的交互、即时、海量、共享、易得、便捷等特征，无疑是最佳的沟通平台，是实现社会治理的重要工具。微博、微信、论坛等社交平台可以成为联系各个主体的桥梁和纽带，能够实现政党、政府、NGO 和公众等各个治理主体之间的互动与合作，正好契合善治对协作、沟通、

① 窦玉沛：《从社会管理到社会治理：理论和实践的重大创新》，《行政管理改革》2014 年第 4 期。

② 王朋兵：《社会转型期网络舆情及其治理理论认知》，《中共济南市委党校学报》2015 年第 6 期。

③ 陈世华：《微博参与社会治理：理论依据和实践路径》，《中国出版》2015 年第 8 期。

共享的基本要求，所以社交媒体无疑是社会治理创新的最佳工具。在遵循社会管理导向的网络舆情研究阶段，监管与防控的"术"是核心课题。但在倡导社会治理理念的新阶段，网络舆情的兴起是社会转型期社会结构重组、社会关系变化、社情民意喷张的鲜活体征。尽管互联网上信息传播的纷乱特质导致负面与虚假的网络舆情难以避免，但网络舆情传播的客观作用仍然是促进社会进步。从"治理"的基本要求出发，政府网络舆情治理应在自身角色定位、治理思路、"政府—媒体—公众"关系等方面树立正确的认知理念。而学界的网络舆情研究，在确定研究目的、分析研究对象、阐释传播现状、表达价值倾向等方面，都需要调整立场、完善认知、更新理念。

四、风险的社会放大理论

20 世纪中后期，经历了切尔诺贝利核泄漏、"9·11"恐怖袭击、伊拉克战争、疯牛病等事件，风险问题已成为公众关注的焦点。"风险"一词已经超越了经济语义，成为当代社会的主要特征。1986 年德国著名社会学家乌尔里希·贝克出版了德文版的《风险社会》一书，首次使用了"风险社会"这一概念。贝克指出，人们正置身于一个危机和风险的社会之中。核能、多种类型的化学与生物技术产品等技术挑战及全球气候变暖、臭氧层空洞、生物多样性的消灭等持续威胁性的生态破坏现象等愈演愈烈，已成为举世瞩目的问题，人类的生存和发展正遭受着严重的生态安全的威胁。[1]1988 年 6 月，克拉克大学决策研究院的研究者们提出"风险的社会放大"（简称 SARF）框架来分析风险问题。该框架致力于分析生活中存在的这样一种现象：一些被技术专家判定为较小的风险或风险事件却引发公众的强烈关注，并对社会和经济产生巨大影响；而一些被专家评定为相对较大的风险，却往往遭到社会的忽视。为探讨这一现象的前因后果，风险的社会放大框架将风险技术评估、风险感知和风险相关行为的心理学、社会学研究及文化视角系统地联系起来，认为风险事件与心理、社会、制度、文化诸因素相互作用的过程会增强或减弱公众的风险感知度和相关的风险行为。[2]风险的社会放大框架主要由两部分组成（参见图 2-6）[3]，第一部分是风险与风险事件的传播阶段，风险在此经历了多次的放大（或弱化）；第二部分是风险放大或弱化后所带来的涟漪效应。

---

① ［德］贝克：《风险社会》，何博闻译，译林出版社，2004 年版，第 16 页。

② 卜玉梅：《风险的社会放大：框架与经验研究及启示》，《学习与实践》2009 年第 2 期。

③ 张侃：《网络突发事件的生成与治理：基于风险的社会放大框架的分析》，《重庆工商大学学报（社会科学版）》2016 年第 1 期。

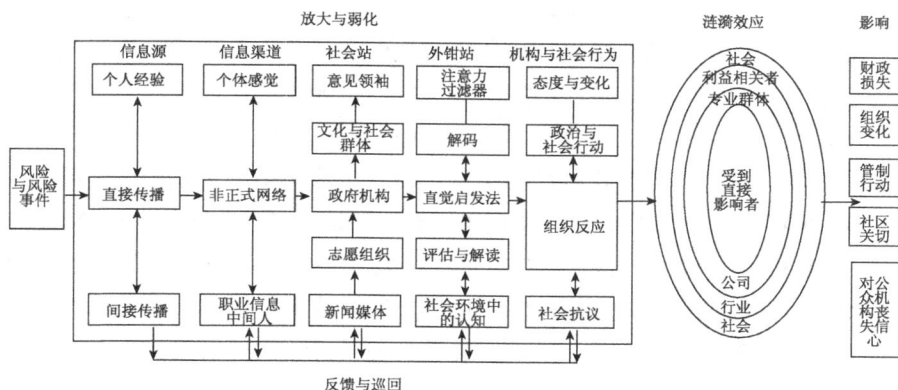

图2-6 风险的社会放大框架示意图

风险的社会放大框架中的两个部分对应风险放大或弱化的信息机制和反应机制。风险或风险事件的信号通过信息系统进入社会放大站，引发社会体系中其他参与者的行为反应，形成风险放大的初级影响，这一阶段是信息机制在发挥效应。社会的行动反应机制，产生的持久效应包括对风险的感知、想象和态度，对经济的影响、政治和社会压力，由此产生"涟漪效应"——首先波及的是直接受害者，然后是相关责任组织层面，并达到有着类似问题的社会层面。风险的社会放大理论，揭示了风险的客观实在性，即风险是一种客观存在，是可以认知的。同时也揭示了风险的社会建构性，即需要通过社会和文化的中介过程来理解。也正是在建构过程中风险会经由一系列因素和途径的影响被放大。这就解释了为什么在现实社会中有些专家认为十分大的风险却不被社会和公众所重视，但是一些被专家认为并不是太大威胁的风险却造成了极大的社会冲突。这种风险认知的不一致或者说风险的社会放大的现象，和网络舆情传播的突发事件、群体性事件，大有相通之处。风险的社会放大框架对网络舆情传播事件进行深入剖析具有十分重要的理论与现实意义。

自20世纪90年代以来，中国在食品安全方面出现了诸如"甲醛酒""陈化粮""地沟油""三聚氰胺奶粉""一滴香""瘦肉精"等食品安全的极端事件，让公众对食品产业这个庞大体系产生了怀疑，撼动了千百年来我们文化中关于饮食的价值和信仰。尤其是屡屡出现食品安全问题的奶粉，除了导致国产奶制品企业的衰败，还引发了一系列社会问题，如香港针对内地人抢购奶粉颁布"奶粉限购令"。一些国外媒体甚至用"中国食品可以杀人"作为标题来解读中国的食品安全问题。这一系列反应意味着公众对于食品不安全的担心已经超过了现有食品本身的安全性，标志着食品安全风险的社会放大。[①]

除了食品安全问题，中国环境风险放大的舆情传播事件也接连发生，其中广受社会关注的包括：2007 年厦门 PX 事件、2008 年上海磁悬浮事件、2009 年全国六大垃圾焚烧事件、2011 年大连 PX 事件、2012 年什邡事件、启东事件和宁波 PX 事件等。反复出现的"PX"事件，几乎成为中国环境问题的死结——公众逢"PX"必反。自 2007 年厦门 PX 事件开始，2010 年在大连、2012 年在宁波、2013 年在昆明和九江、2014 年在茂名，都发生了大规模群体性事件。研究者通过实证分析发现 PX 事件中几个分别被放大（缩小）的信号在社会多个领域被继续放大（缩小），从而引发了广泛的环境风险释放和群体性事件维权的现象。公众对 PX 项目的风险感知，已由环境评估的技术模式转向文化经验模式。这一模式中事件的详细内容被忽略，公众将它们作为整体，提炼出"发现环境风险项目——组织群体性事件——政府停止项目"[②]这一简单的事实线条与行动逻辑。PX 事件是典型的环境风险在社会层面的放大过程和结果。以此为鉴，地方政府的环境风险管理战略应做出相应调整，促进技术公共领域、大众传媒公共领域及公众专家政府的商议性公共领域的发展。[③]风险的社会放大理论框架，从具体事件的微观层面到整个社会的宏观领域，都提供了一个分析与解释网络舆情事件与现象的有效工具。风险社会构成了媒体的传播语境。国内媒体在报道风险事件时的主导价值、报道方式和特点、传播信息话语模式，是否有放大风险本身的可能性，是否激发了负面舆情信息的传播，这些都是值得反思与探讨的课题。

第三节　心理学理论对网络舆情研究的影响

心理学领域的社会心理学是研究他人影响的科学，它企图了解、解释和预测另一个人、一群人和诸种因素的存在如何影响某个人的思想和行为。这一派学者认为在形成舆论、产生舆情的过程中，社会、心理两种因素同时对个体施加影响力。因此诸如"说服""舆论领袖""沟通""经验"等用来描述互动的概念，常出现在研究舆论形成的论著中。诺埃勒 – 诺依曼"沉默的螺旋理论"，

---

① 陈玥：《食品安全风险社会放大的消极后果及其反思》，《前沿》2013 年第 1 期。

② 刘晓亮、张广利：《从环境风险到群体性事件：一种"风险的社会放大"现象解析》，《湖北社会科学》2013 年第 12 期。

③ 邱鸿峰：《环境风险的社会放大与政府传播：再认识厦门 PX 事件》，《新闻与传播研究》2013 年第 8 期。

亦属于社会心理学视角下的舆论研究理论。从 21 世纪 20 年代以来，越来越多的学者们用社会心理分析方法，提出研究舆论、分析舆情形成的模式。此类研究以时间的纵断法来说明舆情的形成，意在揭示网络舆情形成中个人与社会的心理互动。

一、群体心理研究

（一）古斯塔夫·勒庞的《乌合之众：大众心理研究》

勒庞的《乌合之众：大众心理研究》是解析群体心理的经典名著。《乌合之众：大众心理研究》一经问世，便广受欢迎，已被译成二十几种语言，在国际学术界有着广泛影响。古斯塔夫·勒庞是法国著名的社会心理学家，也是群体心理学创始人，有着"群体社会的马基雅维利"之称。《乌合之众：大众心理研究》是社会心理学领域中最具影响力的著作，是研究群体行为时的必读书目。该书用通俗易懂、言简意赅的语言，将群体的特点剖析得淋漓尽致，以下是经常被引用的书中名句：

● 我们以为自己是理性的，我们以为自己的一举一动都是有其道理的。但事实上，我们的绝大多数日常行为，都是一些我们自己根本无法了解的隐蔽动机的结果。

● 人一到群体中，智商就严重降低，为了获得认同，个体愿意抛弃是非，用智商去换取那份让人备感安全的归属感。

● 所谓的信仰，它能让一个人变得完全受自己的梦想奴役。

● 群体在智力上总是低于孤立的个人，但是从感情及其激发的行动这个角度看，群体可以比个人表现得更好或更差，这全看环境如何。一切取决于群体所接受的暗示具有什么性质。……群体固然经常是犯罪群体，然而它也常常是英雄主义的群体。正是群体，而不是孤立的个人，会不顾一切地慷慨赴难，为一种教义或观念的凯旋提供了保证；会怀着赢得荣誉的热情赴汤蹈火……这种英雄主义毫无疑问有着无意识的成分，然而正是这种英雄主义创造了历史。如果人民只会以冷酷无情的方式干大事，世界史上便不会留下他们多少记录了。

● 令人难忘的历史事件，只是人类思想无形的变化造成的有形的后果而已。

● 孤立的个人很清楚，在孤身一人时，他不能焚烧宫殿或洗劫商店，即使受到这样做的诱惑，他也很容易抵制这种诱惑。但是在成为群体的一员时，他就会意识到人数赋予他的力量，这足以让他生出杀人劫掠的念头，并且会立刻屈从于这种诱惑。出乎预料的障碍会被狂暴地摧毁。人类的机体的确能够产生大量狂热的激情，因此可以说，愿望受阻的群体所形成的正常状态，也就是这种激愤状态。

● 要属于某个学派，就会相信它的偏见和先入为主的意见。

● 个人一旦成为群体的一员，他所作所为就不会再承担责任，这时每个人都会暴露出自己不受到约束的一面。群体追求和相信的从来不是什么真相和理性，而是盲从、残忍、偏执和狂热，只知道简单而极端的感情。

拥有近7亿网民的中国，在互联网世界中有各种根据兴趣爱好自由结成网络群体。这些群体人数庞大，分布广泛，身份各异。群体心理是网络舆情传播群体性事件频发的重要原因。互联网在舆情传播过程中是载体、是中介，具有集开放性、互动性和虚拟性于一体的媒介特性。基于这种特性，互联网信息的形态呈现出碎片化、聚合化、智能化的特征。由于这"三性"与"三化"，我国的网民群体心理具有如下表象：

第一是匿名性心理。网民秉持法不责众的心态，造成无责任心的上网行为非常普遍。在网络群体中，单独行动时存在的对危险的恐惧心理会转移或消失，冒险精神会大幅度增加。表现在网络舆情传播中便是个体上网行为无所顾忌甚至随意漠视社会规范。

第二是传染性情绪与行为凸显。在网络舆情传播中网民情绪传染的基本特征，是当群体行为的成员把注意力集中在某一个目标上，情绪传染就随之增加并会引起循环反应。即网民的情绪会在其他网民身上引起同样的情绪，反过来这种情绪又去加强其他人的情绪。这种传染使得个人抛弃通常抑制他们的社会规范。一旦其行为得到周围群体的认同和模仿，就会在共同的情绪中强化个体和群体行为的合理性，相互感染、相互模仿被反复强化，行为个体汇集成行动群体，群体性事件一触即发。

第三是易受暗示的从众性。这正是传染所造成的结果之一。在网络舆论的气氛和压力下，网民的知觉、判断和行为不知不觉地朝向与群体多数相一致的状态变化。网络群体中个体之间的暗示、感染和模仿程度非常强烈，使很多人不知不觉地加入群体行动之中。许多网络舆情传播事件事发之初参加人员较少，很多人不明事情真相和性质，持盲目观望态度，并没有主动参与的强烈愿望。但由于从众心理的驱使，网民个体自觉或不自觉地接受网民群体的传染。

以上三大特征，基于互联网开放性、互动性、虚拟性及碎片化、聚合化、智能化的"三性"与"三化"，再结合网络舆情传播事件本身的性质，特别容易催生网络群体极化现象。

（二）群体极化理论

群体极化概念及理论是1961年由美国学者詹姆斯·斯托纳发现并提出。

在群体决策情境中个体的意见或决定，往往会因为群体间彼此相互讨论的影响，而产生群体一致性的结果，并且这些结果通常比个体的先前个别意见或决定更具冒险性。这种风险转移最终被学者们称为群体极化——团体成员一开始就有某些偏向，在商议、沟通后他们朝偏向的方向继续移动，最后形成了极端的观点。国外学者对群体极化的研究大多从社会心理学视角采用实验室研究方法，通过定量的方法来研究群体在讨论前后发生的群体极化现象。① 在中国，新千年后互联网迅速普及，网络舆情传播中群体极化现象日益凸显。有证据显示，群体极化倾向在网上发生的比例是现实生活中面对面时的两倍多。② 现实中突发性、群体性事件频发，导致网络舆情监测、预警、疏导等治理活动成为社会治理的常态，由此催生出网络舆情传播群体极化现象分析的学术热点。

近几年伴随新媒体传播技术的发展和智能移动终端的迅速普及，博客、微博、微信使用者激增，互联网愈发成为"思想文化信息的集散地和社会舆论的放大器"。特别是草根群体、弱势群体，借助互联网进行利益表达，反映社会底层民众的呼声与意见广泛传播，形成了洪流般的网络舆论。这种网络舆论形成了对公权力的有效节制，为激活中国社会变革提供了广泛的群众基础和深厚的道义资源。有文章以《网络舆论倒逼中国改革》为题指出：中国网络舆论的影响及热烈度绝对是世界上最强的。③ 我国学者指出：网络舆情是一种巨大的政治改变力量，这日益成为我们必须面对的政治现实。④ 网络舆情热点事件，是线上舆论激烈传播引发线下群体聚众行动而形成的。在这一过程中，网络群体极化现象特别突出。

网民在网络上会加入由兴趣爱好相同的人组成的虚拟团体，并会拥有很强的群体认同感，故而倾向于通过表达极端观点而显示自己的立场或态度。志同道合的网络群体会彼此进行沟通与讨论，到最后他们的想法和原先一样，只是形式上变得更极端。由此个体持续暴露于极端的立场中，听取这些人的意见，逐渐融入这种立场。网络虚拟社区的讨论区，如论坛，去个性化的特征最为显著，尤其是关于政治话题。参与者为了表明立场，往往用极端的、鲜明的观点来显示自己的归属性。因此在线讨论往往加剧社会群体的分化，而不是交换合

---

① 龚艳萍、陈胜：《群体极化现象研究综述》，《价值工程》2013 年第 32 期。

② ［美］凯斯·桑斯坦：《网络共和国——网络社会中的民主问题》，黄维明译，上海出版集团 2003 年版，第 47 页至 51 页。

③ 祝华新：《网络舆论倒逼中国改革》，《当代传播》2011 年第 6 期。

④ 史波：《网络舆情群体极化的动力机制与调控策略研究》，《情报杂志》2010 年第 7 期。

理意见，构建公众舆论。① 在社会急剧转型的今天，社会公众对于贫富差距和不公现象的愤懑，对于公职人员贪污腐败的宿怨，对于弱势群体利益受损和社会道德沦丧事件的积愤，都倾倒在互联网上。特别在针对贫富分化、贪污腐败等问题的讨论上，网络上极端言论遍布，并容易指向党政机关和整个社会，呈现一边倒趋势。②《中国互联网舆情分析报告》（2009）特别指出整个社会需要重视网络舆情中的群体极化现象。若不能对其进行良好的引导和控制，群体极化就有可能演化为群体激化，从而导致一些极端行为的发生，甚至威胁到社会的正常秩序。尤其是消极的网络政治群体中的"群体极化"，会导致分裂国家、威胁社会稳定的行为出现。③ 而在随后的几年里，这一论断被一个个震撼中国社会的网络群体极化事件证实，如乌坎事件、钱云会交通肇事案、"我爸是李刚"事件。在这些个案中网民"有罪推定"，致使舆论"一边倒"。在互动性的协作下，网民热衷于发挥形象思维进行添油加醋的"接力想象"，致使谣言甚嚣尘上。在开放性的驱动下，网民偏好于对初始偏见广泛传播，致使刻板印象固化，舆论风险反噬。群体心理极化之风险实则亦是舆情风险之所在。④

（三）社会认同理论

群体归属关系和群体规范对个人态度和行为有制约作用，个体为了维持心理健康，需要一种牢固的群体认同意识。欧洲著名心理学家亨利·泰弗尔和澳大利亚心理学家约翰·特纳在这一观点的基础上提出了社会认同理论。⑤ 目前这一欧洲社会心理学所倡导的社会认同理论已成为社会心理学研究群体行为领域最有影响的理论之一。该理论形成于 20 世纪 70 年代，80 年代中晚期特纳提出自我归类理论，进一步完善了这一理论。⑥ 社会认同理论认为，社会行为不能单从个人心理因素来解释，要全面地理解社会行为，必须研究人们如何构建自己和他人的身份。这一理论包括三个核心概念：社会分类、社会认同和社

---

① Eun-Ju Lee: Deindividuation Effects on Group Polarization in Computer-Mediated Communication: The Role of Group Identification, Public-Self-Awareness, and Perceived Argument Quality, Journal of Communication , 2007.57: p.385 - 403.

② 曾润喜、徐晓林：《网络舆情的传播规律与网民行为：一个实证研究》，《中国行政管理》2010 年第 11 期。

③ 昝玉林、许文贤：《网络政治参与中的"群体极化"探析》，《思想·理论·教育》2005 年第 19 期。

④ 殷伟群、吴淑琴：《群体心理极化风险规避下的网络舆情引导研究——以"郭美美事件"为例》，《南昌工程学院学报》2014 年第 2 期。

⑤ 万明钢、高承海、安洁：《西方关于青少年族群认同研究的现状和进展》，《民族教育研究》2010 年第 6 期。

⑥ 张莹瑞、佐斌：《社会认同理论及其发展》，《心理科学进展》2006 年第 3 期。

会比较。

社会分类是人类对环境认识的简化和系统化。人的社会角色就是一种分类，它使个体按照他所属的社会角色应有的规则来展开行为。我们使用一些社会的类别来进行人的归类，因为这样不仅使周围世界清晰可懂，也使个体的行为有章可循。同样地，我们通过我们属于什么类别来认识自己，我们根据我们所属的类别来定义自己的合适行为。所以说社会分类实际上是一个参照系统：它创造和界定个体在社会中的位置，为其成员自身提供了社会意义上的认同对象。在社会认同理论中，产生社会认同，意味着产生内群体偏好和外群体偏见。社会认同理论认为，人们通常在主观上倾向于夸大内群体成员之间的相似性和同外群体成员之间的差异性。社会比较是形成社会认同的过程，即在我与他或者我群与他者之间求同存异。个体通过实现或维持积极的社会认同来提高自尊，积极的自尊来源于内群体和外群体的有利比较。社会认同理论认为，当个体通过社会比较，发现内群体处于弱势地位时，个体就会通过一种自我激励策略寻求一种积极区分效应。比如采取改变参照点或者更多关注内群体积极特征等方式，以达到心理平衡和满足自尊的需要，这个过程也是出现内群体偏好和外群体歧视行为的过程。当社会认同受到威胁时，个体会采取各种策略来提高自尊，这些策略包括个体层面和群体层面的策略。个体策略主要是社会流动，群体策略主要有社会创造和社会改变。

社会认同理论的一个典型应用是用来分析处于较低地位的少数群体或者一些不利群体的社会心理。"屌丝"为何会成为网络热词，用社会认同理论解释就会发现公众调侃之余，透露的是一种社会不满情绪。在网络空间中，网民寻求、构建着社会认同。尤其是处于社会边缘的弱势群体，由于长期处于社会认同疏离的状态中，借助于开放的互联网，结成了史无前例的网络内群体，其认同度往往会高于其他群体。一旦涉及这一群体的网络舆情事件爆发，其群体凝聚力、向心力、组织动员能力也非同一般。因为这实质涉及群体自尊。

二、个体心理研究

群体是由个体组成的，个体心理与群体心理密切相关却又有很大不同。没有个体心理，群体心理就没有基础。个人作为群体的成员，其心理状况必定会受到群体心理倾向的感染与影响。但个体在特定的群体中有自己的心理现象和行为规律。个体心理的实质是大脑对客观世界的主观反映。通过对个体心理的研究，可以了解和把握在群体活动中个体行为的原因，进一步预测和控制个体的行为，充分挖掘个体的潜能。

现代心理学认为，个体心理现象结构有心理过程、心理状态、个性心理三大类。心理过程是指人的心理活动发生、发展的过程，是外界客观事物作用于人脑后，人脑反映客观现实的过程，包括形成认知、情感和意志三大过程。三者合在一起就是人们常提的简称"知情意"。认识、情感和意志这三个过程相互联系、相互促进、统一并进。心理状态是介于心理过程与个性心理之间的既有暂时性又有稳固性的心理现象，是心理过程与个性心理的统一表现。个性心理是显示人们个别差异的一类心理现象，涉及兴趣、能力、气质、性格等问题。没有心理过程，个性心理特征就无由形成。同时已经形成的个性心理特征又制约着心理过程，在心理过程中表现出来。人们常说的心理学就是研究个体心理发生与发展规律的一门科学。

与社会心理学不同，现代心理学侧重于从个体的生理性思维发生、认识发生角度考察意见的产生。这一派的网络舆情研究者在客观、精确地观察外部刺激的调适、制约对于意见形成的影响方面有很大贡献。这类研究发现了许多可以说明个体意见形成的心理要素，有助于理解人的情绪、意见等外在表达的内在结构，进而更多地理解舆论的深层结构。从个体心理学视角研究网络舆情，主要从网民的心理需求和心理状态等角度分析个体网民的舆情传播行为。网络舆情的形成，通常是社会事件发生后经由互联网发酵，网民获知相关信息后心理失衡状况下产生的网络传播行为。网民参与、卷入到网络舆情传播事件中时，其个体心理特质和群体心理特征，是形成网络舆情传播事件的推动力与影响力。

（一）库利的"镜中我"理论

查尔斯·霍顿·库利是传播学的四大奠基人之一，也是美国著名的社会学家和社会心理学家。库利对传播与人的社会化问题进行了深入研究，并提出了"初级群"和"镜中我"的概念。其中"镜中我"这一概念是传播学自我传播的关键词之一。"镜中我"源自库利对自我的反映特征的一个比喻：每个人都是另一个人的一面镜子，反映着另一个过路者。所以库利认为人的行为很大程度上取决于对自我的认识，而这种认识主要是通过与他人的社会互动形成的。别人对自己的评价、态度是反映自我的一面"镜子"。个人通过这面"镜子"认识和把握自己。可以说人们是在想别人对自己做何评价之时形成了自我的确认。可见自我是在与他人的联系中形成的，这种联系包括三方面：关于他人如何"认识"自己的想象、关于他人如何"评价"自己的想象、自己对他人的这些"认识"或"评价"的情感。库利提出"镜中我"的概念，强调了个人与社会之间有机的联系。他认为群体传播问题的关键不在于承认个人或社会哪一方处在优势，而是要考虑个人如何存在于群体之中，以及群体如何存在于个人之中。通过这一理论，我们可以发现有些网络传播行为主体，传播的意图并非传递信息，而是试探他者对自己的评价。如在微信朋友圈发状态、秀照片等传播行为，刷存在感、获取关注的目的通常并非是传播信息、更新状况。个体通过他者的点赞、评论与转发，获取关照自己的镜子。

（二）米德的"主我与客我"理论

自我并不是封闭和孤立的，每个人的自我意识都是在与他人的社会联系中形成的。看似独立的自我，其实具有鲜明的社会性和互动性。美国社会心理学家乔治·赫伯特·米德，最早从传播的角度对人的自我意识及其形成过程进行系统研究，提出了"主我与客我"理论。米德认为，个体的心理过程是一个"主我 I"与"客我 me"双向互动的社会过程，互动的介质是信息。米德指出，自我是由二者组成，其一是作为意愿与行为主体的"主我 I"；其二是作为他人社会评价和社会期待的"客我 me"。人的自我是在"主我 I"和"客我 me"二者的互动中形成。客我促使主我发生新的变化，而主我反过来也可以改变客我，两者不断互动进而形成新的自我。这一理论提醒我们在分析舆情信息传播主体的具体传播行为之时，要区分驱使传播付诸实践的"元凶"或"主谋"是"主我 I"还是"客我 me"。

（三）埃里克森的"自我同一性"理论

"自我同一性"这一概念，是美国心理学家埃里克森提出的"人格的社会心理发展理论"中一个非常重要的术语。埃里克森认为"自我"执行重要的人格建构功能。他相信自我是人格中一个独立的部分，其基本的功能是建立和保持人的自我认同感。根据埃里克森的解释，首先"自我同一性"是指在过去、现在和将来这一时空中的一种主观感觉或意识，也就是说这一概念重视主观的意识体验，强调的是"自我同一性感觉"及自己自身内在的不变性和连续性。其次，"自我同一性"还意味着以社会性存在的确立的自我，也就是说被社会所认可的自己、所确立的自我像，这种意识相当于自我同一性的第二个侧面，即个体对自己所属群体的认同，也称为"集体同一性"。通俗地讲，埃里克森的"自我同一性"是一种关于自己是谁，在社会上应占什么样的地位，将来准备成为什么样的人及怎样努力成为理想中的人等一系列感觉。自我同一性将一个人自我的过去、现在和未来连接在一起，把社会内容整合于自我当中，从而形成关于自己的完整概念。[1]"自我同一性"提示我们在剖析网络舆情传播主体的具体行为之时，要关注个体过去、现在和将来的社会化过程。所谓事出有

---

[1]　胡雅梅：《聋人大学生身份认同的研究》，辽宁师范大学博士论文，2005 年，第 22 页。

因，因人而异。

（四）身份理论

以微观社会学中符号互动论为基础的身份理论起源于美国，形成于 20 世纪 60 年代末，由美国心理学家斯特莱克提出。斯特莱克认为，相对于我们在社会生活中所具有的每一种角色位置，我们都具有迥然不同的自我成分，即所谓角色认同。角色认同是各种自我知觉、自我参照认知或自我界定。作为特定社会范畴的成员，人们的角色认同经历了自我界定的过程。身份理论假设，人们在不断地与他人交往中获得角色，个体依据这些角色形成自我观念，同时，在特定的情境中，个体会按特定的角色来规定自我的言行。斯特莱克指出，个体能够在社会中扮演各种不同角色，还能够把自己所承担的角色内化为各种自身具备的身份，个体扮演多少的角色就会形成多少相应的身份，所有身份的整合就构成了个体整个自我，而个体的自我也是在各种身份认同的过程中得以体现出来。① 所以，身份理论认为身份的确认过程是由四个基本要素构成的完整反馈控制系统：（1）标准，是个体角色与社会期望的融合；（2）情境中与其自我相关的信息的输入；（3）情境信息与内部标准相比较；（4）做出该做的行为。② 在这个"建立标准——信息输入——分类比较——输出实践"的过程中，人们内心做出理解，接着实施行为，随后收到来自外部的反应，之后这些反应影响其对身份的确认，这是一个具有自我平衡的功能系统。③ 根据身份理论，容易发现网络舆情信息传播过程中"刻板印象"的作用不容忽视。

以上理论都是关于个体进行自我确认、自我定位的心理学理论。作为互联网的用户，在畅游互联网世界的过程中个体网民也在追寻自我身份的确认与社会认同。互联网在社会行为规范和思想准则方面，对个体的社会化成长产生着潜移默化的作用。互联网的影响力到达现实舆论的途中，存在着一个缓冲体或过滤器，人们的社会关系和七情六欲都属于舆情信息的"缓冲体"。选择忄注意、选择性理解、选择性记忆这些个体心理过程，制约着网络舆情传播的影响力。个体网民的上网行为是能够培育、需要关注、逐渐规范的动态过程。个体网民在参与、围观一个个网络舆情传播事件之时，也在不断完成自我认知、进

---

① 吴小勇、黄希庭、毕重增、苟娜：《身份及其相关研究进展》，《西南大学学报（社会科学版）》2008 年第 3 期。

② Burke P J. Identity change, Social Psychology Quarterly, 2006, 69 (1), p. 81-96.

③ Burke, Peter J. Identity Process and Social Stress, American Sociololical Review, 1991, 56 (12), p. 836-849. Burke, Peter J. Trust and Commitment through Self-Verification, Social Psychology Quarterly, 1999, 62 (4), p. 347-360.

行自我确认，逐渐成长为合格的当代公民。需要注意的是，舆论毕竟发生于具体的社会环境中，人的心理状态、思考过程、传播行为千差万别、瞬息万变，单纯从个体的生理或心理考察舆论，不利于全面研究舆论的形成。

第四节　综合性视角及其他理论运用

所谓综合性视角下的网络舆情研究，是指研究者采用自己所熟悉的一种方法，同时辅以其他方法，带有宏观思辨性质来分析网络舆情，从而为网络舆情的管理与治理提出对策建议，包括数学建模理论、熵理论、信息异化理论、信息伦理、混沌理论、信息公开理论、场域理论等来自不同学科的理论与方法。这些理论与方法为网络舆情研究提供了宝贵的理论资源和方法指导。尤其是在网络舆情管理与治理研究分支中，开拓理论视野，汲取有益"养料"，才能深化该领域的理论发展和实际应用。在此介绍三个对网络舆情传播管理与治理具有策略性指导意义的理论。

一、利益相关者理论

利益相关者理论源自企业战略管理，肇始于 20 世纪 60 年代，主要研究组织各相关群体同组织战略与管理的关系问题。与传统的股东至上主义相比较，该理论指出任何一个公司的发展都离不开各利益相关方的投入或参与，企业追求的是利益相关者的整体利益，而不仅仅是某些主体的利益。那么谁是"利益相关者"？——有这样一些团体，如果缺少他们的支持，组织就不能生存。所以利益相关者是能够影响一个组织目标的实现，或者受到一个组织实现其目标过程影响的所有个体和群体。利益相关者有着不同的分类，美国研究者根据利益相关者的合法性、权力性、紧急性三个属性，将企业利益相关者分为三类：确定型利益相关者、预期型利益相关者及潜在利益相关者[①]。利益相关者理论认为：组织与利益相关者之间是交互影响的关系；利益相关者既作为组织的影响者，又是组织的参与者；组织应为利益相关者整体共有，在组织战略与管理中所有利益相关者应共同参与治理，利益相关者间博弈性与协同性并存；利益相关者识别和重要性次序，因参照标准多元，划分结果不同，具有一定相对性。

---

① Mitchell, A & Wood, D. Toward a Theory of Stakeholder Identi- fication and Salience: Defining the Principle of Whom and What Really Counts ,Academy of Management Review. 1997, 22（4）,p. 853 － 886.

利益相关者理论与社会治理理论相结合，能够带来网络舆情治理的理念更新与视角转变。网络舆情的利益相关者，是那些借助互联网平台发布信息、引发公共话题、形成网络舆情，同时受到网络舆情发展和管理过程影响的所有个体和群体。当理解这一点，我们可以意识到网络舆情传播事件就像一辆有人想要点燃的公交车，你、我、他都是乘客。网络传播的特性决定了网络舆情治理过程中所涉及的利益相关者众多，且构成复杂。同时网络舆情在传播过程中不同利益相关者的身份、情绪、意愿、目的、态度、影响力和行为方式、传播方式都影响着网络舆情发展。在不同的舆情发展阶段，利益相关者的作用与影响也在发生不同的变化。利益相关者理论，有助于深化网络舆情治理理念。该理论为网络舆情"管理"转向"治理"提供了关联性和整体性思维，强调网络空间治理的主体间性，推动了利益相关者间积极关系的形成，为多元利益相关者的参与、合作的制度建设提供必要价值基础和理论依据。

同时，利益相关者理论提高了网络舆情监测、应对及评估等管理过程的针对性和有效性。运用利益相关者理论，可以通过设定相关标准，对不同利益相关者的类属进行识别，以明确其在网络舆情管理体系或舆情事件中的重要性序列和角色定位，诸如"哪些是核心的、重要的利益相关者，哪些是边缘的、潜在的利益相关者"。在确认了利益相关者类属的基础上，把握其在具体治理过程中职责和行为方式的动态变化，便能有针对性地进行舆情监管与研判，以提高网络舆情治理的有效性。容易发现，核心的、重要的利益相关者是决定网络舆情走向的主导力量；边缘的、潜在的利益相关者，是参与治理的力量群体，要避免其因关联角色的变化和参与而使事件恶化或激化。目前，许多学者通过利益相关者理论从不同角度对网络舆情管理进行尝试性研究，如任立肖等人将食品安全突发事件网络舆情管理中的利益相关者划分 3 大类 9 种对象，即核心利益相关者（消费者、食品生产经营者、政府部门、网络舆情原创者），边缘利益相关者（检验机构、非政府组织、网络舆情转发者、网络舆情评论者），潜在利益相关者（旁观者），并提出从认知、目标和行动建立利益相关者协同机制，以有效应对网络舆情[①]。

二、生命周期理论

生命周期的概念应用很广泛。人的生命周期是指出生、成长、衰老、生病和死亡的过程；企业的生命周期包括发展、成长、成熟、衰退几个阶段；产品

---

① 任立肖、张亮.:《食品安全突发事件网络舆情的分析模型——基于利益相关者的视角》,《图书馆学研究》2014 年第 1 期。

的生命和人的生命一样，要经历形成、成长、成熟、衰退这样的周期。生命周期理论主要是利用生物生命周期的思想，将对象从其形成到最后消亡看成是一个完整的生命过程，强调其动态性和整体性。在具体分析中，研究对象的整个生命过程因其先后表现出不同的价值形态，可划分为不同的运动阶段或状态阶段；根据各个阶段的不同特点，应采用各自适宜的管理方式和应对措施。自20世纪50年代末，随着跨学科研究的兴起，生命周期理论被引入组织管理、市场营销、危机管理、信息管理等多个领域。美国信息学家霍顿于1985年提出信息生命周期理论，指出信息是一种具有生命周期的资源，信息生命周期是信息运动的自然规律，并提出了两种信息生命周期：一种由收集、传递、处理、传播和利用等七个阶段所组成；另一种由创造、维护和恢复等十个阶段组成[①]。信息生命周期理论指出信息在不同的生命阶段，其价值是不一样的，为此需要进行信息生命周期管理。信息生命周期管理就是要在信息生命周期的不同阶段，根据信息价值的不同而采取不同程度的管理策略，使信息能在信息生命周期的每一个阶段均能以最低的成本获得信息的最大效益[②]。

目前，生命周期理论给网络舆情管理带来的启示主要体现在两个方面：第一，它强调网络舆情管理过程的整体性和阶段性。网络舆情管理是一种全过程的综合性管理。根据生命周期理论，整体视角下网络舆情管理主要涉及舆情信息需求生命周期管理、网络舆情演化生命周期管理及网络舆情管理过程生命周期管理。这一视角为研究网络舆情演变规律奠定了理论基础，进一步丰富了网络舆情演化理论的内容。第二，生命周期理论增强了网络舆情管理策略的科学性和前瞻性。根据该理论，在网络舆情管理过程中要遵循网络舆情生命周期演化规律，网络舆情研究者与管理者需要分阶段、分周期地对各类要素进行分析和研究，同时根据不同层面的生命周期的特点对网络舆情进行监管和控制。

三、信息生态理论

信息生态理论是信息科学、生态学与社会学等多元理论建构的交叉学科，主要是从整体 – 系统视角研究人、信息及信息环境之间关系，以及由它们相互作用而共同形成的信息生态系统平衡问题的一种理论。信息生态是指特定环境里由人、实践、价值和技术构成的一个系统，在该系统里占核心地位的不是技术，而是由技术支持的人的活动。信息生态也可以解释为"信息 – 人 – 环境"之间相互关系的总和。而所谓系统，是具有一定的自我调节能力的。信息生态

---

① 周九常：《霍顿信息管理思想简论》，《情报科学》2006年第8期。

② 陈全平：《信息生命周期管理研究》，《山东图书馆学刊》2010年第5期。

系统注重整体性考量和系统性分析相结合，并致力于通过增强人的主体性、优化配置资源及信息政策调控等手段，以实现信息生态良性有序与和谐发展。

不难发现网络舆情管理的系统性使其同信息生态理论的目标性具有内在的一致性，都是趋向系统的平衡与价值的和谐。信息生态视野下的网络舆情管理的目的，就是在于实现网络舆情生态和谐发展，推进网络生态文明建设。运用信息生态理论研究网络舆情，主要强调在信息生态观下对网络舆情生态要素及其生态系统平衡的问题进行研究，这既有助于构建和谐的网络舆情生态系统，又能为网络舆情生态治理体系建设给予理论与方法的指导。具言之，信息生态理论扩展了网络舆情管理的研究视野，尤其是在以下五个课题上的研究。

（一）网络舆情生态的基础理论

根据信息生态理论，网络舆情生态是舆情信息、人、网络环境之间关系的总和。网络舆情生态是从整体视角研究舆情信息、人、网络环境之间关系，以及由它们相互作用而共同形成的网络舆情生态系统的平衡问题。它强调的是社会个体或群体、舆情信息与网络环境三者间的相互作用和影响。三者的关系是网络舆情生态问题的核心。三者间的非均衡状态即为"网络舆情生态失衡"。如当前网络舆情危机传播过程中出现虚假信息泛滥、负面信息倾泻等现象，都属于网络舆情生态系统失衡。通过对网络舆情生态系统构建的研究，可以揭示出社会个体或群体同网络环境的关系，剖析网络舆情生态失衡现象，以维护网络舆情生态平衡。

（二）网络舆情生态系统的构建机理与运行机制研究

构建机理研究包括研究生态系统各要素的功能及其相互作用关系，探究系统的结构层次及其形成条件、构建机理、结构模式等问题。运行机制研究，是在揭示网络舆情生态失衡成因的基础上，对该系统各要素的运作规律和过程进行分析，以研究舆情信息在网络舆情信息生态链中流转规律与运行方式。

（三）网络舆情信息生态位研究

主要包括网络舆情信息生态位的动态性研究、网络舆情信息生态位测度的研究及网络舆情信息生态位理论的应用研究。

（四）信息生态观指导下的网络舆情管理机制与策略研究

它通过对网络舆情信息生态链的分析，以及网络舆情信息生态链节点触发网络舆情生态失衡的认识，对网络舆情管理方法、原则、策略进行新的探索，以促进各种网络舆情群落的生态平衡为目的，研究网络舆情生态治理模式的功能、理想条件和实施策略，从而提出构建和谐网络舆情生态系统的战略、对策和措施。

（五）网络舆情生态系统的评价理论与方法研究

该课题是讨论网络舆情生态系统的影响因素、评价标准、评价指标体系及评价方法等问题。

可以看出，信息生态理论不仅丰富了网络舆情管理的理论内容，而且还为网络舆情管理实践提供了一种全新的、整体的分析网络舆情形成、演化、管控和治理的研究框架。

第三章　网络舆情与网络谣言

> 　　歌谣谚语，是民间传播中常见而通用的传播形式。它既传达时事，又表露舆情，更展示黎民百姓的生活万象，从中能直接感触庶人的喜怒哀乐，真切体察众生的悲欢离合。所以，历代王朝都把采集风谣当作把握民意舆情的第一要务。
>
> ——李彬《唐代文明与新闻传播》

第一节　网络谣言概述

　　"谣言"最早书面记载于《后汉书》："诗守南楚，民作谣言"，有歌谣、颂赞之意。"谣言"原本为中性词，南朝字书《玉篇》对"谣"的解释是"徒歌也"，也就是民间的歌谣，如《孔丛子·巡狩篇》："古者天子命史采歌谣，以观民风"。汉代的乐府里"自孝武立乐府而采歌谣，于是有代赵之讴，秦楚之风，皆感于哀乐，缘事而发，亦可以观风俗，知薄厚云"。休闲娱乐与体察民风都是歌谣内容，既有"赫赫明明，王命卿士"的民间赞美歌谣，也有"硕鼠硕鼠，无食我黍"的感叹，还有"举孝廉，父别居"的赤裸裸的讽刺，更有为造反煽动舆论准备的"莫道石人一只眼，此物一出天下反"。《后汉书刘焉传》中"在政烦忧，谣言远闻"，也有诋毁、诽谤意思。《辞海》将语言解释为"没有事实根据的传闻，编造的消息"。《现代汉语词典》中"谣言"的定义是"没有事实根据的消息"。① 心理学家奥尔波特在1947年将谣言定

---

　　① 奥尔波特等：《谣言心理学》，刘永平、梁元元、黄鹏译，辽宁教育出版社，2003年版，第114页。

义为，一种通常以口头形式在人们中传播，目前没有可靠证明标准的特殊称述。学者胡钰在《大众传播效果》中认为，谣言是指在特定的环境下，以公开或者非公开渠道传播的对公众感兴趣的事物、事件或问题的未经证实的阐述或诠释。

一、与谣言有关的几个概念

（一）谣言不是流言

在全媒体时代，信息传播形态、速度和危害都有了很大的变化。"谣言""流言"的概念也高频率出现在各种媒体中，尽管在人们的认知中，谣言和流言通常都被认为是指没有根据、不准确的、不能确定真伪的信息，但流言并不等于谣言。流言有可能是自然发生的，人们传播或流传的有关某种不准确的消息。郭庆光认为："流言是一种信源不明、无法得到确认的消息或言论，有自发产生的，有人为制造的，但大多与一定的事实背景相联系，流言传播的方式一般是口头的、非正式的、非官方的。"[①] 蔡静认为："流言是经非正式渠道广泛流传的未经证实的信息；某个传播系统中历经若干发展阶段而未加证实之信息。"[②] 传播者通常是针对身边的熟人和名人的个人言行或私生活问题发表一些模糊的言论或进行一些浅层次的私下交流，流言传播者一般没有伤害某人的故意，当然某些流言无意中会有消极的作用，甚至引起社会混乱。

（二）谣言不是谎言

谎言（rumor）与谣言（lie）的共同点都是毫无事实根据的话。谣言和谎言之间有明显的区别，谣言比谎言的流传性强，但是谎言在一定的条件下会转化成谣言。人们在刚开始传播谣言时，对它的真实性是将信将疑，虽然大部分的传播者相信它的主要内容是真的，直到辟谣成功。因此，因不了解情况，谣言传播者才会去扩散谣言，谣言在传播的过程中还是处于一种"未经证实"的状态之中，说明这则信息有可能是真实的，也有可能是不真实的，辟谣就是用事实对谣言所阐述内容进行反驳的过程。一旦事实清楚，谣言就会消失。

谎言作为信息是说谎者在明知道事实真相的情况下，以欺骗他人为目的而有意识编造并传播的虚假信息。谎言是编造者通过有意隐瞒事实真相、提供虚假信息的手段，向其他不明真相的人提供与事实不符的信息，谎言的编造者从编造谣言那一刻就明知自己所说的话是假的，是对受众的一种有意识的欺骗行为。因此，谎言的传播混淆了人们的思想，阻碍了事实真相的明朗，谎言与谣

---

① 郭庆光：《传播学教程》，中国人民大学出版社，1999年版，第99页。

② 蔡静：《流言：阴影中的社会传播》，复旦大学出版社，2006年版，第13页。

言最大区别是谎言对真相揭露过程与生俱来的"免疫力"。

（三）谣言不是偏见

偏见是基于一定表面现象或虚假的信息做出的判断，而这判断与真实情况不相一致，是一种有很强主观成见并与事实真相存在差距的片面认识。谣言虽然能够表现或加强潜在的偏见，但却并不等同于偏见。偏见为谣言提供诱因，为谣言传播提供了合乎情理的依据和解释，使得谣言更加符合人们固有的成见，验证了大众自我认识正确性的心理，从而使"传""受"双方主动认可谣言。所以，一则谣言的传播存在至少需要有两个人参与，而每个人在任何特定时刻，因传播和引用他人话语成为谣言的传播者。

（四）谣言不是传言

传言从字面理解是辗转流传的话，通过多人而了解到的不一定真实的消息、新闻，俗称为小道消息，表现为闲话、传闻或舆论。传言找不到任何信得过的证据，起源于人们对一定事和物的误解和偏见，人们相互传播的这一特定的信息未经证实，可真可假。传言的消息发布者都是民间人士而不是官方或权威机构，缺乏求证途径，依赖于人们的社交圈传播，受到传播者个人素质的影响在传播过程中容易使所传的信息产生意想不到的变化。而从是否可证实方面，谣言信息的真实性并未经传播者本人证实或被相关证据证明，传言由于无法确定信息源，信息是否真实更加难以证明。

二、网络谣言的内涵

（一）网络谣言的含义

网络谣言就是通过网络介质发布没有事实根据，但具有某种影响力的言论或信息，是谣言的一种。当今时代，互联网快速发展，而网络覆盖范围的全球性、传播方式自由性，使得通过网络进行传播的谣言所产生的副作用越来越大，并已经成为引发社会动荡的主要因素，危害社会公共安全。网络谣言通常是通过在网上传播胡编乱造、不切实际，损害他人名誉、违背社会公德、扰乱社会秩序、破坏安定团结、影响政治稳定等的言论，主要涉及内容有：突发事件、公共政策、政治领袖、公众人物、社会公平正义等。

（二）网络谣言的传播特征

以网络为载体是网络谣言与常规谣言的最大区别。网络谣言不仅具有一般谣言的传播性、非真实性等本质特征，而且还吸收了诸多互联网的特征，其新的特征主要包括以下几个方面：

1. 传播方式的隐蔽性和虚拟性

人作为社会性的动物必须遵守社会规范，在现实社会中传播谣言就要考虑传播的风险。但是由于网络空间的虚拟性、社会性被弱化，目前网络尚未实名注册，网络主体以现实社会完全不同的网络虚拟的身份在网络上进行交流，通过虚拟的网络世界传播不真实信息，网络为谣言的制造和传播提供了更加便利的技术条件，与传统谣言相比更具有隐蔽性，谣言传播也就少了传播风险的心理负担，不担心自己的言论与行为所产生的影响及可能带来的法律后果，促使其在网络中传播自己并不一定有把握的信息。而网络谣言在传播时往往以"有人说"或"我听说"为开头，使人无法确定谣言的事实内核，也无法明确谣言的始作俑者，无法描绘谣言的发展轨迹，使得谣言难以预防。

2. 传播速度快捷性和传播范围广阔性

我国网民数量已达 6.88 亿，其中手机网民就有 6.20 亿，通过手机上网的网民已达 90%，手机、电脑等移动互联终端设备的普及，使得大范围传播谣言变得更加便利，更加容易。互联网已成为信息传播高速通道，手机短信、即时通信工具等新兴媒体使网络谣言超越特定人群、时空、范围，呈几何级数扩散。尤其是在微时代来临后，由于网络无处不在，人们可以在任何时间、任何地点，发表自己的观点、复制粘贴转发帖子，加上拥有众多粉丝的大 V 推波助澜，使得网络谣言一旦出现，在数分钟内就会被大范围浏览、置顶、转发、评价，快速形成一定的舆论力量。

3. 传播过程的难以控制性与更大的危害性

随着科技的发展与网络的普及，网络社区、微博、微信、论坛、聊天室、博客、贴吧等众多传播渠道，没有任何成本的复制与粘贴，为每个网民更好地参与信息的传播与交流提供了便捷的交流平台，导致其传播过程更加难以控制。人人都可能受各种原因驱使编造谣言，如个人恩怨、爱猎奇、缺乏分辨真伪能力等，大范围的快速传播强化了谣言的欺骗性，最终形成"锁链式传播"模式。有的人故意编造一些蛊惑人心的谣言；有的人为谋取利益，用煽动性语言编造博人眼球的假新闻，严重扰乱了社会秩序。

三、网络谣言的类型

关于谣言的分类，主要可以分为"内容说"和"动机说"，另外还可从表现形式进行分类。从谣言的内容上区分，可分为政治谣言、经济谣言、军事谣言和社会谣言。从动机上看，对现实生活的追求都可能成为人们传播谣言动力，如因焦虑引发的恐怖威胁性谣言，希望与渴望引出的白日梦式谣言等。网络谣言从不同的角度有不同的划分方法。

（一）按谣言传播内容来划分

1. 政治谣言

内容主要涉及政治，如政治人物、社会政治事件，尤其是政治领袖或重大的社会政治事件。通过网络传播不确切甚至完全虚假的政治信息，有意诬陷、攻击和诽谤政治人物、政治集团或具体政策、政治主张等，从而引起重大社会动荡和政局失稳，造成严重的社会政治问题。政治谣言大多指向政府部门和政府工作人员，通过对社会热点问题和敏感事件的炒作，对政府的政策出台动机和价值取向进行无端猜测。如乌克兰危机事件中，总统亚努科维奇贪腐、俄罗斯军队入侵乌克兰，都最终被证实属于政治谣言。但是，它们都曾得到空前的传播，并最终改变了乌克兰政治局势。

2. 商业谣言

主要包括产业政策调整、企业产品质量问题、重大投融资、管理团队变动等。特别是近几年我国食品安全问题频频曝光，引起社会广泛关注，食品质量安全谣言已成为最多的网络谣言。如四川蛆橘事件、长期喝豆浆会致乳腺癌、儿童牛奶饮品含肉毒杆菌等。网络食品谣言泛滥，造成了民众对"生无可食"的感叹，同时对"中国制造"的食品带来市场危机。由于对股市监管不力，股市谣言也层出不穷。最常见的"股票交易印花税上调""北京有人因股票大跌跳楼""外资做空说"等造成股市动荡。商业谣言损害了行业形象和国家经济利益。

3. 灾难谣言

当人类面对重大自然灾害或意外事故发生之时，总会伴随着出现其他相关灾难及如何应对灾难的谣言，在人们恐慌情绪感染下，造成更大的社会恐慌。比如"非典"时期，有传言称"金星、火星与木星交错引力场变化导致非典""板蓝根可以防非典"。印度洋海啸后的"马来西亚槟城正在下沉"，武汉洪灾后的"天河机场路段塌方"。灾难谣言不仅扰乱了救援的正常秩序，对社会稳定造成了严重影响，还给灾区带来"二次伤害"。

4. 与社会伤害有关的谣言

在我国社会和经济取得巨大成就的同时，也出现了利益主体日益多元，利益主体间矛盾或问题日益突出，越来越多的各种非正常死亡、黑恶势力团伙犯罪事件，引发出一些相关谣言。比如，多人因食用新疆籍艾滋病人滴过血的食物感染艾滋病事件。还有不同地区先后出现的挖肾谣言，都直接造成了一定程度的社会恐慌。

5. 有关公众人物的谣言

主要是针对娱乐明星、文化名人等的名誉，其中娱乐性谣言在此类谣言中占很大的比重。明星们的私生活一直是大家茶余饭后的谈资，而这些话题里面很多东西都是娱乐记者们捕风捉影的报道。明星的私生活成为娱乐谣言的热点，如白岩松曾被传患心理疾病自杀、"方静间谍门事件"、李宇春整容失败故去、"金庸被去世20多次"等。虽然娱乐新闻可以轻松好笑，满足大众对明星大腕隐私的好奇心，但网络上层出不穷的恶意虚假新闻，形成了不良的娱乐界谣言猖獗之风。

（二）按谣言传播的动机来划分

1. 别有用心型谣言

这类谣言的目的是扰乱社会秩序、引发社会恐慌、增加社会矛盾。比如，真实的圆周率等于4，成为中国绝密，是新中国成立后为了'禁枪'把圆周率改为"3.14"，"宁蒗永宁已经发生真实事件，从外国来了400多人，偷12岁至14岁的孩子，一个孩子的人体器官被挖了"，还有大盘鸡传艾滋的谣言年年不时出现，这些谣言经不明真相的网民广为传播后，造成了大面积的社会恐慌引发社会矛盾。

2. 吸引眼球型

这类谣言的目的是为了引起他人的关注，吸引他人注意力。2016年06月23日一则谣言在福建武平微信群、朋友圈疯狂传播，"太心酸了！！！刚发生在武平县中堡镇的惨剧，两个小孩把家里农药当饮料喝了，爷爷奶奶没法面对儿子儿媳也喝农药死了，有一键的朋友都请转发一下，务必看好自己小孩，现在正是打药季节，切记！"面对警察的询问，网络造谣的违法嫌疑人兰某交代自己只是因一时无聊为了好玩，编造微信段子吸引好友关注，却因此给社会带来恐慌，还触犯了法律。

3. 掺杂利益型

这类传播谣言者往往为了追求自己的利益，以牺牲他人或其他群体的利益为目的来寻求自己的私利。如广东、广西、浙江等地先后出现并配有图片的所谓"烹煮也杀不死的猪肉钩虫"，其实那些猪肉中的"白色带状物"是猪肉的肌腱结构；西瓜、樱桃有毒的"即墨吃个西瓜1家3口去世！""吃樱桃感染禽流感死亡"；还有的借用中央电视台《焦点访谈》的权威发布将在"某月某日播出揭露安利等美资直销公司销售转基因产品"。

4. 爱心诈骗型

传播者利用人们的爱心、同情心发布一些寻人启事、生病求助等类似谣言。如嘉兴三中、南昌三中、北京三中等三中的13岁学生谢露，在很多地方失踪过，以"爱心"的形式让人"自愿"转发，留的手机号码也是同一个，央视特别派记者调查发现是广西百色一个中学生的手机号码。还有山东、湖北、江西等地出现多个版本"在大润发超市附近一个小女孩被人抱走"的谣言。

5.封建迷信型

随着科学技术的进步，人类文明进入了前所未有的高度，所谓传说中的鬼神传说和预言都已有了科学合理的解释，但传谣者以诅咒或借爱心的名义让阅读者觉得这条所谓的信息不得不转。如非典期间的"燃放花炮驱瘟神、吃从6家不同姓氏要来的6只鸡蛋就不得非典"，还有如今众多的"转了发财""转了为母亲祝福""不转遭遇厄运"等类似谣言。

（三）按网络谣言的表现形式

1.文字类谣言

这类谣言在生活中比较常见。比如人造鸡蛋能当球打、动车辐射引乘务员无法生育、手机 SIM 卡会被诈骗电话复制并被窃听等。这一类谣言往往借用似是而非的一些事件，虽然虚假成分比较明显，但利用一般人们对新奇事物探究而无法证实的心理进行传播。

2.图片类谣言

这类谣言在微博或其他交流性的网站上十分常见，比如网友使用 PS 手段伪造的吴仁宝曾经登上美国《时代周刊》封面、某大学女学生遭民工轮奸的图片，"被拐儿童遭铁笼囚禁""有毒蒜薹""有毒黄瓜"的图片等，图片现实感、真实感，让网民看了觉得确有其事。

3.音频视频型谣言

"偷抢小孩，买卖器官"、恐怖组织制作宣扬宗教极端思想、煽动民族仇恨的莎车 7·28 案件死亡 3000 ~ 5000 人视频。音频视频让人身临其境，给人生动感、现场感，增加了谣言迷惑性。

四、网络谣言的危害

（一）降低党和政府公信力

政府公信力是政府实施社会管理的保障，关系着人心向背，是国家政治安全的支撑力量。然而网络谣言经常表现为自发性的反权威传播，所涉及的内容与政府发布的信息相悖。如一些不法分子在互联网上发布的"军车进京、北京出事"等谣言，对政府公信力建设起到了消解作用，往往会造成政府公信力迅速下降。谣言的传播是对传统官方渠道消息的不信任，也是对政府公信力的不信任。当政府公信力下降到一定程度，网络谣言会用更加娱乐化、戏谑化的形式和内容出现，使社会公众进一步放松警惕，对网络信息真实度进行求证的动力被严重削弱。即使政府为辟谣不断发布信息，其严肃性和被接受度也必然严重受损。无论是虚拟社会还是现实社会，网络谣言都会削弱政府公信力。

（二）弱化主流价值观

网络科技在促进我国政治民主、经济发展和社会开放的同时，也已成为不同价值观斗争的主要空间，各种异质文化和意识形态相互冲突渗透，网络谣言经常被当作政治工具频繁出现，网络文化的多元化带来了多种文化思潮，一些外来势力极力鼓吹西方意识形态、生活方式及其所谓的普世价值，主流价值观受到挑战。而中国当前的网民以青少年尤其以学生为主，正处于认知成长阶段和世界观、人生观形成期，他们是当前中国互联网发展的主要活动力量和使用者，极容易受到网络上错误思想影响，动摇对中华民族核心价值观的认同。

（三）影响社会经济发展

如日本核泄漏引发全国"抢盐风波"，"滴艾滋病毒血液的食物""有毒西瓜、有毒樱桃""喝娃哈哈的饮料会引起系列疾病并使孩子智商不发育"等谣言都引发社会一段时间的恐慌，使消费者出现抢购或不愿再买相关产品，给企业带来了巨额经济损失，也造成了老百姓对我国食品安全的担忧。

（四）扰乱社会秩序

随着改革开放的深入，我国已成为世界第二大经济体，但仍然是最大的发展中国家，现阶段仍处于利益多元、社会矛盾多发期。而网络上的"郭美美事件""七千万嫁女的山西煤老板"和官员中众多"房叔""房婶"，加剧了人们的"仇富""仇贪""仇官"心理，有的人正是利用这一社会心理编造网络谣言。比如"中石化高层官员荒淫生活""中国80%的官员是贪官""江苏南京一女官员抗洪摆拍""哈尔滨'宝马撞人案'是领导亲属"等谣言。

第二节　网络谣言传播形成机制

一、网络谣言形成原因

（一）技术层面：网络技术的发展，重新分配了社会话语权

移动互联网拓展了信息传播的自由时空，使得传统媒体通过把关信息发出一个声音成为历史，每个人在任何时间、任何地点都能传播最新的身边信息模式，话语权得到重新分配。从论坛、贴吧、博客到微博、微信等自媒体的即时通信和网络移动发布的新型媒体平台，改变了网络信息传播的基本途径，大众

更多的是通过自己关注的公众号了解感兴趣的信息，大众信息接收阅读习惯也发生了改变。新型媒体平台覆盖相当比重社会人口，信息呈现出病毒式传播，已成为一个强大社会舆论影响场，重新调整了人们网络话语权。

（二）社会层面：社会矛盾凸显，利益重组是谣言生成的基础

我国处在传统社会向现代社会和由计划经济体制向市场经济体制转型期，这期间社会矛盾凸显、阶层分化、利益重组，如数亿农民工所遇到的区别对待，数千万国企职工身份置换，公民财产得不到有效保护，各种社会问题不断出现。谣言往往成为人们特别是弱势群体表达真实意愿或发泄不满情绪的载体，成为滋生谣言、提升谣言可信度和形成谣言大范围传播的物质土壤。在贵州瓮安6·28事件、2009年湖北石首等事件中，有些谣言内容虽然虚假，但谣言背后的社会问题却是真实存在的。

（三）政治层面：政府应对网络危机的能力不足，加大了虚拟社会的非理性政治表达

目前在我国处于社会转型期的背景下，各种矛盾、阶层冲突集中出现在网络空间，网民希望自己的意见纳入政治决策，通过网络实现个体声音最大化。近年来，我国加大了政务公开和民主决策力度，在政策的制订实施、重大事项决策前认真听取社会各方面的意见。但是，突发公共危机事件发生后，也有个别地方政府部门网络危机应对能力不足，不是考虑如何及时发布信息进行沟通，而是考虑如何封锁消息，以至在事件发生之后，公众无法得知事件发生的真相，只能将追寻事件信息和细节的需求转向虚拟的网络空间寻求真相。社会公众难免会产生对政府政策、决策猜疑、政治认同感弱化等负面现象，导致网络谣言出现。

在现实生活中，政府职能部门越是信息不透明、行为不真诚就越容易引发网络谣言，就越会引起网民的兴趣，破坏力也就越大。面对已经扩散的网络谣言，在处置过程中政府的保持沉默、敷衍了事或发布不实信息，只会诱发新的网络谣言，加速谣言的扩散。与此同时，部分群体还会显示出超乎寻常的狂热状态，把现实中自我压抑下的另一面性格特征完全释放，用多重化的人格、畸形的心理、破坏性的言论参与网络谣言的传播，诱发社会矛盾的冲突发生。

（四）心理层面

网民的选择性记忆和对谣言信息的心理认同，加速了谣言扩散。谣言与人性有关。人们总是自认为很聪明，具有明辨是非的能力，但是在现实生活中，我们对事情的判断和决策往往以过往的情感和记忆来进行分析，由于天生的趋利避害性，会选择性地接收自己想要的信息并进行选择性的推论。如1988年

国人恐慌地抢购物资"记忆"也影响到了今天，尽管人们深知碘盐是不能多食的，而且一些地方的盐不是海盐，不含碘，但在日本核泄漏期间放置食盐的空货架，就是集体性记忆，它强化了"谣盐"的传播。从受众角度看，网络谣言之所以能得到快速传播，一个重要的原因就是大众高度关注并认同谣言所传播的内容。

二、网络谣言传导主体动因

（一）造谣者

造谣者一般都有一定的目的性，生活中主要有以下几种情况：

1. 从个人造谣原因来看，包括以下几类

（1）无意识地发布。这类谣言传播主体虽然不是刻意编造谣言，但是在地震、核事故等突发事件发生时，出于对安全的担忧，对事件没有充分了解又缺乏相关的专业知识，而编制出的没有事实依据或科学根据的谣言，但也违反了我国法律。

（2）猎奇心理，获得心理上的虚荣。这类谣言传播主体为了展现自己的魅力，突出自己的个性，故意杜撰骇人听闻的谣言，让人觉得自己博闻多见，满足自己的虚荣心，同时，一定程度上满足人们的好奇心。

（3）发泄不满情绪。我国正处于社会转型期，传统道德约束解体，新的价值体系并未完全确立起来，贫富差距、官员腐败，作为市井小民相对弱势的一方，在对自己目前的生活状况产生不满时，就会选择仇富、仇官的方式进行发泄。如挑拨军民矛盾的"总参一姐和二炮女兵"谣言，发泄个人之间恩怨的"艾滋女"事件。

2. 企业造谣的原因是为取得经济利益

有些企业为了在市场上赢得一席之地，伙同网络公关公司，捏造虚假新闻，编造谣言诋毁和中伤竞争对手。如"淘宝阿里偷税5万亿，超过100个国家GDP""莫忽视微波炉的危害""康师傅遭遇的日资门、捐资门"和"蒙牛损害伊利商誉"案，大都是竞争对手通过网络公关公司为争夺市场目的而策划完成的。

3. 媒体造谣的原因是为增加知名度或博取点击率

北京电视台生活频道"纸做的包子"报道，还有某网站发布的"假和尚搂女孩逛商场开房"事件，都引起了社会的极大轰动。"纸馅包子"虚假报道者被刑事拘留，而假和尚开房事件事实的真相是两名冒充和尚的男子，先以和尚造型搂女孩逛商场，而后携女子酒店开房。有些媒体为赢得点击率和关注度，通过移花接木扰乱大众的视听充当谣言的推手。

4. 一些敌对势力或反社会分子造谣的目的是要破坏我国安定团结的政治局面

在短时间内爆发的许多网络群体性事件，与事前敌对分子或反社会分子的幕后谋划、策动有着密切关系，他们通过境内外网络论坛、微博、微信等平台，发布所谓"深圳龙华出现恐怖分子连砍五人""内蒙古发现携带武器恐怖分子踪迹"，经公安机关查实都是谣言，但造成了民众的恐慌。

（二）信谣者

信谣者之所以听信谣言，不外乎以下几种情况：

1. 宁可信其有，不可信其无的心态

我国已脱离温饱，进入全面建设小康社会阶段，人们对于自身健康、财产和人身安全更加关注，特别是出现与食品安全和人身安全相关的谣言时，人们往往宁可信其有，不愿信其无，就是抓住了人们趋利避害的本能。"盐慌慌"事件中，参与的除老百姓外，还有高级知识分子、政府部门工作人员，他们都有明辨是非的能力，但也跟着抢购，对于政府的辟谣将信将疑，面对非法涨价心怀恐慌，就是这种心态的反映。

2. 害怕不确定性的社会心态

由于每个人知识和经验的限制，对陌生的事或物不确定，就会依赖别人，求助别人。特别是在遇到危险自身焦虑的情况下，通常没有时间停下来进行认真思考，很难保持冷静去辨别信息的真伪，急于想要了解事件真相及其进展，但又没有最新的消息，加上缺少专业判断能力，就会习惯性地去模仿别人的动作，为谣言的形成和蔓延提供了土壤。

3. 知识素养低的轻信行为

有些人之所以相信网络谣言，与其自身素质和受教育程度有关。经济上富裕、文化程度和社会地位高的人通常能更快、更多地获得知识和信息，相反，处于社会底层的人们，更多的是为生计而忙碌，在信息时代两者之间的知识鸿沟呈现扩大的趋势。如"非典"期间"尸油煮粉"谣言在农村大肆传播，而该谣言到了城市里就难有生存空间，稍加理性分析，就能看出谣言的诸多端倪。相较于知识素养高的人来说，知识素养低的人对网络谣言的"免疫力"要低得多，因此更容易轻信谣言。

（三）传谣者

传谣者传谣主要有以下几种原因：

1. 出于无意识

造谣者少，传谣者众。虽然有些人是为了自身的经济利益或故意扰乱社会公共秩序的目的而传播谣言，但更多人是出于好奇、求得关注，将"坊间传说""京城耳语"等所谓机密、秘密消息分享到朋友圈，无意中成为谣言的传播者，造成以讹传讹。但"无意识"不代表"无责任"，正是因为人们缺少理性意识、规则意识，无意的"转发"加速了谣言的传播，扰乱了社会秩序。

2. 刻板的认识或感同身受的认同

社会转型期由于利益的分化，社会阶层或群体特征也出现了严重分化，不同的群体都被标签化：贪污腐化是许多官员的行为标签；高富帅且吃喝玩乐、蛮横无理是富裕群体，尤其是"富二代"的行为标签；矮穷丑且素质低下、爱贪小便宜是市井小民（自嘲地称其为"屌丝"）的行为标签。不同的群体从各自利益出发看待同一社会问题，立场观点自然会有差异，会为符合自身的群体站队呐喊，自觉地充当了谣言的传播者。

3. 从众心理

从众是指在受到周边群体思想、行为的影响下，放弃自己原有的想法，转变自己的态度，在认识、决定、行动上保持与大多数人相同的行为。人们在独处时，往往能坚守自己的信念和观点，但面对群体做决定时，为避免自身与群体之间冲突，增强安全感，就会"随波逐流"认同大众的意见。如 2012 年河北多地流传"神收童男童女"、放鞭炮吃黄桃可以"辟邪"的谣言，就是从众心理在作怪。还有的是被迫从众，传谣不是出于传谣者自身的愿意，但在他人的逼迫下不情愿地"从众"。这样的谣言多是一些封建迷信和伪爱国类谣言，通过疯狂诅咒的语气吓唬收到谣言的人转发，一些意志不坚定的网民就成为这类谣言的传播者。

三、网络谣言传播过程

由于谣言事件的本身千差万别及传播过程本身的不确定性，学界对谣言的传播过程没有做出过明确划分。著名社会学家弗朗索瓦丝·勒莫在其著作《黑寡妇：谣言的示意及传播》中将谣言传播分为三个阶段：幼虫阶段，是指谣言还处于社会意识的最深层，只有通过特定时间才反映在社会行为层面上的阶段；蛹阶段，即孵化阶段，是谣言的潜伏期，由连续的、现实的个人记忆组成，是集体记忆的、实在的土壤，具有多孔性和虚拟性，也是谣言宣告诞生的阶段；成虫阶段，代表了谣言的出茧，由一系列社会表象构成，其基础支撑物是对社会现实的想象，是信息的爆炸阶段[①]。我国学者姜胜洪教授认为，谣言

①　[法]弗朗索瓦丝·勒莫：《黑寡妇：谣言的示意及传播》，唐家龙译，商务印书馆，1999 年版，第 126 页。

的演变规律有四个时期：形成期、高潮期、衰退期、拖尾期[1]。国内外学者的研究成果虽然有不同的结论，但都认为存在谣言的生命周期。笔者认为，谣言的传播周期可以分为潜伏期、爆发期、变种期、消亡期四阶段。

（一）谣言潜伏期

网络谣言从产生直至大范围在社会中传播的这一时期称为形成期。造谣者在这一时期发挥最主要的作用。网络谣言其传播过程的实质就是少数人将未经证实的消息或者是自己凭空编造的信息（谣言源）通过网络传播出去的过程。造谣是基于各种原因，比如商业谣言传播中，不法商家或者网络中介利用人们渴求事实真相和恐惧的心理编造谣言，这些通过揭示所谓真相的谣言，满足一知半解的民众对信息的需求，以混淆视听的方式误导民众，达到不法商家从中获利的目的。在突发危机事件谣言传播中，面对灾难的不确定性，恐惧情绪或者民众的好奇心等都是导致谣言的原因。在社会生活类谣言中，由于个人利益受到威胁，再加上信息资源匮乏，缺乏权威部门的信息和网络的快速滚动报道等特性，为谣言的传播提供了"温床"。在政治谣言中，别有用心的造谣者利用似是而非的故事精心编造谣言。在这一阶段，造谣者通过网络随机发送谣言，只有少数人参与，是谣言的潜伏期。

（二）谣言爆发期

谣言的制造者在编造谣言之后便会想方设法进行传播，特别是通过网络媒介在网络空间内肆意传播，谣言的制造者会将谣言通过 QQ、BBS、E-mail、贴吧、微博、博客等网络工具进行发布和传播，谣言的受众会通过浏览网页、QQ、微博、博客、留言板、贴吧等进行阅读、转载、分享、顶帖、编辑和互动讨论，接受的同时会将谣言进一步地传播出去。随着谣言扩散、关注度不断提高，又反过来使更多的网民通过 QQ、MSN 等即时通信工具、搜索引擎、电子邮件、博客、SNS 社交网站、新闻主页等网络的各个渠道进一步了解并发表个人意见，参与到讨论中来。而有的网站的运营商出于利益的驱使，放弃自身应有的社会责任，片面去追求点击率、第一手资料等而对网络谣言不加审核就进行转载、发布。谣言本来内容和人们的评论混合在一起，当认可谣言的人数越来越多，成为"主流意见"，谣言就全面爆发。

（三）谣言变种期

由于我国地域辽阔，因此，有的谣言往往在不同时间、不同地点变换出现，玩起穿越，隔一段时间后被移花接木，重新激活。如每当苹果手机新产品上市

---

[1] 姜胜洪：《网络谣言应对与舆情引导》，社会科学文献出版社，2013 年版，第 19，98 页。

时，不同版本但同一内核的谣言就会在新版手机推出同时出现，鼓动全体中国人不要买苹果手机，并且每次都会造成大范围疯传。还有在贵州、湖北、上海等多地出现"器官贩子"，一到汛期就在全国不同地方出现的洪水图片，都是谣言的变种。

（四）谣言消亡期

有盛必有衰是事物发展的必然规律。谣言消亡的主要原因有：一是真相大白。在谣言事件发生后，政府或权威部门发布真实的真相和进行科学解释，通过新闻发布会、权威主流媒体对事件进行曝光，事件的真实原因、真相发布后，谣言就会不攻自破。二是新议题的出现。互联网时代是信息爆炸时代，求新求异是人们的心理，网络事件的生命周期普遍都很短，对事件也大多停留在看过听过表层上，当爆炸性的新信息出现时，人们的注意力就会转移，旧的新闻或谣言就会被人遗忘。三是时间的消磨。当谣言发生后，由于谣言本身的逻辑结构和缺陷让人不能信服，随着时间的流逝，人们对于谣言的热情、兴趣点逐渐降低，理智、理性的声音出现，致使网络谣言逐渐自然消亡，此类谣言一般与人们的生活息息相关。

第三节　网络谣言传播影响机制

一、群体行为对谣言传播的影响

（一）网民群体行为现状

关于群体行为的研究可以追溯到 19 世纪中期，早在 1852 年英国学者 Charles Mackay 采用大量的事实，说明了当个体处于群体环境中时，容易表现出极端的模仿和合群现象。法国社会学家 G. 勒邦（1896）在其著作《群众》中考察群体行为问题，他认为群众是冲动的、无理性的、没有责任感的、愚蠢的，个体一旦参加到群众之中，由于匿名、感染、暗示等因素，会丧失理性和责任感，表现出冲动的、凶残的反社会行为。西方的群体行为理论一般认为，群体冲突源自于群体内部的"病变"。如法国社会学家 Gustave LeBon（1985）把群体看成具有集体意志的单一有机体，认为群体能使个人"着迷"主要基于三个因素：不可征服感、传染和易受感染性。他认为，群体中成员的心智容易降到一个较低的活动水平，并且容易被动接受和模仿群体中其他人的行为和态度。在状态不稳定情况下极易引发群体冲突，从而形成破坏性行为。Allport（1924）提出了集群行为的辐合理论，该理论从个体特征的角度出发，指出参与群体行为的个体本身就具有相似的个性特征。这两种观点为我们解释了群体行为的破坏性和非理性[①]。

由于人们总是处于一定的群体中工作、生活、学习，每个人在群体中相互影响、相互依存，在这一过程中形成群体规范、群体价值、群体舆论等，个体不自觉地会去模仿和跟随群体的观点和行为。在谣言迅速传播的过程中，人们很容易就陷入了群体意志的旋涡中，失去理智冷静的思考，根据周围人对谣言的反应来判断谣言真假，谣言在群体意识作用下，也就像滚雪球一样越滚越大。

（二）网民群体行为的基本特征

在我们的现实生活中经常会出现这种群体行为，如在发生突发事件时，个人很容易受到社会舆论和其他人行为的影响，不是根据自己掌握的信息去冷静思考、理智判断，只是一味地模仿大众的行为选择。例如 2003 年"非典"期间，许多个体轻信谣言、盲目跟风，抢购白醋、板蓝根和其他抗病毒药物；2011 年日本地震引发核泄漏危机，人们轻信"食用加碘盐可防辐射"的谣言引发抢盐风潮。这些现象可以说明，突发事件状态下个体的从众心理引发群体行为。

网民群体行为具有蔓延的迅捷性和广泛性。网络目前已成为人们信息交流传播的重要渠道，网络谣言的传播不再受时空的限制，比报纸、广播等其他传统媒体传播速度更为迅捷，网民群体非常熟练地利用网络平台，通过 QQ、微信、微博进行一对多、多对多的对其感兴趣的事件进行交流沟通，这样就加快了网民群体行为的蔓延。

网民群体行为还容易形成"群体极化"。网民个体在加入团体组织后，他的言行、行动往往会以群体为掩护而暴露出偏激、冒险、保守等非理性的极端特质，而个体非理性极端特质集结就成为所在群体的共同特质。因此，网民群体行为一方面容易在群内形成凝聚力，发挥众人的力量，如支援云南、贵州等贫困山区孩子的营养午餐行动，集体献血等，对社会有积极意义。但另一方面，也容易造成官民、贫富之间的裂痕，加大社会矛盾。

（三）群体极化对谣言传播的影响

20 世纪 60 年代 James Stoner 首先提出群体极化（Group Polarization）的概念。他认为群体极化是众多人共同进行问题讨论时，一开始就会有某些偏向，所有

---

① 陈浩、薛婷：《精细化的社会认同模型——集群行为理论的新发展》，《南开学报（哲学社会科学版）》2010 年第 6 期。

个体一起通常会比单个个体更有胆量和勇气进行新的尝试或保留现有方案，朝着单一方向激进或偏离，当人们持续朝偏向的方向移动，最终就会形成极端的观点。同时，在进行商议讨论时，会产生两种倾向：冒险偏移和谨慎偏移。冒险偏移是指在讨论中一部分个体会有戒备心，这些个体在遇到有刺激挑战性问题时，他们对问题的处理态度就更加具有风险或更加偏激。谨慎偏移是指如果个体群中消息谨慎者的个体数量占绝大多数，最终做出的决策结果会倾向更加谨慎和保守。群体极化在现实生活中有利有弊。一方面，网络群体具有群内同质、群际异质的特性，一个群内一般都是志同道合的人，这样极易导致群体认同的现象，可以促进社会网络中的个体达成统一意见，规范群体行为，增强社会网络的凝聚力。但另一方面，群体极化会导致群体意见出现偏离倾向，做出错误的判断和决定，并支配群体行为。

新媒体环境下谣言传播过程的"群体极化"更加明显，网民群体中非理性、易激动的特点严重。由于网络匿名性的存在，少了在现实生活中面对面时的尴尬和害怕，敢于讨论时将在现实生活中的不满和压力表现、发泄出来，很容易言词态度偏激，并对持不同意见者出言不逊，甚至进行谩骂和人身攻击，他们的意见往往得到群内成员的支持，群体不同意见者由于这种群体压力的存在往往成为"看客"，听不到反对声音，让事件只有对和错、真和假的极端化，也使谣言向着"真和假"的方向极化。但他们的观点遭到不同观点阵营的攻击时，就会出现不同阵营对立，导致现实社会中不同利益群体矛盾深化。

二、媒体报道对谣言传播的影响

在传统的语境下，谣言往往通过口语进行传播，报纸、杂志、电视等传统媒体往往充当谣言把关人的角色。但是，媒体一旦充当起谣言主动传播者的角色时，谣言就会被打上事实的印痕，以飞快的速度传播。因此，在谣言传播过程中，媒体的责任和角色至关重要。目前，作为传播信息的专业化组织，传统媒体由于过度扩张或追求经济效益至上，同样存在把关人缺位现象，每天编发大量信息，也就会不时夹杂一些不实消息甚至谣言。

（一）新闻媒体传播谣言的原因分析

新闻媒体作为专业化的新闻制作机构、人民的喉舌，却成为谣言传播者的原因是多方面的。

1.过分追求经济效益

社会主义市场经济的不断发展，我国大众传媒业进入一个"事业性质，企业管理"的新文化生态环境。不仅要严格按照党性原则进行宣传报道，发挥党和政府的耳目喉舌作用，还要作为独立法人追求经济效益和单位长期生存发展。

一些媒体为了经济效益在对部门和工作人员考核时将发行量、收视率等作为主要指标，为完成任务有的工作人员不顾新闻工作者职业道德，利用虚假的、未经证实的及人们感兴趣的新闻来大做文章，在过度炒作中无意识地传播了谣言。为追求"眼球经济"，一些网络推手、商业网站利用其掌握的网络资源"推新闻""顶帖子"，利用人们的爱国情、同情心，通过戏剧化和煽情化的方式编导故事，透支社会信任。无论是"爱国王老吉""贾君鹏，你妈妈喊你回家吃饭"的网络"第一神帖"，还是为救患眼癌的女儿"母亲广州跪行救女"和四川省西充县艾滋病男童被驱逐等事件，事后证明都是操纵者招聘大量兼职人员，并通过微信、QQ群等方式密集发帖，有组织、有预谋和"善意"地精心炮制新闻，不管出于什么动机，人们都无法接受被欺骗。

2. 媒体新闻报道理念有失偏颇

新闻媒体应突出正确的政治、社会伦理导向，通过积极的、正确的舆论引导，呼唤人心、凝聚社会共同意志，为社会主义现代化建设提供正能量。但有的媒体在竞争激烈的市场中，一味追寻吸引眼球的事件，而忽视了对社会价值观、事件真相的探究。新闻事件发生的概率越小，越具有新闻价值，异乎寻常、出乎意料的事件成为了新闻，它们不仅内容离奇，还情节曲直、故事逼真：有所谓的时间、地点、人物，还附上图片、数据，从外观上很容易迷惑公众，还有的直接引用或转载一些谣言。

有一些媒体为了自己的新闻能首发、上头条、有点击率，将时效看得比真实性更加重要，新闻从业者展开了"秒争"，缩短新闻流程，减少求证和把关环节，帮助了谣言的扩散和传播。比如有的记者不是自己深入基层发现新闻，而是简单地从其他社交媒体直接取材加工；还有的编辑从网络平台寻找新闻直接转发，成为网络新闻的搬运工，也不对新闻加以研究考证就完全照搬，实际上却给谣言创造了巨大的空间。面对一些来源可疑消息，不是先花功夫去核实，而是先发布追求轰动效应，事后再派人去调查事件真相发布后续报道，违背了新闻职业道德。

3. 片面化采访，随意想象捏造事实

新闻报道是从新闻事实的某个侧面揭示新闻主题的过程，角度的不同，揭示的主题也就不同。近几年，不时上演的"新闻反转剧"，让公众不再完全信任媒体的权威和社会公信力。有的记者在报道争议性事件时，只采访一方当事人，信息不完整，事件真相不明的情况下就妄下定论。有些记者在报道社会群体性冲突事件时，不是深入一线调查，而是对人物进行标签化，并利用人们同情弱者的心理进行片面解读，无形中激化和扩大社会矛盾。

4. 缺乏专业知识，一知半解引发谣言

如今，是知识爆炸时代，科研进步日新月异，一些新的专业名词、专业术语层出不穷，但是有的新闻工作者平时不注重学习，缺乏相应的专业素养，导致他们在传播信息的过程中会出现误解或者是错误转述原始资料的现象，这就影响了新闻传播的真实性和专业性。还有一些新闻采集者，因为缺乏信息解读能力，使得他们在评论某一新闻事件的过程中，容易引发错误的评论，从而使得整个新闻评论失去其价值。如有的媒体报道的"微博热点三分之一是谣言"，而这一消息的原文为"100件热点舆情案例中，出现谣言的比例超过三分之一"，这就是缺少严谨的工作态度和专业能力造成了这样的谣言出现。

（二）媒体报道对谣言传播的影响

1. 提升了谣言的可信度

许多谣言本身就是人们在道听途说的基础上，加上自己的一些想象推测而形成的，信息大多是"听朋友说""据说""网上称"等。因此，人们对它也是半信半疑，只要认真思考分析就会对谣言产生怀疑。但由于人们对传统媒体依赖和信任，一旦通过官方的电视、报纸等形式用新闻形式报道出来后，无形中为谣言背了书，谣言就冠冕堂皇地进入了人们视线，加速了谣言的传播。

2. 弱化媒体的社会影响力，损害整个传媒界的公信力

由于前期调查工作不深入，责任编辑把关不严，有的新闻报道上午刚播出，中午就被来个更正说明，打脸速度令人眼花缭乱。新闻人的客观真实是媒介公信力的源泉，是一个媒体生存发展的根基，"反转新闻"消费了人们对媒体的公信力。人们对媒体的信任是长年累月基础上建立起来的。一旦媒体成为谣言传播者，不仅会使其积累的信誉毁于一旦，对于人们对整个传媒业的印象都会产生负面影响。

3. 侵害大众知情权，影响社会成员正确决策

知情权是公民作为民事主体所应享有的基本权利，是社会主义民主政治的重要内容，每个人都能得到除涉及国家安全机密、企业私密和个人隐私外的其应知道的信息资料，国家应尽力保障公民知悉、获取信息的权利，特别是知晓政务信息的权利。媒体是人们获得知情权的主要渠道，人们通过网络、广播电视关心了解与自身工作生活密切相关的国家政策，如就业、税收、住房、生态环保、养老制度等新闻，将是自己工作生活或投资作为决策依据。如"杭州汽车限购"等政府部门半夜鸡叫的政策，前一天权威部门还说不存在限购政策，第二天晚上限购政策已上网，变成之前听信传言的人笑了，没听信传言的人回家哭了。

第四节　网络谣言的政府应对机制

在网络时代，要从谣言产生、传播、消除的三个阶段，通过对网络谣言源头抑制、过程控制、影响消解和责任追惩等方面建立综合治理机制。

一、网络谣言预警机制

人的社会属性决定了谣言必然存在，社会转型期利益冲突加剧网络谣言数量增加，建立完善网络谣言扩散的预警机制，消除网络谣言产生的"土壤"，将网络谣言控制在潜伏期与酝酿期阶段，制订网络谣言应对预案。

（一）依靠网络技术建立谣言监控数据库

不少互联网发展较早较快的国家在进行互联网管理时，都以高科技对高科技，发展网络监控技术，如美国 RumorBot（谣言机器人）的软件，在后台对网络进行谣言监管。我国也应建立专门的网络信息监测系统，对网络载体或通道上的信息进行监测、跟踪和分析，将微信、QQ 等互动平台作为重点，并通过技术方法加人工方法进行及时鉴别，必要时通过网络管理规则和技术方法对谣言进行屏蔽，尽力把网络谣言消灭在萌芽阶段。建立政府与新闻媒体、网络平台、门户网站等数据库合作模式，政府在制订重大或敏感政策时，利用监测关键字及时关注舆情，对已有的典型案例进行分析总结，建立完善的项目库，当网络上再次出现类似的网络谣言事件时，数据库可以根据以前的案例进行相关事件的评估，做好防控并制订应对预案。

（二）建立敏感领域预警系统

政府官员贪腐、土地征收征用、违章建筑拆除、公共卫生安全、重大环境污染等都是容易引发群体性事件的敏感领域。事件之初，网民的看法、不满情绪会在微信、微博中显露，此时，民众意见还未达成一致，在此时要利用现代化的手段对网络舆情信息进行全天实时监测，并密切关注事件发展的趋向，及时对异常的危机信息发出预警提示。特别是当出现突发群体性重大事件时，政府部门要及时掌握事件发展，关注该事件网络言论，比如天津爆炸事件发生时，就要对密切跟踪"天津""爆炸""死伤人数""污染"等关键词，针对网民的关切，及时发布掌握的第一手资料，避免由于信息不对称、猜测而产生谣言。

（三）政府建立专门宣传窗口，提高公众网络谣言的判断与识别能力

政府宣传、教育部门在日常的宣传教育中，应将年龄为 16 至 40 岁，特别

是大学生作为引导重点，这类网民学历都在高中以上，思想活跃，愿意接受分享新生事物，有参政议政的热情和能力，关心社会经济发展，乐于在网上分享信息和自己的观点，常常成为意见领袖。为降低网络谣言的社会危害，提升网络谣言的辟谣效果，政府应网上和网下相结合，在日常的宣传教育，以及网络谣言事件的处理过程中，结合发生在身边的网络谣言事件，普及科普、法律和道德知识，理性对待网络信息，在网络世界应"不被他人损，不损他人"，提高对谣言的免疫能力，切断网络谣言传播的途径。

（四）政府建立社会风险评估机制

在现阶段，我国的社会内部矛盾主要集中在集体土地征用、城市化进程中的城中村改造、重大项目实施中的环境保护等领域，它们因直接关系到群众的经济利益和生命健康，容易群体性事件。这些群体性事件参与人员众多，往往先通过网络动员组织策划，并且伴随着谣言推波助澜，行为方式日趋激烈、暴力。但一些政府部门对这些社会矛盾在思想观念上不够重视，工作措施不力、不到位，重经济建设轻社会建设，在审批重大建设项目时，更多的是考虑对 GDP 的贡献，没有把维护群众权益放在首位，群众利益受损现象层出不穷，在社会事务管理中工作重心放在重事后应对处理，而不是源头预防。因此，政府在制定各项重大政策、重要决策时，通过社会稳定风险评估机制，充分听取各方意见，平衡各方利益，把维护社会稳定的关口前移，确保政府政策、决策科学合理，才能使各项改革举措、项目建设顺利推进。

二、网络谣言源头阻断机制

好的开始就是成功的一半，网络谣言开始时政府的沉默、敷衍，就会导致错过了处理突发性网络谣言事件的最佳时间，高效、及时、稳妥地把网络谣言扼杀在"襁褓"中，必须建立有效的网络谣言源头阻断机制。

（一）建立网络警察部队

我国在公安部门已建立网络警察部队，拥有先进的技术手段和专业人才，有权对网上制作、复制、传播和查阅有害信息进行查处。因此，当发现网络谣言时，利用网络警察拥有的技术手段，通过删帖、屏蔽等手段，控制谣言的蔓延。

（二）及时公开掌握信息

在监测到网络谣言蔓延时，政府相关职能部门要及时做好情况调查和真相公布等工作，要形成由政府职能部门工作人员、专家学者、社会人士共同组成的调查和信息发布团队，提高权威性，增强说服力，对技术性、专业性的谣言，尽量由专家学者、社会人士出面，确保公开信息客观公正。

三、谣言爆发过程控制机制

在谣言爆发阶段，导是唯一的方法，堵只会激化矛盾，造成谣言更大范围扩散。如王立军事件之后，新浪微博暂停评论功能，不但没有控制住谣言，反而出现不同版本的谣言广泛传播。因此，在这期间，政府要通过疏和导来控制谣言。

（一）及时回应社会关切

"谣言止于公开真相，阳光是最好的防腐剂"。网络谣言的出现、扩散和泛滥，就在于政府和相关部门没有第一时间发布权威、真实信息，让其有可乘之机。为做好政务舆情回应，2016 年国务院专门下发通知，明确要求重大舆情在 24 小时内做出回应，一般舆情 48 小时做出回应。近几年，已有多起事件由于拖延，错过最佳处理时机，导致一般舆情演变为群体性事件。如河南钻 60 事件，延迟了一个月零一天才公布信息；庆安火车站枪击事件，过了 12 天才公布火车站的监控视频，而东方之星沉船事件，政府第一时间召开新闻发布会，说明事件调查进展，主流媒体跟进做突发事件报道，邀请外国媒体到现场采访救援情况，信息的公开透明，使整个事件平稳地得到处置。

（二）建立统一协调的联动机制

当网络谣言出现后，政府应快速及时地组织相关部门，各司其职进行辟谣，发挥各职能部门和专家团队的专业技术优势，防止网络谣言的爆发和扩散。实现传统媒体与网络媒体的联动，当网络谣言出现的时候，网络谣言随着人际传播，会使一部分很少接触网络的公众成为网络谣言的受众。因此，还要完善传统媒体与网络媒体的信息共享和联动机制，使辟谣内容能够覆盖所有网络谣言受众。

四、影响消解机制

在谣言的消散阶段，政府组织力量对谣言发生和处置全过程进行自我反省、自我评估，通过完善谣言治理机制，避免谣言的再次发生。

（一）加强立法和惩罚力度，宣传普及法律知识

目前我国已经建立起初步的网络谣言处罚法律体系，如刑法对诽谤罪规定："以暴力或者其他方法公然侮辱他人或者捏造事实诽谤他人，情节严重的，处三年以下有期徒刑、拘役、管制或者剥夺政治权利。"刑法修正案规定："编造虚假的险情、疫情、灾情、警情，在信息网络或者其他媒体上传播，或者明知是上述虚假信息，故意在信息网络或者其他媒体上传播，严重扰乱社会秩序的，处三年以下有期徒刑、拘役或者管制；造成严重后果的，处三年以上七年

以下有期徒刑。"要进一步健全网络管理法律法规，对涉及社会稳定的"秦火火"类网络红人要加大相关法律查处力度，做到不姑息、不留情、零容忍，以净化网络环境。

（二）恢复政府形象，提高公信力

在谣言平息后，政府要发挥基层组织和社会中介组织调和利益、缓和矛盾的作用，虚心认真听取基层群众的意见和建议，畅通沟通渠道，解决群众的关切。在政务信息公开网、政务微博上将网络谣言事件的前因后果、解决过程、处理结果向社会公布。江苏、湖北"高考减招"风波除家长们追求教育公平情绪外，还与政府部门闭门决策，政策发布时只公布了总体数据，没有对数据做进一步解释的简单工作方法有关。

（三）建立责任追究制度

一是加大对编造传播谣言的法律追究，如上海市公安局对 7 名涉嫌恶意编造传播上海房产新政造谣者刑拘，对于参与散布谣言的房地产中介从业人员、房地产中介，依法列入黑名单和停业整顿。二是对失职、渎职的政府工作人员追究责任，在谣言发生时，如相关职能部门及相关领导和工作人员故意迟报、瞒报、谎报信息造成不良社会影响或者损害政府形象的，要追究相关领导和直接责任人的法律责任和行政责任。三是加大对传播谣言的惩处。如依据《新浪微博社区管理规定（试行）》规定，对发布危害信息、虚假信息的用户，禁言48 小时，删除相关内容，甚至注销账号。

第四章　网络舆情与政府管理

传播媒介通过文字或形象表达的统治思想意识是掌权者维护其地位的主要手段。它提供了自由的假象，像一条拴在长皮带上的狗，掩盖了约束的现实。

——【英】戴维·巴勒特（Barrat, D）《媒介社会学》

第一节　网络舆情与政府形象

一、网民政府形象认知

（一）政府形象

政府形象作为政府的无形资产，是政府影响力的重要组成部分，也是政府赢得公众信任、支持的必要条件。但是近年来，国内群体性事件频发，政府未能及时处置，给我国政府形象带来冲击。随着互联网的普及，尤其是微博、微信、论坛、新闻点评等互动方式的兴起，人们对政府形象有了新的认知，政府的网络形象建设也日益受到重视。

政府形象指公众基于政府的综合认识后给出的一种总体印象和评价，其中，有社会公众通过自身实践评价和认知政府，也有通过公众舆论来认知政府。公众对政府形象的认知与评价一般从理论和实践两个层面。理论层面，主要是指政府倡导的理想、信念、核心价值观等。实践层面主要表现为政府在执行各种管理活动过程中表现出来的方法、手段等。政府形象是公众经过不断的认知后形成的。政府形象的好坏影响政府的执政能力，是构建和谐社会重要内容。

（二）网民政府形象认知

网民对政府形象的认知主要从以下几个方面获得：

1. 网民通过参加政府活动接受政府工作人员的服务

在这个过程中，根据政府工作人员的言论、行为和态度，网民形成自己的判断，产生对政府形象的自我认知。比如，现在很多政府服务场所有满意度评价，政府想用这种评价制度，约束政府工作人员，改变网民对政府形象的刻板印象。网民还通过社区座谈会、民意听证会、新闻发布会等，了解政府活动和政府行为。

2. 通过主流媒体对政府的宣传报道

在现实社会中，公众不可能长期深入到政府工作内部去了解政府行为和政府活动，公众更多的是根据媒体报道、日常生活中所闻所见，借助间接经验对政府行为形成认知和评价。媒体在每年的"两会"、重大党政活动，会从多个侧面报道党和政府的发展目标、方针、政策、未来的施政规划。

3. 通过一些知名网站和论坛的留言功能体现

网络传播技术的快速发展，网民可以借助网络平台在强国论坛、新浪、天涯、知乎、果壳等网络社群上发表自己的观点和评论。通过网络电台、弹幕、网络直播、网络字幕组等直接表达自己对政府决策的看法与见解。目前，在时政类议题上，类似于"知乎""果壳"等网络社区，聚集一批专业人士，对问题的分析较为专业，对网民政府形象认知有很大影响。在论坛上，网民会讨论某项政府的政策是否符合民意？政策制定的过程是否科学、民主？政策的稳定性、连续性如何？这些问题都是公众评价政府时所关注的问题，网民在互联网平台上通过评论和留言发表自己对政府的看法，对政府形象产生着重大影响。尤其是发生突发性事件时，讨论尤其热烈，网民们在上面的发言、留言直接表明对政府的态度。

二、政务微博与政府形象

（一）政务微博的内涵

为了更好地服务社会，让社会公众了解政府的工作，政府机构和政府官员开通了用于处理政务的微博。政务微博是我国党政部门，广义上也包括党政干部个人，用于治理公共事务的微博账户。2009 年 11 月，我国首家政务微博"桃源网"诞生，它由湖南桃源县政府开通。2011 年 11 月，北京微博发布厅成立，是我国第一个城市政务微博群。该微博群将北京的所有重要政府部门汇聚一起，打破部门机构单一化局面，方便部门间的信息沟通与协调，目前共有成员 70 个，标志着政务微博集群时代的到来。政务微博是政府机关对新媒体的应用和实践，具有一般微博"零把关"下的实时传播、"内容再造"、裂变式传播、内容碎片化等共性，同时又不同于其他企业、个人微博，具有如下特点：

1. 传播主体具有的权威性

政务微博的运营主体就是政府，其发布的信息具有官方性，可信度更高。政府一方面为其他大众传媒提供消息来源，满足大众传媒的报道权和社会公众的知情权，改善与其他大众传媒的关系，另一方面权威性信息的及时发布能够有效遏制网络谣言的产生和传播，克服了网络信息缺少把关给政府形象带来的消极影响。十八大以来，党和政府在回应公众关注的"三公"问题时，敢于对社会公众"说真话""交实底"。对政府行政管理运行，采取公开的方式，让群众及时通过政务微博了解进展；对政府出台的政策进行解读。比如，公众关心的养老保险、个人所得税、延长退休、小微企业减税等政策，发布权威解读，对社会上不实信息进行澄清。但如果表现不当，对公众的问题敷衍了事，在政务微博上发布信息不严谨，就会影响政府公信力，损害政府形象。

2. 传播的信息内容具有实时性

随着互联网技术的高速发展，我们进入了一个信息时代，每天都会有数以亿计的信息产生。如何在微博平台铺天盖地的信息海洋中将信息送达给公众，考验着每一个政务微博的运营管理能力。政务微博弥补了以往发布信息滞后的问题，能在第一时间回答公众的质疑，发布信息。比如，G20召开前夕，在杭州出现了许多谣言，如餐饮店、菜场、副食品店、药店要停业，无通行证不得进杭州等，浙江省委、市公安系统及其他部门通过多个途径快速做出回应，澄清谣言。所以，作为政务微博的运营者，在面对重大社会问题或者突发事件时，只有积极及时应对，才能将事件引向正确的轨道上，消除公众的疑虑和不良情绪。

3. 传播的信息内容具有独占性

政府在长期的行政管理过程积累了大量数据。这些数据一般由政府占有，对没有涉及国家政治安全、个人隐私和商业秘密的数据，政府可以通过政府网站向社会公开。比如浙江省近五年来就归档了交通、卫生等部门的数据库文件247.3TB，政务微博可以成为发布信息的主要渠道，为政府信息公开提高保障。这些信息一经发布，由于其信息源的唯一性，只能由政府进行解读，其他媒体机构、组织和个人只能依据政务微博发布的信息进行辅助性解释。

4. 传播受众的互动性

互动是微博一大特点，政务微博发布信息的优越性就在于能及时给于回应。尤其在危机性事件预警和处置上，对于社会公众的疑虑能在第一时间给予答复。政府通过政务微博，抢占信息发布权，快速、准确，与公众坦诚交流，及时更新事件进展，充分利用政务微博的互动性特征，及时回馈公众的合理诉求，掌握舆论的主动权，避免流言、谣言的发生和扩散，密切关注"粉丝"的围观、评论等行为，及时疏导网民的不满情绪，引导舆情向积极有利的方向发展。

（二）政务微博对政府形象的影响

政务微博的出现，改变了与公众的沟通、交流模式，提高了与公众的互动交流，成为宣传政府形象新平台，为政府形象的塑造带了新的形势。

1. "双向互动"传播模式，利于政府形象的塑造和修正

政务微博版面形式简单，信息内容简洁、人性化，一目了然。比如，北京市公安局官方微博"交通安全课"一张图教你：识别车上指示灯，用形象图示告诉公众如何识别指示灯；哪些劝酒行为要担责等，信息内容贴近生活，通过私信、评论和转发功能，公众与政府工作人员可以面对面地对话交流，互动程度高，切实解决公众的实际问题，公众的参与热情也随之提高。通过政务微博平台不仅能够把网民的意见传递给政府，而且能够实现对政府的监督，而政府通过政务微博收集信息，及时调整相关政策或对群众的质疑及时予以解释，通过与公众不断互动，亲民政府的形象建立，政府的公信力慢慢提高，同时也可以修正或提高政府的形象。

2. 公众直接参与政府管理，扩宽对政府形象传播范围

政务微博经过近几年的不断发展和改进，从开始主要是宣传和发布政务信息的功能到成为社情民意的讨论交流平台，公众也将其从单纯的获知信息到直接参与政府管理，增加了公众感知政府形象的渠道。公众通过微博获取信息，借助微博即时性、互动性、裂变式传播等特性解决问题和争议，微博施政能够将政府部门的决策过程和施政过程置于人民群众的监督之下，赢得人民的信任和支持，又能够借助人民群众无穷的智慧和力量使政府的施政行为顺利执行和落实。比如2011的微博打拐活动，就是由中国社科院学者于建嵘教授发起的，而后各地公安机关关注支持，积极回应，各界知名人士纷纷响应，老百姓也加入"随手拍照解救乞讨儿童"，最后形成一场全面打拐行动。

3. 弥补政府在舆论场中的弱势，增强舆论引导力

在传统主流媒体主导舆论监督环境中，社会公众向政府表达自己声音的途径有限，而政务微博给公众提供了便捷的发言渠道，在家里就能对政府政策提意见建议，政府也可及时将政策制定的目的意义、主要内容与社会大众沟通，弥补政府在微博舆论场中的缺席。政务微博作为一种新时代的执政理念，改变了政府的执政方式和行政行为，增强了政府的舆论引导能力。

（三）政务微博塑造政府形象的困境

政务微博在现实生活中为政府形象的重塑和修正发挥了很多的作用，但"僵

尸微博""应付微博""官腔微博"的存在弱化了其在构建政府形象方面的作用。

1. 僵尸微博

一些政府部门和机构并没有很好地领会民主执政、服务为民的执政理念，把开通微博作为向上级交差、完成既定任务，宣传政绩的一部分，觉得别人都在做，也跟着"图新鲜""赶时髦"。在政务微博开通后，微博处于只"开"不"公"的状态，柳州市新闻出版局的官方认证微博 2013 年就从未发过一条微博，郑州多家单位半年只发一条微博，广东清远市有 35 家市直部门单位官方微博曾经一个月未更新，没有真正发挥其及时发布政务信息、引导民众的功能，反而让政府公信力失分。

2. 应付微博

有些地方政府还存在着一些草草了事的"应付微博"。不同于僵尸微博，应付微博发布信息时内容随意。事先不去核实信息真相，如果出现偏差事后不予解释。不管网友如何评论，哪怕私信也不予回复，责任心不强，陷入形式主义。比如三亚市官方微博回应游客被宰事件，官方微博发布了"食品卫生、诚信经营等方面没有接到一个投诉、举报电话，说明整个旅游市场秩序稳定、良好"的博文，其内容明显与实际情况有偏差，引发网友近 20000 条转发和 14000 多条评论，被大多数网友嘲笑和反对。该类应付微博不仅不能提高政府形象，反而会导致社会矛盾激化，从而损害政府公信力。

3. 官腔微博

政务微博要避免说官话、套话，不打官腔。比如一些政务微博在重大事故处理中，经常出现领导高度重视、亲自过问、现场指挥、积极、及时、立即、确保等套话，一些政务微博一开口就是"公文"和"通报"，让民众觉得无实质内容，纷纷遭到吐槽；有的内容让民众觉得高不可攀，只能敬而远之。政务微博要做到亲民务实，注意文风问题，坦诚面对网民的批评和建议，对暂时做不到不要用套话，要及时说明原因，避免言辞不当，祸从口出，反而激化矛盾。

（四）政务微博提升政府形象的建议

1. 健全运营人员培训体制，提高官员媒介素养

目前政务微博中影响大、粉丝多的账号由专人负责。比如，平安北京、广州公安、平安江淮网等，绝大多数由当地的新闻办或宣传科负责，运营人员多是兼职的，缺乏专门的培训，面对公众的多种声音，尤其是质疑、指责等，应对能力不足，对媒体信息解读及运用能力有限。在新媒体时代，政府工作人员

如果缺乏面对媒体的媒介素养，很难就危机事件或者重大突发事件准确表达政府的意志，也会影响政府处理策略，减弱政府的舆论引导效果。为了更好地发挥政务微博的作用，对政务微博的运营人员进行专业培训、学习正确与公众交流互动的方法，参加经验交流会，加强互联网政务信息发布、解读的各种能力。对官员的政府身份和个人身份，运营人员要有清晰的认识，不能混同。值得借鉴的是浙江省委党校将微素养作为当地政府人员的基本素质之一，把微博与领导工作列入学习班的必修课程，对政府工作人员的"微能力"进行专门培训。

2. 健全政务微博的管理制度

首先为了保证政务微博安全性，要强化认证制度，统一规范化命名规则。政府申请官方微博账号时，要规范程序，按要求进行严格审查，并在已认证的政府官方微博后面打上一个黄色的"V"字母加以标示。比如，云南省先出现微博云南，后来又相继出现云南省政府微博、云南省政府和云南省政府官方微博，公众分辨不清哪个是真正的政府微博，容易影响政府的形象。事实上，除了微博云南是当地的官方微博，其他都是网民个人注册的。政务微博在认证时，网络微博运营商必须要求注册部门出具相关证明与资料，对资料进行审核，杜绝弄虚作假。在通过认证的政务微博上，明确说明政务微博的性质，是机构微博还是政府工作人员个人微博。要求在政务微博首页提供简介，说明该微博的基本情况。为增加政务微博的可信度，要注明联系方式，以便与网民及时沟通。为了推动政务微博健康良性发展，还要制定一系列管理办法。只有用制度加以规范、约束，才能使政务微博作用常态化。比如天津公安局就出台《官方微博管理办法机构》，对组织机构、基本职责、发布内容、制度建设、相关保障等做了详细的说明。

3. 更新政务微博传播理念

首先政府部门和政府工作人员要了解政务微博开通的目的。开通政务微博，不是为了赶潮流，也不是为了考核，必须是为了更好地服务社会大众，打造与民交流、网络问政的新渠道，让更多的社会公众参政议政。每个政府机构需要根据自己的定位和实际情况确定是否需要开通。其次，引入经营理念，健全发布机制。政务微博跟企业一样，需要经营，这样才能规范化运作。政务微博要讲究发布频率，日或月信息发布量均匀，不要过于起伏，建立适合自己部门的发布规律。比如"北京发布"，每天 20 条左右的微博量，实现微博发表常态化。

第二节　网络舆情与民主政治

一、网络舆情促进社会民主政治的发展

（一）网络舆情信息培养网民民主意识，引导公众参与政治生活

首先，网络舆情信息的丰富性给网民参政议政提供了政治资源。公民社会的崛起与网络社会的崛起密不可分，在向利益主体多元化的转型进程中，通过网络表达各种利益诉求已经成为我国公民参与社会生活和公共事务的重要组成部分。互联网时代，舆情信息不同于传统的报纸、电台、电视等媒体，为部分权威机构所控制，绝大多数民众只能通过传统媒体所报道的内容来获取有限的信息，而这部分有限的信息资源也已经被把关过了。如今，通过网络平台，民众可以获得大量的信息资源，正如有学者指出，网络舆情信息"改变了过去单一的信息传输渠道，建立了全方位、多层次、多形式的传输渠道"①。

其次，网络舆情信息的开放性打破了话语权的限制。公民政治参与的一个基本条件是平等、自由。在互联网上，开放的网络超越了现实生活中的等级限制，一个普通的社会公众可以通过政务微博等其他网络问政平台与政府工作人员进行沟通、交流。对政府将要制定的政策、措施等，任何拥有网络设备及联网的用户都可以利用互联网进行投票、发表看法和参与讨论，网络上的政治参与活动是向所有人开放的，为网民行使民主权利提供了机会。越来越多公众选择网络平台作为表达他们利益的基本途径，网络平台为我国公民带来更多的话语自主权，他们尝试借助网络的力量来影响政府，特别是影响政府公共决策。

最后，网络舆情主体的匿名性提供了网民畅所欲言的机会。现实生活中公众发言时会有许多顾虑，往往会言不由衷。而在互联网上，一般情况下，只要公众的言论符合国家法律，就不要担心自己的身份被暴露，可以真实地行使公民的表达权和言论自由。

回顾网络舆情热点事件，温州动车事件、佘祥林事件、雾霾事件、皮革奶事件、躲猫猫事件、"天价香烟"事件等，网络舆情借助互联网，使公众充分行使知情权、监督权等权利，见证了公民通过有序参与，实质性地参与国家政

---

① 郑曙村：《互联网给民主带来的机遇和挑战》，《政治学研究》2001 年第 2 期。

治生活，提高了公众在国家政治生活中的主体地位，形成合力博弈滥权、遏制腐败。民主政治的核心之一是公民的政治参与，网络舆情信息的特性激发了公众参与政治生活的热情。

（二）网络舆情聚合民意，促进公共决策的科学化

传统媒介时代，社会公众表达自己真实想法的渠道缺乏，只能被迫接受政府部门的决策，表现出来的舆情并不代表真正的民意，如果因为决策者的失误，当矛盾积累到一定的程度，就容易引起质变，从而对社会造成巨大的危害。比如厦门 PX 项目，该投资项目得到厦门市委、市政府大力支持，被纳入国家"十一五"对二甲苯产业规划，因为政府前期项目论证信息不公开，公众没参与，当厦门 PX 事件进入公众视野时，就引起当地市民集体抵制，引发大规模的抗议和游行。

社会的不断发展变化要求政府就相应的公共政策及时做出调整，由于受到各种局限的影响，决策者做出的决策不一定都是正确的，即使在当时是对的，时过境迁以后也可能存在不合理的地方。对这种不合理部分的修正，需要决策者自身的认识和反省，但更多的是要广开言路，虚心倾听民意。网络舆情能大容量和长时效地跟踪某一件事，就可以收集到一手的民意，政府部门通过网络可以及时回应公众，同时由于网络舆情主体的匿名性，使得舆情主体敢于表达自己的真实心声，是"原汁原味"的民意，决策者较容易捕捉到真实的社会舆情，为决策提供依据和指导，在此基础上政府才能做出顺乎民意、合乎现实的正确决策。比如 2011 年，《凤凰周刊》发起的贫困学童"免费午餐"活动，最终引起教育部、财政部的关注，为农村义务教育阶段学生提供膳食补助政策的出台提供决策支持。

（三）网络舆情有效监督政府行为，有利于政府廉政建设

哈贝马斯曾经说："个人意见通过公众批判而变成公共舆论时，公共性才能实现。"[1] 网络舆情监督主要表现为公民利用网络平台进行的监督形式。它有别于大众媒介时代的舆情监督，每个人都是潜在的信息发布者，他们可以用言语、音频等信息对事件、个人进行监督。网络开辟了一条新的监督渠道，扩大了民主监督的对象和范围，发挥了公众民主监督的主体地位。在网络民主中，并非所有的个体表达的意志都能上升为群体的共同意志，只有在海量的信息中保持强大生命力的观点才能得到社会公众的认可，才能形成群体的力量实现对政府及工作人员的监督。而政府部门通过收集网络舆情信息，可以准确了解绝

---

① 哈贝马斯：《公共领域的结构转型》，曹卫东译，学林出版社，1999 年版第 252 页。

大多数公众的观点和意见，也可以从舆情信息中判断当前社会热点发展趋势。因此，网络舆论监督作为区别于制度监督的一种民间力量，弥补现实制度监督的缺陷，具有很大的政治意义。

由于传统反腐手段往往需要实名举报，有时候还需要彼此当面对质，有的检举人因为害怕报复选择放弃，有的因为人情有所保留；有的怕举报信息被封杀而举报无门，种种原因使人们举报腐败行为积极性降低。而网络反腐，通过网上自由沟通信息，对当事者进行举报，整个过程不会泄露身份，保证了举报人的安全。网络反腐一般有两种方式，一是民间网络举报。主要是在网络公共空间，举报人将图文并茂的举报信贴在网上并四处发帖，引起更多网民的关注，变成舆论焦点，政府介入调查。另一种是官方网络反腐。2005年中央纪委推出网上举报中心，2013年中央纪委监察部网站开通了举报专区，让群众举报腐败和违规违纪行为更加方便，为网络反腐提供了更为便捷的渠道。从"表哥杨达才事件"中单纯地利用网络平台表达公众态度，到"虐童案"中网络舆论要求加强立法再到雷政富不雅视频等，都证明了网络反腐的巨大力量。

二、网络舆情对民主政治的负面影响

（一）网络舆情使网络民主无序化

互联网为公众的话语表达提供便捷的通道，公众的政治参与热情被激发，但是，并不是所有的网民在网络空间都能理性表达自己利益诉求，由于目前网络社会缺乏相应制度规范，网民在网络空间的政治参与往往会带来政治非理性，也会导致主流价值取向的偏差。网络舆情信息的丰富性导致信息内容无所不包，庸俗化和灰色的舆论随处可见，西方意识形态的渗透无处不在。网络舆情复杂性，网络舆情信息权威性、导向性不够，某种程度上呈现混乱、无序状态。网络空间的自由性和个人表达的无障碍性，使得一些网站故意炒作，煽动网民情绪。某些博主为了吸引眼球，故意夸大其词，危言耸听。种种现象导致网络舆情信息难控性。政府可能在各种利益关系一时难以有效协调时，为了避免出现无序状态，就会加强对网络舆情的各方面监控。另一方面，信息技术进步带来了海量的知识，当人们面对信息过剩的问题时，大量的信息就可能会束缚人们独立思考的能力，人变成电脑的奴隶，对信息的分析和判断过多地依靠互联网，让人形成思考惰性，甚至丧失以往的社会活动能力。对某些事情的看法并不是其个人的观点，而是人云亦云，最终使网络民主无序化。

（二）网络舆情使公众话语权倾向社会精英阶层

网络社会从理论上为人们提供了一个自由的说话平台，公众可以摆脱现实中的身份限制发表意见，打破"沉默的螺旋"，发表与主流声音不同的观点，只要有电脑或手机等，都可以在网络上发表自己的观点，看似每个人都拥有无限的话语权，都在积极地参与政治和社会公共事务的讨论。但事实上网络上也隐藏着不平等的特质，拥有话语权并不等于能够说话。很多人在网络上的发言并不是自己的意见，很多都是把他人的评论选取作为自己的观点参与讨论。互联网上的话语权实际上相对集中在某些精英手中，这些人在某种程度上往往左右着网络舆情的发展态势。尤其是发生社会热点事件的时候，大多数的人并不是发表自己观点，而是一个传声筒，甚至是战场上的棋子，他们的态度常常跟随网络精英阶层态度。

（三）舆情主体缺陷限制民主参与的广泛性

我们一般意义上的民主在于民主参与主体的平等性和广泛性，要形成"多数人的民主"，参与主体必须具有广泛性才能形成。网络媒介从理论上给我们提供了一种新的民主参与形式。但是事实上，因为技术和经济原因，还不可能人人都可以在网络上表达自己的意见。尽管我国目前拥有 6.88 亿网民，超过我国人口半数，但是，有一部分群体，尤其是在我国的农村，网络还没有普及，部分人还是网络信息的"贫困者"。在不同的区域，不同的人群，相比较网络信息的富有者来说，"数字鸿沟"依然存在，在一定程度上不利于民主的发展。据统计，我国目前网络舆情的主体具有年轻化、知识化、城市化的特征。年轻化使网民更富有激情、冲劲、创造力，但是理性却不足，很容易被煽动性、夸张性、偏激性的信息吸引。比如网络上我们常听说的"人肉搜索"这一网络监督方式的出现，很容易造成网络暴力，扰乱当事人的正常生活。

（四）舆情的群体极化影响意见共识的达成

美国学者凯斯·桑斯坦认为："群体极化是指群体成员中原已存在的倾向性通过群体的作用而得到加强，使一种观点或态度从原来的群体平均水平，加强到具有支配性地位的现象。"人们在表达自己的观点时，总是会带有个人情绪化色彩，尤其是网络公共空间里绝大多数网络平台不需要实名，容易摆脱现实身份的困扰，除了在自己的网络空间抒发个人的情感、态度等，还可以搜索自己感兴趣的信息内容。在网络空间中，哪怕是小众，网民也能找到"志同道合"言论或者观点，固定讨论的圈子就会慢慢形成。当出现不同的观点的时候，经过不断讨论，很多人原先个人的看法往往会改变。在这个意见圈里，如果少数人有不同的意见，由于从众的心理影响，在主流观点的压力下，往往会隐藏自己的真实想法。此时，主流观点进一步被强化，少数人不同的意见进一步被弱化，极端化的因子就此埋下，对民主共识的达成形成一定的威胁。

（五）网络舆情与真实民意存在偏差性

在网络舆情形成过程中，最初的事实在传播过程中可能会出现信息的保真、衰减或变形等不同结果。究其原因，网站或网民可能出于自己的主观需要对信息进行编辑处理。如果是原文转发，可以实现信息保真。如果对某些细节进行了删减，信息就会发生衰减。如果对内容进行一定的修改，则会出现信息的变形，事实容易被扭曲，舆情导向会被误导。同时，网上意见的传播会出现群体极化，处于劣势的意见逐渐被淹没。意见弱势、沉默的一方会不断助长声音强烈的一方，不管其观点对错与否。

还有广大非网民很多时候是沉默的、不发声的，他们往往是社会弱势群体和社会底层人员，他们的利益诉求往往缺少表达的渠道。即使在网民群体中，绝大多数网民多数时候是充当围观者，在网上基本不发声的。此外，网络空间里网络水军的存在会产生大量虚假舆情，不是真实民意，增加了社会治理成本。互联网赋予每一个人自由地发出声音的权利，但是究竟有多少能够被吸纳、被倾听？基于这些现状，网络舆情与真实民意存在一定的偏差，有时甚至裹挟真实民意，误导决策，导致社会动荡，影响社会稳定。

第三节　网络舆情政府治理

一、完善法律法规，提高依法治理能力

不以规矩，不能成方圆，构建和谐的网络舆情空间必须有健全的法律保障。每一位公民都有充分利用网络的权利和自由，但任何自由都有界限。为了促进互联网健康、有序、快速发展，我国政府也在不断摸索网络舆情治理之路。

为了规范互联网行业，对网络服务商的服务、网民在网上的表达行为及内容等先后制定了一系列规则，既有全国性法规，也有地方性规章。比较重要的全国性法规有：1994年《中华人民共和国计算机信息系统安全保护条例》、2000年《全国人民代表大会常务委员会关于维护互联网安全的决定》、2006年的《信息网络传播权保护条例》、2009年《中华人民共和国侵权责任法》《互联网站从事登载新闻业务管理暂行规定》《互联网新闻信息服务管理规定》等。还有一些地方性法规，如《北京市微博客发展管理若干规定》《广东省计算机信息系统安全保护条例》等。这些不同层次的规范，为保障互联网信息安全提供了法律依据，对促进我国互联网健康发展具有重大意义。

但现行相关规定也存在一些问题，如多为行政法规，由国务院及部门发布，法律体系层级较低，实施效力低；管理主体混乱；一些管制内容的规定不够合理，针对性较差；有关法规的内容偏重于对网民群体的管理，对个体表达自由的保障体现不够；对于网络侵权行为的追究机制目前也并不完善。因此总体来看，我国互联网管理方式与法规文件还不适应互联网发展需要，法律制定和实施滞后于实践的发展。

《中华人民共和国网络安全法》在注重信息安全管理的同时，比较全面地规定了政府、企业和个人在网络安全方面应当履行的义务和职责，提出了解决网络安全问题的基本思路。为了加强用户个人信息保护，在"网络信息安全部分"提出了建立和完善用户信息保护制度，为现实生活中的网络暴力之一"人肉搜索"提供惩处依据。为了加强网络安全监测，在"监测预警与应急处置"部分，明确了部门职责：建立网络监测预警和信息通报制度，明确了协调各部门应急工作的主体——国家网信部门，在发生网络安全事件时，一般根据安全级别，按照发布预警、发布警示信息和对网络通信采取临时限制等措施。

对此，笔者认为在以下几个方面有待进一步明确：一是网络行政主体的职权明晰。查处网络违法犯罪活动要避免多部门职责交叉不明。网信部门的职权及角色定位要进一步明确。二是关于网络实名制规定，借鉴其他国家的立法，将操作层面进一步细化。三是依法使用网络的权利、保护公民个人信息方面有待进一步完善。把个人信息安全与国家安全一并考虑。应当进一步明确政府及有关部门在网络安全中的义务和责任，建议对网络运营者慎用"避风港"原则，应当采取"红旗原则"。

国家在制定网络舆情治理相关法律时，要更加积极地引导公众参加，听取公众意见，加深公众对法律的理解，促进法律的实施，使公众、政府部门等自觉遵守法律，理性地在网上参与政治，充分发挥法律对政府、公众的硬约束力。

二、建立网络舆情监测预警系统

科赛曾在《社会冲突的功能》中提出社会安全阀理论，他认为，"一个社会的结构愈是僵化，或愈是不容许对立的要求和主张表露出来，蓄积危险的、敌对的情绪便愈多，也就愈需要社会安全阀制度"。网络舆情正好给网民提供了一个发泄内心不满的社会安全阀，起到为社会减压的作用。作为一种排解公民不良情绪、缓解社会正面冲突的有效路径，网络舆情也是政府了解社会公众心理、反观自身管理行为和公众满意度的一面镜子。网络舆情监测预警系统主要包括四个方面，如图4-1所示。

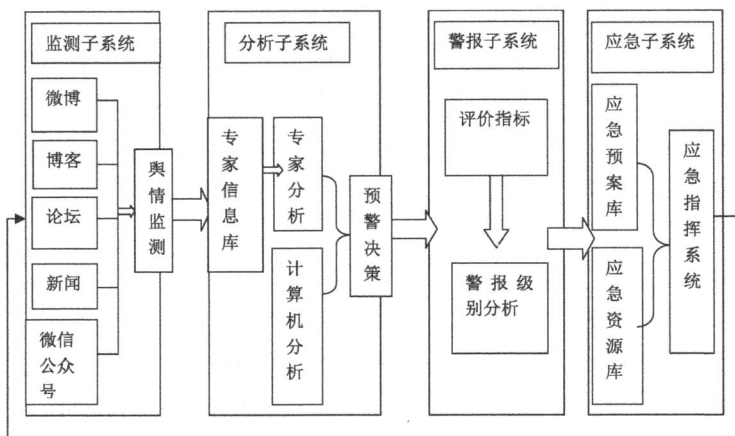

图4-1　网络舆情监测预警系统

（一）监测子系统

利用计算机技术和人工排查相结合的方式，计算机技术一般采用内容的自动采集、敏感词过滤、主题检测、专题聚焦等方式，也可以限定网络舆情收集范围，如为收集某地民情民意，可以确定一些当地主要政府网站、新闻网站、网易、新浪等开展信息监测收集工作。

（二）分析子系统

该系统主要是对监测收集到的信息进行分析和评估。为了充分分析舆情信息，政府要建立专家信息库，专家由从事舆情研究的学者和有实际分析经验的工作人员组成。相关专家要围绕各类网络论坛、留言栏、群众来信和来访等信息，对带有苗头性、倾向性或群体性的问题进行分析。结合计算机分析，对已经出现的负面舆情事件，及时进行评估，对事件发展趋势、如何应对等做出预测、判断，为决策提供充分依据。

（三）警报子系统

参照《国家突发公共事件总体应急预案》，根据网络舆情危机程度从重到轻分为四级，分别用红、橙、黄、蓝四种颜色表示针对每一种危机程度，制订网络舆情预案，以便危机发生时及时确定相关部门的职责，建立起一套社会危机应急联动机制，充分发挥网络舆情引导在化解社会危机中的积极作用。

（四）应急子系统

该系统主要是采取必要措施以防止负面舆情扩散。系统里预先存储预案库和应急资源库，预先设计紧急应对系统，随时做好应对准备。同时，还要建立应急指挥系统，主要应对出现负面舆情警报时启动危机处理。

三、建立舆情信息公开和及时回应制度

为了提高政府工作的透明度，2008年《中华人民共和国政府信息公开条例》制定实施，要求政府及时公开公众需要知晓的相关信息，为舆情信息公开提供依据。根据研究，一般突发事件舆情如果要成功处置，最初发生的4个小时非常关键。网络技术的进步，人们只要复制、粘贴就可以转发，而且网络论坛、微博、微信等渠道多样，非常便捷，事件发生4小时就有可能已被大量转发，一天之内就能成为舆情焦点。目前，各类舆情事件频发多发，不管这件事与自己有关与否，出于好奇心等各种八卦心理，公众对事件发生的原因、进展、牵涉的人员等会提出各种疑问与猜测。此时，如果政府部门遮遮掩掩，不及时披露相关信息，各种谣传就会满天飞，引发进一步的舆情危机，从而危及社会稳定。

设立网络舆情信息公开的制度。对公众关切问题回答要公开，网上投诉处理结果要公开，对公众建议的书面回复要公开，政府处置舆情工作流程、工作内容要公开，形成一套信息透明、反应迅速的回应机制。及时公开网络舆情处理进展。要定期通报网络舆情的办理工作，虚心接受社会公众和各界的监督。政府对职能部门舆情信息的处理要提出明确时限要求，建立首问负责制，对社会公众的咨询、投诉、意见和建议，涉及职责范围的，都要给群众一个满意的答复，并要求在规定时限内解决，不能按时解决需延长时限办理的，应及时在网上做出说明。

完善新闻发言人制度。随着信息技术的发展，建立灵活的网络新闻发言人机制。新闻发布可以采取多种形式，借助多种媒体灵活进行，如召开现场发布会，接受电视、报纸等传统媒介采访，可以通过网络在线与网民实时对话沟通等，可以把网络新闻发言人和网络信息发布设立为常态的制度。

第五章　网络舆情与经济发展

> 农耕阶段为第一次浪潮，工业文明为第二次浪潮，技术和信息时代为第三次浪潮。
>
> ——【美】阿尔文·托夫勒《第三次浪潮》

人类社会按照农业社会、工业社会、信息社会的脉络发展——这是目前一个被普遍接受的观点。在农业社会和工业社会中，物质和能源是主要资源，所从事的是大规模的物质生产活动。而在信息社会中，信息成为比物质和能源更为重要的资源。没有物质的世界，是虚无的；没有能源的世界，是死寂的；没有信息的世界，是混乱的。进入21世纪以来，以开发和利用信息资源为目的的信息经济活动迅速扩大，逐渐取代工业生产活动而成为国民经济活动的主要内容。另一个与信息社会紧密相关的是后工业社会。信息社会与后工业社会的概念并没有什么原则性的区别，如果一定要区分二者，可以用信息化的程度来区分。信息社会也称信息化社会，是脱离工业化社会以后，信息起主要作用的社会。后工业社会可以视为信息化进程中的社会形态。信息化的概念，是用来描述人类社会由工业社会向信息社会过渡的社会化过程。信息化的萌芽时期是20世纪60年代，以计算机信息技术的产业化为标志。随后学者们纷纷围绕"信息化"著书立说，如美国学者丹尼尔·贝尔1973年完成《信息社会》、阿尔文·托夫勒1980年推出《第三次浪潮》、尼古拉·尼葛洛庞帝1996年出版《数字化生存》。这些学者建构了完整的信息化理论体系，指导着人类社会新的发展方向和建构方式。20世纪90年代以来，互联网迅速在全球范围内普及开来，信息化的概念愈发深入人心，各国之间的信息化竞争也愈演愈烈。1996年在南非召开了"信息社会与发展"部长级国际会议，50多个国家的政府代表和6

个国际组织代表参加并达成共识：全球信息化是一个不可阻挡的历史进程，对每一个国家都是巨大的挑战。

目前信息化正席卷全球，成为推动世界经济和社会全面发展的关键因素。在信息社会中，信息、知识成为重要的生产力要素，和物质、能量一起构成社会赖以生存的三大资源。信息社会的经济是以信息经济、知识经济为主导的经济，它有别于以农业经济为主导的农业社会、以工业经济为主导的工业社会。一个国家的信息化程度，决定着这个国家在新时期生存与发展的实力和地位，是 21 世纪综合国力较量的制高点。首先，世界经济和贸易发展更大程度上依赖于信息技术和信息产业，物质型经济逐渐向信息型经济转变，这一人类有史以来从未有过的最广泛、最深刻的转变，远远超过"工业革命"所产生的影响。其次，全球性的数字化网络将成为人类各种政治、经济、文化、社会活动的基础设施，人类之间的交流形式彻底改变，人们的生活习惯、工作方式、价值观念及思维方式等全面转变，娴熟的互联网素养是人类现代化的标志。网络舆情本质而言是一种信息，也是一种能够产生经济效益的资源。

第一节　大数据时代网络舆情的经济效益

一、网络舆情与大数据

在日益激烈的市场竞争中，信息资源的开发利用显得尤为重要，越来越多的人已经意识到信息是一种潜在的生产力。开发信息资源所产生的经济效益已逐渐引起越来越多的人的关注。随着大数据时代的到来，数据开始转变成为一种基础性资源，开发信息资源的主要方向日益变成管理和挖掘大数据。研究者指出，在大数据时代，纷繁复杂的数据实时可得，整个社会经济产生了根本的变化。大数据在宏观经济分析中得到广泛而活跃的应用，尤其是在四个最重要的领域：宏观经济数据挖掘、宏观经济预测、宏观经济分析技术和宏观经济政策。[①] 对于企业而言，大数据时代的消费模式、产业发展、商业模式等方面都受到巨大冲击。如大数据导致市场要素离散化、信息壁垒数据化、经济关系网格化、交易模式平台化[②]。研究者进一步指出，大数据的根本性影响在于对企业成本的颠覆，数据成本成为影响企业运营的重要因素，数据不对称将替代信

---

① 刘涛雄、徐晓飞：《大数据与宏观经济分析研究综述》，《国外理论动态》2015 年第 1 期。

② 涂永前、徐晋、郭岚：《大数据经济、数据成本与企业边界》，《中国社会科学院研究生院学报》2015 年第 5 期。

息不对称成为决定企业效率的主要变量。数据处理成本对交易成本的颠覆式变革，改变了企业的外部边界和组织形态。[①] 对于当代企业而言，大数据既是企业占领市场、赢得机遇的利器，也是政府进行宏观调控、资源配置、经济管理的信息基础。大数据将成为推动信息经济高效、可持续发展的关键资源。"传统行业最终都会转变为大数据行业，无论是金融服务业、医药行业还是制造业"。[②] 研究者甚至直言：如今，谁掌握了数据，谁就能将这些数据转化为价值，就在全球竞争中占据优势。

目前业界广泛认可大数据的特征为 4V 特征，即大量（Volume）、多样（Variety）、高速（Velocity）、价值（Value）。通过对目前网络舆情状况的观察可以看出，互联网的开放性使网民可在网上更为方便地发表自己的意见，导致网络舆情的数据量急剧增长。尤其是在移动互联网舆论场，以个人为基本单位的传播能力被激活，个人利用社交媒体自主接触、搜集和传播信息的便利性极大提高，由此使得网络舆情呈现"大量"的特征。其次，多媒体的发展使网络舆情的数据形态呈现出多媒体性的特征。网站、APP、朋友圈、微信公众号、直播平台……各种自媒体平台都成为网络舆情传播的集散地。网民表达意见、传播观点的手法，已经不限于在论坛发帖、在微博发文这种单一的文字表现形式，图片、动漫、音频、短视频的传播影响力这些年迅速发展，网络舆情的信息形态日趋多样。再次，现代社会价值观念多元化，各家观点争鸣，舆论不断变化，导致网络舆情快速变化。同时，互联网基础设施不断完善与优化，网络舆情信息传播的渠道不断拓宽、延长与加深，信息传播的速度甚至可以用极速来形容。最后，随着 80 后、90 后登上历史舞台，网络原住民成为掌控互联网世界的主导力量，网络舆情成为当代网民的鲜活体征，它代表着时代的思潮和社会的脉动，它能够引领潮流、牵动关注、形成趋势，它的价值不容忽视。正是由于以上各种因素的共同作用，使得网络舆情数据越来越呈现出大数据的特征。用大数据的方法与理念去分析网络舆情，挖掘有效信息，将产生事半功倍的经济效益。

二、网络舆情与经济效益

与经济效益紧密相关的是消费者和市场。消费者的需求与体验，是产生经济效益的源头；市场行情，是产生经济效益的基础。网络舆情信息，通常直接

① 涂永前、徐晋、郭岚：《大数据经济、数据成本与企业边界》，《中国社会科学院研究生院学报》2015 年第 5 期。
② 胡正荣、万丽萍：《汤森路透创新经营迎接大数据的挑战》，《中国报业》2013 年第 8 期。

涵盖目标消费者的数据，所以通过对网络舆情的数据挖掘，可以直接产生经济效益。对网络舆情所反映的网民行为倾向与消费偏好，往往集结着消费者行为的大数据。对这些网络舆情数据进行大数据处理与分析，可以影响企业的营销管理系统。企业的营销管理系统由管理、营销和信息三个子系统组成，如图5-1所示。

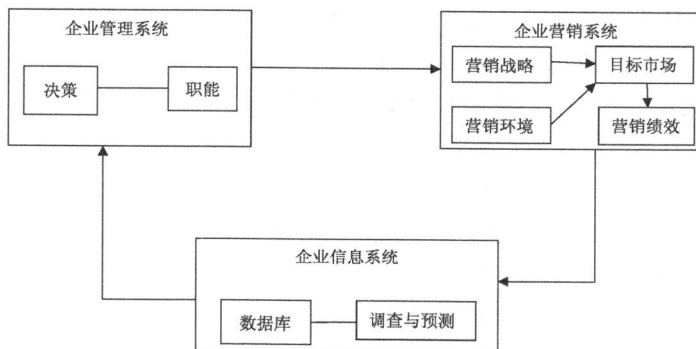

图5-1　企业的营销管理系统

企业的信息系统是企业营销管理系统的子系统，由数据库、市场调查与预测两个部分组成。企业的信息系统，介于企业营销系统与企业管理系统之间，主要功能是对企业的科学决策提供智力支持。在企业信息系统中，如果运用大数据的方法进行数据库的管理与维护、市场调查与预测，将能够提供高质量的市场信息来帮助企业管理者做出科学决策，从而发挥高效的管理职能、制定高端的营销战略、掌控全面的营销环境、采取有力的营销战术，并对营销绩效进行科学分析。网络舆情信息带来的直接经济效益，主要是利用大数据分析方法对市场信息尤其消费者信息进行挖掘与处理，从而采取有针对性的市场营销战术。目前，网络舆情信息已成为消费者信息搜集的主要渠道之一。

如通过建立网络舆情分析系统，汽车制造与销售企业可以搜集、提取并分析海量的汽车网络舆情数据，将大量的、无规律的汽车消费者网络舆情信息整合成对汽车企业有市场价值的消费者产品评价报告。贺畅等人选取当前市场上较为流行、销量较高的七款车型的消费者网络舆情信息作为研究样本，应用网络爬虫、词频统计、关联分析等文本挖掘方法，对网络舆情信息进行系统分析，重点研究了相同汽车细分市场内的竞争关系及消费者对各款车型的关注点和情感分析，最终形成如下研究报告：

七款车型之间的竞争关系依据竞争的方向分为双向竞争关系、单向竞争关系和无显著竞争关系。第一类存在双向竞争关系车型为卡罗拉、朗动、轩逸和英朗 GT；第二类存在单向竞争关系车型为福瑞斯、名图；第三类无显著竞争关系车型为逸动。第一类车型中竞争最激烈的两款车型卡罗拉和轩逸的舆情信息中，一级指标提及量最高的是燃油经济性和外观。燃油经济性主要是指汽车的油耗情况，油耗较高的车会阻碍消费者的购买热情。而对于外观情况，消费者对车型外观各部位提及量集中在轮胎和大灯部位。消费者的正面评价中，卡罗拉和轩逸最大的优点是舒适；消费者的负面评价中，卡罗拉的负面评价是"丑"和"太小"，轩逸的负面评价是"抖动"和"模糊"。在关联分析结果中，卡罗拉舆情信息中，相关系数不低于 0.7 的关键词主要有"座椅、导航、仪表盘、后视镜、行车自动落锁、CVT 无级变速和音响"等词语，且很多内容都是围绕"座椅、导航、仪表盘"展开的。朗动消费者舆情信息中相关系数不低于 0.65 的关键词主要有"电子助力、ESP、行车电脑显示屏、轮毂、中控、挡把和后视镜"等词语，且很多内容都是围绕"电子助力、ESP、行车电脑"展开的。[①]

此类调查报告，无疑对企业完善产品性能、追踪消费者动态具有直接指导参考作用。利用网络舆情分析系统挖掘和分析数据，汽车企业可以准确实时地掌握消费者对车型的评价、建议，以及自身品牌的优势和不足，根据市场情况及时调整产品设计和品牌战略，设计出符合消费者需求的产品。网络舆情分析系统可以完成海量消费者网络舆情信息的搜集和分析，为企业的品牌评价和战略调整提供至关重要的数据支撑。

另外，具有大数据特征的网络舆情信息，还能带来间接的经济效益。价格总是围绕价值上下波动，某些网络舆情传播热点事件可以影响普通消费者对某商品的需求，从而造成商品价格的跌宕起伏。如 2010 年出现的"豆你玩""油他去""蒜你狠""姜你军""苹什么""鸽你肉"等网络热词，看起来只是网络流行语，其实质是游资炒作信号。豆价疯涨"豆你玩"，与人为恶意改变供需关系和网络炒作有直接关联。2009 年以前，国内有些地区因为盲目生产，绿豆供过于求，豆贱伤农，此后绿豆种植面积缩水，出现了供不应求的状况。之后加上天气等因素，绿豆生产量下降，进一步拉高了市场价格。2009 年 10 月 17 日，吉林玉米中心批发市场有限公司等多家企业，召集国内 16 个省区市 109 家绿豆经销企业召开了"第一届全国绿豆市场产销行情研讨会"。会上吉林玉米中心批发市场有限公司等企业相互串通，捏造散布绿豆大幅减产等信息，

---

① 贺畅、赵威、陈陌：《基于网络舆情分析的汽车市场及消费研究》，《汽车工业研究》2016 年第 4 期。

统一价格上涨共识，对全国绿豆价格上涨起到了推波助澜的作用。① 之后"豆你玩"在网络上热传，豆价疯涨迅速成为全民皆知的"现实"。2010 年 2 月份开始，从绿豆收购商到产地经销商，再到外地各级经销批发商，甚至零售商，各环节各家手上都多多少少有囤货的行为，绿豆价格飙升更加剧烈。这是网络舆情严重影响产品价格的个案，随后"三农"舆情引发农产品涨价潮的案例屡有发生。

三、网络舆情监测成为热门产业

关于网络舆情与经济效益的关联，不能不提的是网络舆情监测服务业的产生与发展。在网络舆情影响力不断走强的趋势下，舆情监测市场逐渐浮出水面，网络舆情监测服务业也成为一项朝阳产业，在近几年迅速发展壮大起来。舆情监测市场在 2008 年之前处于孕育与诞生阶段，因为这一阶段的前期是互联网刚开始进入中国人日常生活的时期，这一阶段的后期才是网络舆情传播开始产生影响力的时期。在 2008 年至 2013 年间，伴随着互联网对社会全方位的渗透，舆情行业进入市场培育期，互联网作为舆情平台产生了巨大的市场需求，从事舆情监测业务的服务公司在这一阶段如雨后春笋般纷纷冒出。与快速发展相伴的总是泥沙俱下、鱼龙混杂。在市场培育期，不少舆情服务业务被打上了"网络删帖""水军造势""危机公关"的印记。2013 年开始国家展开了"打击网络谣言""净化网络环境"等专项治理行动，网络舆情产品同质化、污名化的状况有所改善，网络舆情市场环境开始好转，网络舆情监测服务业进入升级换代阶段。

在大数据的浪潮中，互联网思维改变了企业的经营模式与管理理念。网络舆情监测服务业，也开始挖掘舆情数据的价值，服务内容从简单应对，向深度研判和危机预警转变，近年来逐渐进入发展壮大期。由于我国幅员辽阔，社会发展存在地域差异，就全国范围而言网络舆情监测服务产业，从无到有、从小到大、从粗放到规范的过程正在同时进行。在互联网发展迅猛的东部地区，基于大数据产业链和业务链的分工与完善，附加更多、更高智力因素的网络舆情产品和服务形态正在出现。2014 年 2 月民政部将"舆情监测"纳入《2014 年民政部购买社会服务指导目录》，这意味着网络舆情产品和服务的价值得到官方认可，并正式成为政府采购对象。这也从另一个侧面证明网络舆情监测的商业前景与市场需求。网络舆情监测是以高端技术为核心竞争力的产业，经过孕育期、培育期，在今天的发展壮大期，已然形成了行业壁垒与资质和品牌。目前网络

---

① 《"豆你玩"背后的黑手》，《法律与生活》2010 年第 14 期。

舆情主要监测的对象可以涵盖微博、网络音视频、新闻评论、BBS 论坛、博客、新闻跟帖及转帖等。值得一提的是，微信朋友圈的舆情监测尚处于空白状态。

目前我国从事网络舆情监测业务的主要有三类不同性质的主体：第一类是公关公司，主要从危机公关角度从事舆情业务；第二类是软件技术公司，主要从事网络舆情信息挖掘、分析软件的研发；第三类是科研院所，主要从学术研究的角度关注网络舆情。就其业务模式而言，舆情监测公司分成两类：一类以技术服务为主，主要依靠销售相关监测软件或搭建监测系统获得收入；另一类以分析、研究和提供应对策略为主要特色，技术服务不是其强项，提供分析报告与方案建议是其强项，这是目前国内许多公关公司的主营业务。我国不少网络舆情监测服务机构是上述三者的"结合体"。相应地，目前国内舆情分析师岗位招聘也大致分为三个方向：技术方向，主要是担任软件开发工程师，通常要求具有互联网信息采集、检索、分析及中文自然语言处理软件研发或算法研究经验，精通数据库优化；分析方向，为企业提供舆情监测与分析，一般要求为新闻传播专业人才，需要熟悉互联网信息传播特性，能把握社会热点；公关方向，主要为企业提供有效的推广和发展建议，帮助企业及时处理负面信息。由于网络舆情监测服务成为热门产业，舆情分析师也成为一个新兴职业。网络舆情分析要求从业者具有对社会舆论敏锐的洞察力、数理统计能力及细分领域的专业分析能力。2013 年 9 月，人民网与人力资源和社会保障部合作推出"网络舆情分析师"培训；2014 年 4 月，新华网与工业和信息化部推出"网络舆情管理师"培训。这两种职业资格培训不仅标志着网络舆情分析成为一项具有专业技能的新兴职业，而且也意味着网络舆情分析的专业化程度不断提升，正从具体实操经验向体系化、专业化的知识与技能转变。

就行业格局而言，网络舆情监测产业目前有五大背景：政府、媒体、教育科研、技术软件和商业开发。关于"政府"这一背景，源于网络问政、网络反腐、信息公开的浪潮。在互联网的冲击下我国各级党政机关依托党政宣传思想工作系统，下设职能部门或企事业舆情服务机构，开展舆情信息汇集和分析。这些机构或部门进行社情民意调查，为政府决策提供参考，行业报告、舆情报告是其典型的网络舆情产品。教育科研系统围绕网络舆情与社会治理，特别关注网络舆情传播的群体性事件、突发性事件，并对网络舆情信息传播的规律、原理进行实证研究。技术软件与商业开发则不断推动网络舆情监测服务业的应用范围。目前对于网络舆情监测市场规模的猜测，众说纷纭，如舆情软件市场可达 10 亿元，舆情信息服务业超过 100 亿，莫衷一是。大量网络舆情软件公司和市场调查公司高速发展，如北京拓尔思信息技术股份有限公司、方正集团、安徽博约信息科技股份有限公司、邦富软件公司、军犬舆情等，以技术研发与服务见长，善于抓取网络舆情数据，成为舆情服务业重要的技术型方阵。2011年，北京拓尔思信息技术股份有限公司（300229.SH）进入资本市场，登陆深圳证券交易所创业板上市。该公司提出要"像预报天气一样预报网络舆情"。媒体，借助自身信息传播的行业优势，为党政部门、企业和社会团体组建舆情监测队伍提供专业培训、应对网络舆情危机提供实用指南，成为网络舆情服务业中的佼佼者。在众多开展网络舆情监测业务的媒体机构中，以人民网、新华网最为抢眼。2009年2月注册成立的北京人民在线网络有限公司，隶属于人民网股份有限公司。之后新华网于2011年下半年推出"舆情在线"，并成立了网络舆情监测分析中心。网络舆情监测服务，成为媒体离主业最近而又能有所赢利的新兴业务。我国的传统媒体一直在商业属性与公共属性之间挣扎——要兼顾社会责任与经济利益。近些年又遭遇到互联网排山倒海的追击，传统媒体可谓四面楚歌。对传统媒体来说，网络舆情业务既具有社会效益又有经济效益，可谓是开辟了一条媒体转型的路径。就社会责任而言，媒体的舆情业务与传统报道业务往往相互交叉，网络舆情服务业务可被视为传统媒体"耳目喉舌"职能的延续和拓展。例如人民网舆情刊物《网络舆情》的定位即为"帮领导干部读网"的内参读物，而新华网推出的《网络舆情参考》则定位于"以网络舆情研判为基础、供领导干部参阅的智库类分析报告"。就经济效益而言，在这个移动互联时代传统媒体的市场蛋糕日渐缩小，开展网络舆情业务为传统媒体开辟了一条新的营收渠道。如2013年成立舆情部门的红网，舆情业务已经确立为红网的重点发展方向。无独有偶，"智谷趋势"这个由传统媒体人创办的舆情分析公司，主要运用大数据方法对政经动向新闻信息进行深入分析，该机构从2013年创办以来发展速度超出预期。网络舆情产品及相关业务，成为传统媒体一个可能的转型发展方向。

第二节　网络舆情与企业品牌形象管理

一、网络舆情与品牌塑造

品牌是企业为满足消费者需要、培养消费者忠诚、用于市场竞争，而为其生产的商品或劳务确定的名称、图案、文字、象征、设计或其互相协调的组合。[①]

[①] 叶学平、柯根松、胡信：《网络舆情影响企业品牌的传导机制及对策》，《市场周刊（理论研究）》2013年第10期。

树立品牌是每一个企业的目标与愿景。企业品牌塑造包括三个层面：品牌定位、品牌营销、品牌延伸。定位意味着锁定目标消费者；营销意味着面对目标消费者；延伸意味着走近目标消费者。这三个环节是依次递进、互相促进的关系，核心都是围绕目标消费者的需求与偏好进行品牌信息的传播。

基于网络舆情的品牌定位，强调要加强市场调查与预测。通过网络舆情的分析，可以更广泛全面地了解消费者需求的特点和需求的变化，从而提升市场调查与预测的效度。网络舆情传播的演变过程中，往往体现出消费者的价值观和生活方式，通过对相关数据的挖掘与解读，可以使企业品牌与消费者需求保持高度一致，促使重复购买行为发生，从而维持品牌忠诚度。基于网络舆情的品牌营销，强调企业要改变单一的广告传播策略，重视整合营销传播与网络传播的有机结合。在互联网营销中，充分展开关系营销和精准营销的理念，不断有效传播企业的品牌信息，树立良好的企业品牌。基于网络舆情的品牌延伸，是指在互联网时代企业可以依托传统品牌的基础，展网络品牌形象。即充分利用互联网的各种优势和资源，以最低的成本投入获得最大的品牌网络扩展。具体而言，包括建立自己的品牌网站、打造综合性网络品牌平台、创建品牌社区、建立品牌消费者社群等，通过主动发布客观中性的舆情信息，对品牌进行全方位展示，将市场调查、品牌定位、品牌推广传播、品牌更新等传统品牌营销方法与互联网有机结合，在消费者广泛参与品牌相关网络活动的过程中主动挖掘、监测、分析舆情信息，不断调整、完善自己的服务或者产品，从而维系广泛而深远的品牌忠诚关系。

二、网络舆情与品牌声誉

品牌声誉是对能够反映企业总体价值的历史行为和未来发展的感知性描述。[①] 对一个企业来说，品牌声誉是品牌资产的有机组成部分，良好的品牌声誉能够增加品牌资产，反之则会对品牌资产产生不利影响。品牌声誉是影响一个企业生存与发展的重要因素。但品牌声誉自身具备不稳定性，因为它是通过长时间品牌运作活动积累而成的无形资产。然而一次品牌危机，往往足以毁掉企业长久以来建立的品牌声誉。在互联网蓬勃发展的时代背景下，诸多企业开始利用互联网进行品牌声誉的塑造与管理。但是，与互联网发展相伴而生的网络舆情，也使得企业品牌声誉管理工作的难度剧增。特别是微信、微博、论坛、贴吧、博客、视频网站等社会化媒体产生的大量自创内容 UGC，为大规模、

---

① 刘晓英、何玲珠：《网络舆情下企业品牌声誉管理研究》，《黑龙江社会科学》2014 年第 2 期。

强力度的网络舆情传播，提供了高速、便捷、通畅的传播环境，大大增加了品牌危机事件和突发事件发生的概率。一件丑闻或者一个污点马上就能传遍整个互联网，因此网络危机公关很重要，它能使事件的破坏力降到最低。伴随着互联网对社会日常生活的渗透，可以预见舆情监测服务的市场将越来越大。因为大多数企业品牌商还没有掌握有效技术与方法，无法在第一时间掌握舆情走向并分析其对品牌的影响趋势。他们通常是在舆情发布后才能根据事态状况做出应对，这导致涉事企业经常处于舆情发生的被动地位。

网络舆情传播是互联网世界无可避免的现实产物，这种事物本身无关对错，纯粹是网民个人的情绪、态度、意见的综合体现。互联网的飞速发展提升了舆情传播的速度、宽度、广度、力度，同时也带来了舆情传播在深度与精度方面的模糊与杂乱。这对企业品牌的塑造与管理来说，着实是一把锋利的双刃剑——机遇与挑战并存，机会与危机同在。如何在危机来临之前做好防范，在挑战到来之际做好应对，做到化危为机、转危为安，是现代企业品牌商都必须思考的问题。如 2011 年 6 月，实名认证的"中国红十字会商业总经理"郭美美，在新浪微博上肆意炫富，引发网民关注，造成大量负面网络舆情，导致中国红十字会两年来一直处于舆论漩涡，遭遇了前所未有的品牌信任危机。还有 2004 年河南省大程面粉实业有限公司多年经营出来的面粉品牌"豫花"，在当年 10 月被对手施加的小小谎言所害，声誉良好的面粉眨眼间就变成了有毒面粉。这一企业危机事件导致"豫花"面粉的生产商——河南省大程面粉实业有限公司被迫停产整顿，企业陷入瘫痪。此事造成后来一些地方的人们不但拒购"豫花"面粉，甚至对所有产自河南的面粉也将信将疑。虽然后来河南省大程面粉实业有限公司已洗脱罪名，但却伤痕累累。

可见网络舆情与企业品牌声誉息息相关。企业要有针对性地研判舆情、利用舆情、掌控舆情。正面舆情要充分利用，来增加消费者对品牌的关注度和美誉度、提高品牌价值；中性舆情要积极引导，丰富企业品牌的内涵、关注潜在消费者；负面舆情需要科学应对，坚持公开、公正、透明、真实的原则，最高效率地找到问题所在，及时化解危机，让企业摆脱窘境。

三、网络舆情与品牌维护

品牌维护是指企业针对外部环境的变化给品牌带来的影响，进行一系列的活动来维护品牌形象、保持品牌的市场地位及品牌价值。要做好品牌维护，需要企业针对具体问题采取不同的对策。基于网络舆情的品牌维护包含对品牌形象的维护及对品牌精神的维护。

对品牌形象的维护，主要强调在企业面对网络舆情危机时，消除消费者对品牌的负面印象，扭转消费者对企业的负面情绪。如企业在面对品牌质量问题的网络负面舆情时，应立即调查真相并通过媒体公开道歉，同时召回有问题的产品并进行相应的赔偿赢得消费者的信任。还可以通过第三方权威机构为品牌正名。负面网络舆情信息一旦传播开来，企业就很难单靠自身的力量扭转公众的看法与眼光，此时邀请并配合第三方权威机构对产品检验检测，并及时公布检验检测结果，最后再对消费者认知做出调查与分析，这才是完整的品牌形象维护之道。

"农夫山泉，有点甜"是家喻户晓的广告语。农夫山泉取自国家一级水体——千岛湖，不经任何处理即可达到饮用水标准，深得消费者喜爱。但2009年6月，一篇网文援引国家环境监测总站的报告，声称千岛湖水质受到污染，只能做工业用水，不能和人体接触。之后千岛湖水质问题众说纷纭。以农夫山泉为首的淳安28家饮用水生产企业陷入消费信任危机。农夫山泉迅速开始品牌维护行动，首先搬出多因子评价体系，然后到环保部门请专家调查论证得出千岛湖水饮用安全的结论，最后请网友"亲历千岛湖"，直面事实真相，让顾虑在消费者的亲见中彻底烟消云散。随着媒体的跟踪报道，迷雾消散，农夫山泉消费者支持率不降反升。

对品牌精神的维护，主要是指在负面网络舆情使消费者认知与品牌精神内涵发生较大的冲突，影响了品牌形象与精神内涵的关联，削弱品牌价值的状况出现后，企业要展开有序、有效的品牌维护活动，树立品牌精神。如果是产品的质量出现问题，就要针对具体的问题进行整改，无论是改善生产流程还是处理责任人，抑或是召回产品进行赔偿，这些实际行动在证明企业勇于承担责任的同时，更是使企业品牌精神重新充实和丰满起来的有效举措。在度过网络舆情之后，企业可以通过参加公益活动来强化品牌形象，进一步提升企业品牌的社会价值，从而提高消费者对品牌的自豪感和荣誉感。

第三节　网络舆情危机与企业公关管理

一、企业危机公关管理与网络舆情信息工作

企业危机公关管理，在公共关系学与管理学视野下有两种不同的解读。在公共关系学中，企业危机公关管理主要指当企业遇到信任危机或形象危机之时，通过公关活动来获得消费者和社会公众的谅解，维护企业品牌和声誉的一项工作。在管理学中，企业危机公共管理着眼点在于由企业管理不善、同行竞争、外界影

响等带来的危机，企业针对危机所采取的一系列自救、补救、挽回及重建行动。简单来说，企业危机公关管理，就是有组织、有计划地制定和实施一系列管理策略和应对措施，来规避、控制、解决企业危机事件。根据危机发生的时间节点，企业危机公关管理包括危机预警、危机管理及后期的企业形象重建。

企业在生存、发展的过程中，由于产品或服务存在缺陷、管理漏洞或缺陷、不正当竞争行为、突发性公共事件、领导或员工不当言行等现象或多或少都会出现。当与此相关的事件借助于互联网广泛传播并引发关注以后，往往令涉事企业陷入舆情危机之中。网络舆情危机不仅影响着企业的日常生产与运营，严重时还会威胁到企业的生存与发展。网络环境下企业舆情危机的来源往往难以预测，危机信息常常与传统传播方式结合、交互影响，增加了企业经营与管理的难度与成本。一个企业如果没有危机公关管理部门，在网络时代对舆情危机的处理就容易滞后或者延误，可能会导致企业受到重创，甚至面临破产危机。近年来随着传播技术与网络技术的发展和普及，网民发布观点的途径越来越多样、发布言论的门槛越来越低、发布消息的内容越来越丰富、发布信息的行为越来越自由，这使得像"可口可乐含氯门""三鹿奶粉""双汇""味千拉面"等企业面临危机，甚至最终破产。当然企业的命运主要是由企业自身存在的问题导致，但不能否认网络舆情推波助澜的作用。企业舆情危机事件往往受到网民的广泛关注、热烈讨论，在社会上都产生了巨大的影响。这些企业危机事件的信息扩散之快、影响之大，都给应急管理及相关网络舆情态势研判带来了严峻的挑战。因此企业对于舆情危机事件的公关处理，把握网络舆情态势愈发重要。

在目前这个日新月异的互联网时代，企业的公共关系管理工作也出现了新的要求与任务，重视企业网络舆情信息工作，进行舆情危机的预警与应对，俨然成为诸多企业不容忽视的重要工作。日常的企业网络舆情信息工作，是指企业按照网络民众对企业存在和发展所持有的看法和行为倾向等发展规律，运用网络方法收集、加工、整理、分析、报送舆情信息，为决策层提供决策依据，并向有关机构和人员及时反馈相关决策的工作。在突发性事件爆发或者网络舆情危机出现的时候，企业的公共关系管理工作，要特别处理好媒体关系与危机传播。

二、媒体关系与舆情危机传播管理

"媒体关系（media relations）是指社会组织或个人为营造和维护良好的社会形象，尊重新闻媒体的运营规律，主动与新闻媒体开展交流互动、以期获得有利于自己的报道的行为。媒体关系的主体既可以是社会组织，如企业、非政府组织、政府乃至国家，也可以是个体的人。"媒体关系催生了现代公共关系，而且在大众传媒资讯高度发达的今天，媒体关系在公共关系中更居核心地位。[①] 所以，媒体关系操作也是公共关系活动中最常见的内容之一，以至于至今还有很多人用"媒体关系"来指代"公共关系"。[②] 但是"国内学术界在媒体关系的理论研究方面尚处于起步状态"[③]。在危机传播过程中，媒体关系更是一个组织处理危机事件的关键因素。我国学者总结了企业危机公关管理原则，如图5-2 所示[④]。

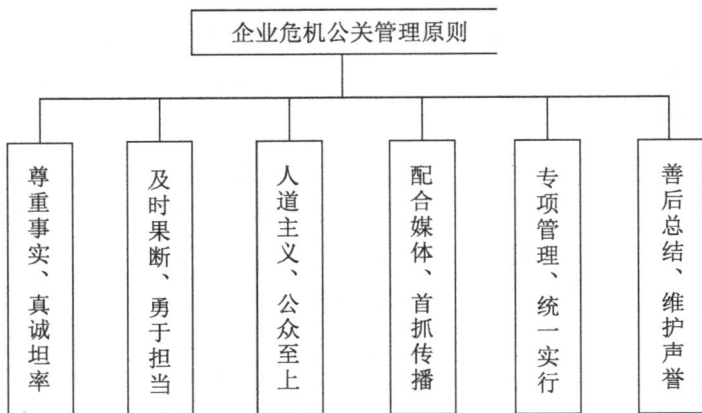

图5-2　企业危机公关管理原则

可以发现，在企业危机公关管理过程中，"配合媒体、首抓传播"是关键一环。在当今经济全球化的大背景下，伴随着传播技术的发展、公众权利意识的觉醒、组织机构的扩张与延伸，危机与风险日益增多。一个社会组织，只有全方位掌握媒体关系状态与媒体关系策略，才能做好危机事件的预防及预案，迅速进行危机的确认、应对与控制，从而做到转危为安，甚至转危为机。

关于危机传播，有不少研究集中于探讨私人企业集团如何渡过危机保持利润。而国有经济部门、政府资助的企事业组织、社会经济的公有部分所属机构

---

①　赵振祥：《媒体关系的概念辨析及其学科范畴》，《厦门大学学报（哲学社会科学版）》2009 年第 6 期。

②　冯丙奇：《危机情境下企业媒体关系操作过程中的媒体角色分析——以百安居欠款事件为例》，选自郑保卫主编：《中国新闻业发展现状与趋势》，经济日报出版社，2008 年版，第 208 页。

③　同①。

④　范丁元：《论企业危机公关管理的原则及程序》，《山东行政学院学报》2012 年第 4 期。

的危机传播研究较少。因此有研究者试图检验是否国家或政府所设机构在危机传播过程中有特殊的需求或局限。①他对 107 个国家或政府所设机构进行了调查统计，以了解在危机传播过程中政府所做出的努力。调查结果揭示出，尽管国家或政府所设机构先天享有积极的媒体关系，但他们面对媒体时却少有前瞻性，并且只有不到一半的机构有危机传播备选方案。调查结果发现，组织的规模、危机事件中的角色、媒体关系、危机传播预案之间有重大的关联。是否进行过个案研究及是否评估过危机传播资源，决定了这些组织能否对危机做出有效反应。最后提出了一个危机传播过程的综合理论模型。该模型包括五个彼此联通的阶段。

（1）持续的公关成果，即成功的危机传播计划开始于危机事件出现以前。此所谓有备无患，做到未雨绸缪。

（2）鉴别并备战潜在的危机。即以攻为守，时刻蓄势待发。

（3）内部的培训与演练。即通过预演，做到知己知彼。

（4）处理危机事件。要临危不乱，步步为营。

（5）评估、改进公关成果。旨在亡羊补牢或锦上添花。

以上五个环环相扣的阶段构成危机传播的整个流程。该流程是循环不断的，每一步都是上一步的结束和下一步的开始，如图 5-3 所示。一个组织或机构的公关部门，只有将该流程贯彻为常规工作，在突发事件来临之时，才能做到临危不乱、转危为安，最终转危为机。

图5-3　危机传播的理论模型

在上述五个阶段，利用或联合媒体来改善沟通状况和传播效果，是成功处

① J Suzanne Horsley, Randolph T Barker, Toward a synthesis model for crisis communication in the public sector, Journal of Business and Technical Communication. Oct 2002. Vol.16. Iss.4.

理整个危机传播的关键。具体策略有如下几条①:

1. 换位思考，必须了解媒体在危机传播过程中最需要什么

在常态下，媒体都有追寻奇闻轶事的特性；在非常态的情况下，媒体与组织之间容易形成敌对局面。因为掩盖过失、丑闻或困难是人之常情，而媒体却以曝光、揭露、挖掘为己任。要渡过危机传播离不开媒体的合作，因此要反客为主，投其所好。

2. 在处理媒体关系时，不可用的方法

传播自私自利的信息资料、做不切题的比较并对潜在风险轻描淡写、用行话传播、使用不可靠不合适的资源、采用对抗式的姿态、阻碍议程并难以接近、忽视公众关注的事。

3. 谨记"危害"往往是"头条"

因为有这样三句指导记者如何发现新闻价值的格言：稀奇的危害比普通危害有价值、新生危害比旧有危害有价值、戏剧性变化的危害比习以为常的危害有价值。当涉及有危害性的问题时，否认或逃避只能火上浇油。

4. 明白"见多识广的媒体＝无所不知的公民"

新闻记者报道一则有关危机的新闻时，一般分三步程序：忽视你组织中的专家，而听信于政府或激进组织的专家，尤其是他们已经认识的人；记者常常缺乏对相关事件过去5W的知识，不能从整体上去了解事情的来龙去脉；记者倾向于将与危机相关的故事个人化、拟人化。

5. 面对媒体采访的具体策略

心理上要认识到风险或危机是常规工作的一部分，并懂得一切均在政治、权力与辩论的基础上展开；最安全的发言是发展外界的专家队伍，使他们成为记者的"新闻来源"；态度要积极，在记者发问之前，就呈送相关问题的可靠事实与数据；要为目标受众着想，明白形式上是回答记者，其实是与广大受众交流；了解媒体如何能够帮助本组织进行有效传播，做到诚恳、友善。

在互联网时代，加强媒体关系管理、合理运用舆情信息传播、强化企业的公共管理能力、塑造企业品牌形象是大势所趋。企业舆情危机的有效管理，需要建立在对媒体运作机制的充分把握和对公众权益的充分尊重之上，核心是尊重舆情信息工作规律，适当利用传播技巧。信息社会以知识化、信息化、网络化为特征，在公关活动中要化解矛盾、争取社会舆论、建立良好信誉和形象，媒体关系发挥着举足轻重的作用。在企业处理舆情危机的过程中，争取大众媒

① William C. Adams, The role of media relations in risk communication, Public Relations Quarterly. Winter 1992-1993.

体的理解和支持特别重要。首先，要有专业机构、专业人员做处理媒体关系这件事。因为与媒体沟通主动化、建立与媒体多层次对话机制、建立公共型媒体资源数据库等工作，需要由具备专业知识的人完成。其次，这个机构及工作人员要有正确的工作理念：站在媒体的角度来进行公关策划，建立完善的新闻发布与传播渠道，加强媒体关系传播的计划管理，要认识、了解并理解媒体。最后，要注意工作技巧：不要忽略了网络媒体；必须把握最佳媒体传播时机；必须提供"增值服务"；进行必要的媒体传播监控。[1] 任何组织或机构，要想在危机传播过程中不至于失利或损失太大，这些处理媒体关系时操作性较强的细则都具有重要作用。[2]

（1）选择一个发言人。任何媒体关系策略的一个基本部分都是挑选一个新闻发言人。

（2）牢记一个事实。有两个层次的媒体需要应对。其一也是最主要的是当地的新闻媒体，其二是行业内的媒体。

（3）接受采访的技巧。首先是主动选择一个主题——你最想传达的主题，然后用不同方法不断强调。其次声音要自然、清晰，表达要流畅，避免说"不知道"。此外要注意仪表，注意肢体语言，不要直对镜头，避免正面、绝对的回答。在作答过程中，要学会从防御到进攻。善于提问、敢于打断、懂得抑制、不要被动作答。

（4）做好接受采访的后续工作。要及时总结、反省、沟通。

三、企业网络公关异化现象及其危害

企业网络公关是随着现代互联网技术和传播技术的发展和应用而诞生的。公共关系是一种特殊的经营管理实践活动和传播活动，在欧美各国风行半个世纪之后，于 20 世纪 60 年代传入我国香港和台湾地区。20 世纪 80 年代初，伴随着中国"改革开放"的春风，公关关系开始系统地进入我国企业经营与管理的实践之中。随着互联网的飞速发展，公共关系从现实世界步入了网络空间，网络公关成为企业公关管理工作的重中之重。企业的网络公关是指企业借助互联网塑造企业形象、维护企业品牌、维系客户关系、传递企业文化。进入 21 世纪以来，互联网在中国迅速普及，与之相伴的网络公关也受到企业的追捧。随着互联网产业的蓬勃发展，以互联网为传播媒介的网络公关成为一种新兴的

---

[1] 贾昌荣：《媒体关系的 15 个操作规则》，《国际公关》2005 年第 5 期。

[2] Suzanne Weilgos, How to create successful media relationships, Economic Development Review.Fall 1990,p50.

营销方式，其价值已被大多数社会组织认同。

但是公关关系进入我国只有 30 年左右的时间，相对来说我国企业在这方面的理论与实践都较为薄弱。2000 年 7 月 1 日，劳动和社会保障部实施公关从业人员持证上岗制度，公关职业才被国家正式认可，进入职业分类大典。时至今日，公关行业的职业规范与职业道德的建设工作依然任重而道远。对于新世纪才兴起的"网络公关"来说，相关的行业规范更为滞后。2010 年 3 月 16 日，中国国际公共关系协会发布《网络公关服务规范》（指导意见），这是我国针对网络公关业务的首份行业性标准文件。然而，这一职业准则主要是针对协会内部成员，其执行更多的是依靠自律。至于他律，当前我国的网络监督管理机构涉及宣传、电信、文化、公安、工商等部门，多重管理部门并存、职能交叉、管理标准和措施多样化和差异化的现状，导致我国网络公关管理监管成本上升，监管效率不高。与此同时，就传播媒介与用户素养而言，我国网络媒介传播的现状也呈现令人担忧的态势。首先是我国互联网用户的信息素养、媒介素养普遍不高，信息甄别能力、选择能力、批判能力弱。其次网络媒介的开放性、交互性、匿名性、虚拟性，将信息传播的成本降到极致，同时也将信息传播的速度提升到空前状态，这助长了虚假网络舆情信息的扩散。在这种情况下，企业急功近利，违背公关本质，通过实施不良网络公关行为来逐利的现象愈演愈烈。

综观近年来，我国不少网络公关机构的具体作为都涉嫌无良网络公关，包括打着网络事件策划、网络舆论引导、网络危机公关处理、网络舆情监控的旗号，以口碑营销、论坛营销、微博营销、搜索引擎营销等所谓的整合营销策略为名义，在背弃公关业真实诚信基本准则的情况下，营造虚假口碑和打击竞争对手。有研究者指出：在网络公关迅速发展的同时，网络公关异化现象频繁出现并发展成为一条不健康的灰色利益链。[①] 网络公关异化是指网络公关的发起者借助于互联网技术，通过夸大、捏造、散布虚假信息来操纵网络舆论，误导消费者，从而达到不正当目的的一系列网络公关行为。目前企业网络公关异化具有杜撰口碑、歪曲事实、操纵舆论、暴力营销等具体现象。在这个灰色利益链中，大量商业网站、广告公司、公关公司以网络舆情监测业务为名义，提供"网络删帖"服务，并雇佣"网络水军"或者"网络打手"进行恶意炒作。这种网络公关异化行为，给消费者、涉事企业、市场秩序及公关生态环境都带来了严重危害，如表 5-1 所示。

---

① 苏忠林、李志刚、王亚文：《网络公关异化治理研究：一个多元协同的视角》，《中南财经政法大学学报》2015 年第 6 期。

表5-1　网络公关异化危害分析

对象	表现	危害	经典案例
消费者	（1）网络推手、网络打手通过刻意炒作、恶意攻击等方式使用网络与受众的信息不对称； （2）网络删手随意删除信息、掩盖事实真相、阻止负面消息的公开表达和传播。	侵犯受众的知情权和表达权，损害广大消费者利益。	在2010年"蒙牛陷害门"事件中，蒙牛公司通过启用网络推手，以新闻和发帖的形式将伊利"QQ星"存在问题这一信息传递给受众，又通过大量的问答和跟帖讨论将事件炒热误导欺骗消费者。
企业	（1）对竞争对手进行捏造、夸大、散布虚假事实甚至诋毁、谩骂、人身攻击等暴力方式给予恶意的诽谤和攻击； （2）对实施网络公关异化行为的企业本身而言，活动一旦暴露便会被质疑。	损害企业的商品声誉和商业信誉，引发行业危机。	在"3Q大战"中腾讯和奇虎360实施网络公关异化行为，使得双方商品声誉和商业信誉受到损害。奇虎360的网络异化行为暴露后，引发各方质疑。
市场秩序	（1）网络公关异化行为为协助企业在互联网上进行恶性市场竞争，破坏市场的法律、法规和政策，扰乱市场经济秩序； （2）被竞争对手恶意诋毁、诽谤和攻击的企业利用类似的网络公关异化行为进行反击，引发恶性竞争。	扰乱市场经济秩序，导致恶性竞争。	2008年康师傅"水源门"事件，被证实是竞争对手借助于互联网来进行恶意攻击、炒作诋毁的不正当竞争行为。
网络公关环境	（1）网络公关异化行为导致网上虚假信息泛滥； （2）网络公关主体未经核实求证随意发布； （3）网络公关媒介层层转载，在网络上肆意传播。	恶化网络公关环境，降低互联网公信力。	2008年"三鹿百万公关费"事件曝光后，打击了整个网络公关行业，恶化了网络公关环境。

　　网络公关异化行为得以兴风作浪，是因为整个社会的互联网认知水平及法治观念还不成熟。网络舆情监测公司成为网络公关异化的主要推手，也是整个网络舆情监测产业初期发展过程的产物。随着我国行政、司法的信息公开及法治建设工作的推进，随着80后、90后网络原住民、网络新生代走向历史舞台，整个互联网络空间的规范化与成熟度都会大幅提升。此时网络公关和网络舆情监测的专业化和品质化程度都会大大提高。目前网络舆情危机公关服务链应包括搜集与预警、分析与研判、处理与引导、评估与反馈四个环节构成的完整的、系统的流程。但很多人把某一个环节或几个环节当成网络舆情公关服务工作的全部。导致的结果是舆情危机管理工作只是平息网络舆情危机事件，而非平息舆情本身，没有完成公关工作的实质性职责。企业危机公关管理，既包括网络空间危机事件的解决，也包括线下问题的根治，否则就是头疼医头，脚痛医脚，治标不治本。网络公关公司和网络舆情监测公司，目前处于胶合状态，但其业务定位还是有所不同。前者重在危机处理，后者重在数据分析；前者以服务为主，后者以技术为主。由于目前泛滥的网络公关异化行为，伤害了整个网络舆情生态环境，破坏了网络公关公司和网络舆情监测公司的形象与口碑，也使外界对相关行业形成很多误解。因此，推动网络公关和舆情监测行业的转型升级与改良换代，是亟待解决的重大问题。

第四节　网络舆情挖掘与企业商业模式创新

　　对于商业模式这个概念，不同的人有不同的理解，不同的时代有不同的解读。有人认为商业模式是关于产品、服务和交易的架构；有人认为商业模式是用于解释厂商运行方式的故事；有人认为商业模式就是做生意的方法；有人认为商业模式包括在概念上、文本和图形、所有相关的核心构建、合作，从资本上考虑一个组织当前、未来的发展规划及所提供的或将提供的核心产品或服务；还有人认为商业模式就是盈利模式。在这个移动互联时代，商业模式需要创新，好的商业模式源于创业者的创意，而商业创意来自于机会的丰富和逻辑化。其形成逻辑可以这样解释：机会是经由创造性资源组合而成的，能够传递更明确的市场需求，同时这些资源又是未被利用的。尽管商业模式这一概念第一次出现在 20 世纪 50 年代，但直到 20 世纪 90 年代才开始被广泛使用和传播。如今已经成为挂在创业者和风险投资者嘴边的一个名词。

对于一个企业来说，有一个好的商业模式，成功就有了一半的保证。80%的失败企业都是商业模式出现了问题。在某种意义上商业模式可以简化成公司通过什么途径或方式来赚钱的问题。随着市场需求日益清晰及资源日益得到准确界定，商业机会将超脱其基本形式，逐渐演变成为创意。商业创意包括如何满足市场需求或者如何配置资源等核心计划，由此形成一个企业的商业模式。在这个移动互联时代商业模式变得更加复杂，包括产品／服务概念、市场概念、供应链／营销／运作概念，进而这些准确并差异化的创意逐渐成熟，最终演变为完善的商业模式，其结果是形成一个将市场需求与资源结合起来的系统。

通俗地讲,商业模式描述了公司所能为客户提供的价值及公司的内部结构、合作伙伴网络和关系资本等用以实现这一价值并产生可持续盈利收入的要素。简言之，商业模式就是包含一系列能够实现商业价值的要素。在使用商业模式这一名词的时候，人们往往有两种误解：一种是用它来代表公司如何从事商业的具体方法和途径，另一种是强调模型方面的意义。前者泛指一个公司从事商业活动的方式，后者指的是这种方式的概念化与理论化。如果从时间的维度看，商业模式是一个动态系统，且这个动态系统在移动互联网时代，结构与理念发生了巨大的改变。在互联网的冲击下以往的商业模式被颠覆，传统意义上可依托的壁垒纷纷被打破。黑莓、诺基亚、东芝、柯达、摩托罗拉等多家国外著名老牌企业，近些年或被兼并或倒闭。与此同时苹果公司成为世界上市值最高的公司。北京小米科技有限责任公司成立 4 年市值就超百亿美元。无数例子说明，当代的商业模式需要创新。所以，无须再争论商业模式的定义到底是什么。了解商业模式中发生改变的要素，掌握其发展趋势，探讨其优化的方法，对分析当今的商业模式更有意义。

商业模式的核心要素通常有四个：价值主张、业务系统、核心竞争力、盈利及分配模式。当今，随着互联网技术与计算机技术日新月异的变化，这四大要素也在发生变化。传统的商业模式中，价值主张即定位是确定企业的产品或服务，回答"做什么，为谁做"的问题；业务系统是回答"如何做"的问题；核心竞争力是解决"为什么别人不会超越你"这个问题；盈利及分配模式则是回答"如何持续盈利"的问题。而在互联网时代，这四大要素要解决的问题都发生了改变。定位是要我们找到"做什么更好"这样的问题答案；业务系统是要解决"基于互联网该如何做"这样的问题；核心竞争力存在于"与竞争者共同取得突破"的能力之中；盈利及分配模式则要关注"共赢"的问题。

一、基于舆情分析的价值主张创新

企业的价值主张是指企业所提供的产品或服务能为消费者所带来的价值。简单说，就是一个企业要确切回答"要做什么产品或提供什么服务"的问题。由于当代互联网能够渗透到消费者日常生活的任一角落，互联网舆情信息的传播中渗透、隐藏甚至凸显着消费者的需求。直接面向消费者的公司，一直致力于对消费者用数据进行分析和定位。而多数消费者内心的真实需求，往往难以发现且复杂易变。在舆情信息中，各类数据可以从客户的细微行为上体现出来，并可挖掘出他们的真实想法。比如客户在上网过程中的留言内容、网页浏览频率等，都能够看出他们的消费偏好及意愿。人们的兴趣、爱好、价值观、生活方式、沟通方式等都可以在舆情信息数据中进行分析。如 2014 年的电影《小时代》在放映前发行方乐视网已经开始了一系列的精准营销，据其对网站搜索、点播等数据分析预测该片的观众：40% 是高中生，30% 是白领，20% 是大学生，另外 10% 则为目前观影年龄在 26 ~ 35 岁之间的主体观众。另外，新浪微指数数据显示《小时代》的观众为 90 后的年轻女性。以此数据，发行方采用各种新媒体宣传手段，线上线下等一系列活动针对 90 后年轻女性，最大化地刺激了她们观影热情，获得了丰厚的回报。

通过网络舆情信息分析，除了能够对消费者需求进行准确把握，还可以对产品进行准确定位。企业的产品在流向市场前，需要预测产品能否满足客户真实需求，从而圈定其适宜的客户群。如在零售业，在线零售商利用精准、实时的数据进行商品推广已十分常见，零售业巨头沃尔玛公司建立了全球最大数据库中心，而且不断改善其数据收集技术，从最初的条形码扫描，到通过卫星系统完成双向数据传递，公司无时无刻不在数据的大环境中运转。"啤酒与尿布"的故事，就产生于 20 世纪 90 年代的美国沃尔玛超市对消费数据的深耕精挖之中——沃尔玛的超市管理人员分析销售数据时，发现了一个令人难以理解的现象：在某些特定的情况下，啤酒与尿不湿两件看上去毫无关系的商品会经常出现在同一个购物篮中。经过进一步调查研究，发现原来喜欢看足球赛的父亲们，在来超市买尿不湿的时候，通常会给自己买几瓶啤酒。于是在超市中，就出现了尿不湿与啤酒相邻摆放的场景。

二、基于舆情分析的客户细分创新

在商业模式中，价值主张是回答"做什么"的问题，客户细分是回答"为谁做"的问题。传统的消费者细分方式往往是按照消费者的人口统计学属性，如地理位置、年龄结构等为细分依据，而网络舆情信息分析为消费者细分提供了更为广阔的方式：一是细分标准更抽象化。如今人们的行为方式及兴趣爱好都可能通过上网行为表现出来，而这种抽象化特征的表象为消费者细分提供了一种标准。二是细分市场更加微型化。互联网正逐渐迈入小微市场，不同的消费者有不同的消费偏好、消费需求，每位消费者都可以被看作是一个细分市场。利用网络舆情信息分析把握客户消费的真实需求，再根据其真实需求进行客户细分，能科学准确区分企业最重要客户，进而向这些客户细分群体提供产品或服务，实现企业价值主张。通过舆情分析获得精准数据而采取营销策略的过程，成本往往比传统营销决策低。如特易购（Tesco）——英国超级市场巨头，通过分析其会员卡数据，了解其客户"身份"，如单身、全职母亲、速食者等，按不同身份人群把促销产品以邮件的形式个性化、针对性地发放出去，提高其商品的流通速率。这种做法为其带来了巨大的商业利益，仅仅在市场宣传方面，每年都可以节约 3 亿多英镑的宣传费用。

三、基于舆情分析的关键业务创新

在商业模式中，价值主张是回答"做什么"的问题，客户细分是回答"为谁做"的问题，核心业务则是回答"如何做"的问题。基于舆情分析的核心业务，需要进行创新与突破。一是优化企业业务流程再造，以大舆情分析技术为基础，数据信息流为线路代替原来的传统业务流程再造模式，以提高关键业务流程处理速度。如企业运用 GPS 定位或无线电频率识别传感器追踪商品或货物运输车，根据数据分析整合优化交通线路，节约运输成本。二是改变企业传统经营模式，以大数据活动更替原商业流程。如电子商务的交易模式代替了传统的面对面交易流程。三是为新的价值创造寻找新的方向，将大数据活动植入企业价值创造流程，开辟新的路径去寻找企业新的价值增长点。比如，在制造业，大数据仿真、建模等技术为研究传统工业领域难以理清的复杂系统提供了新的解决思路。四是在某一关键业务流程中，把舆情分析数据引进作为解决问题的新思路，提高关键业务流程的效率。如在网站的贴吧和论坛中，挖掘热帖和热词，剖析网民的关注内容，从而策划图书选题，出版具有市场前景的书籍。2013 年，网易的金牌原创栏目"每日轻松一刻"上线了打赏小编的功能。通过这一功能用户可用"金币"和"钻石"打赏。金币可在用户参与投票、发表评论后免费获得，钻石需要购买，一元一颗。"每日轻松一刻"是网易新闻客户端受众多、口碑好的王牌栏目，日均回帖量达到两万多条。栏目小编和读者经常是高频互动、实时交流。由于用于打赏的金币用户可以轻松免费获得，因此用户打赏栏目小编的意愿比较积极。在打赏小编功能上线两周内，共计收到了多达 500 万金币。获得良好用户反应后，网易新闻"每日轻松一刻"发起众筹项目——"众筹出版《每日轻松一刻》印刷版"，短期内成功筹集 142261 元。这说明新闻客户端积累的大量原创内容在未来有更多出版的可能性。[①]

四、基于舆情分析的盈利模式创新

在商业模式中，价值主张是回答"做什么"的问题，客户细分是回答"为谁做"的问题，核心业务是回答"如何做"的问题，盈利模式是回答"如何持续盈利"的问题。现代商业企业，利用网络舆情数据进行盈利模式创新的案例越来越多。如上文提到的"打赏"，自 2009 年诞生以后，成为倍受瞩目的新型盈利模式。

2009 年 6 月，起点中文网推出了打赏功能，读者可以通过表达对作品及作者的赞赏，并非使网站上所有作品都有接受打赏的资格，打赏的主要对象是所有 A 级签约、合作签约作品。"起点"此举保证了粉丝打赏的收入能够流入网站的利润，推进网站营业收入的增加，促进网站规模的扩大。之后其他网络文学网站纷纷效仿。不过不同的网站根据自己的运营策略，与作者之间的打赏收入分成也有所不同。起点中文网规定网站和作者五五分成，而纵横文学网则选择了网站和作者三七分成。打赏使用的金币也有所不同，起点中文网使用起点币、纵横中文网是纵横币、17k 小说网则是 k 币。名字不同，不过虚拟金币和人民币换算的比例均为 100 : 1。各网站打赏额度从每次 1 元至 100 元不等。根据打赏金额粉丝或用户获得相应的荣誉称号——从学徒一直到最高级别的盟主称号。其中粉丝要想获得盟主称号则需花费 10 万起点币（折合 1000 元）。截至 2015 年 5 月，起点中文网中获得上百位盟主支持、成为百盟小说的作品已有 28 部，其中支持率最高的作品《超级散户》已收到 1700 位盟友的支持，成为千盟小说。新华网的数据显示，2015 年网络文学的总产值已经突破 10 亿元。除去付费阅读、版权再开发，每年网络文学通过打赏产生的收入保守估计突破千万元。打赏正成为网络文学网站和网络文学作者稳定而持续的收入来源。

---

① 张聪、吴思岐、常帅、田晶、丁彦清：《应用于自出版平台的"打赏"模式研究》，《科技与出版》2015 年第 6 期。

在传统出版中，长渠道营销使得信息交流不通畅，表现在作者与读者、出版社与读者、读者与读者、作者与作者等各方主体之间互动沟通都不便捷。这种情况导致出版物满足不了读者特定的阅读需求，大量库存和内容短缺同时存在。而依托于互联网的网络出版平台，依靠社交平台打通了作者、读者、出版服务商之间交流的渠道，为读者需求发掘、个性化出版、作品定制化等服务提供了可能性。网络文学、数字出版在关注读者留言、评论、投票、阅读习惯等重要特征的基础上，逐渐掌握了读者或用户偏好与需求，并由此生成的新的付费阅读模式，开辟了当代出版业迈出缺乏商业模式的一条道路。

第六章　网络舆情与文化传播

> 在媒体政策的争论中，传统的两种意见是，维护国家的角色或者站在市场的一边。没有证据显示其中哪一种意见更有助于保证某个国家真正拥有文化生活的多样性。
>
> ——【英】科林·斯巴克斯《全球化、社会发展与大众媒体》

第一节　网络舆情与网络文化环境

一、网络文化

文化自古就是一个叫人捉摸不透又现实存在的复杂的学术术语。学界大体上有三个角度的释义：第一个角度是就人类自身而言的"理想化"定义，认为"文化就是人类完善的某种状态或过程"，[①] 强调人在生产生活过程中进行创造和再生产的能力。第二个角度是与自然相对应的"文献式"定义，认为文化是智力或者想象力的作品，这些作品中详尽而丰富多彩地记录了人类的思想和经验。这是一种狭义的文化，仅仅将文化看作与物质文明相对的精神文明或精神财富。第三个角度是从人类社会历史发展的角度考查，把人类创造的物质财富和精神财富放在具体的社会历史背景下进行考量，认为"文化是对一种特定生活方式的描述，它不仅表现了艺术和知识中的某些价值和意义，还表现了制度和日常行为中的某些意义和价值"[②]。

[①]　［英］雷蒙德·威廉斯：《文化与社会》，吴松江、张文定译，北京大学出版社，1991 年版，第 86 页。

[②]　［英］雷蒙德·威廉斯：《文化与社会》，吴松江、张文定译，北京大学出版社，1991 年版，第 87 页。

根据社会历史视角下的文化的定义，可以发现文化的内涵包括：器物／技术层面、行为层面、制度层面和精神层面。[1] 网络文化，作为 21 世纪蓬勃发展的文化新形态，也具有这四个层面的含义，不过有时这四个层面是单独出现，有时又会整体亮相。第一，网络文化诞生与发展依托于计算机技术、网络技术、通信技术的不断升级、研发、生产与应用，是新兴的传播科技改变了文化发生与存在的空间、改变了文化传播与表达的方式、改变了文化呈现与表征的状态。第二，网络文化集中体现在当代人的行为方式之中。自 1994 年互联网在中国出现以来，到 2016 年已经有近一半中国人是网民，且 40% 左右的中国网民每天上网时长超过 3 小时。尤其是在年轻人构成的网民群体中，"WIFI 犹如空气，上网就像呼吸，在线代表活着"。中国网民的数量多年来一直呈现源源不断的增长态势。与不断成熟壮大的网民大军相对应的是如滚滚洪水般的网络文化。第三，伴随着互联网对社会发展的重塑作用，在制度层面对互联网的管理、运用、发展也日益被提上日程。喻国明教授指出：互联网不仅仅是一个传播工具，更是我们这个社会的操作系统。第四，人们在互联网这个特殊世界中进行工作、学习、交往、沟通、休闲、娱乐等社会实践活动，由此呈现出种种心理状态、思维方式、知识结构、道德修养、价值观念、审美情趣，这种精神层面的文化表现是网络文化的显在形态。

二、网络文化环境

网络文化打破传统文化的线性结构，塑造了一种全新的文化，具有超时空性、虚拟性、自由开放性、平等性、交互性、共享性。所谓超时空性，是相对于传统文化而言，时空是具体的、可感知的、切实的。而网络世界中，任何地点、任何时间、任何事件中网民都可以以"在场"或"出场"的身份即时参与。即时性是互联网时间上的维度，全球性就是互联网空间上的维度。全球性从空间维度弥补了时间维度不能企及的范围，提升着网民的生活效率和节奏。网络文化生来就是全球性的标志文化，从"地球村"到"信息高速公路"，网络文化一步步践行着文化的全球化。网络文化是超越时空限制的媒介文化。所谓虚拟性，是指网民主体的匿名和飘荡状态。主体的虚拟性已经是活生生的无法阻挡的网络生存状态，以至于人们一方面不断沉浸于虚拟性带来的自由之中，另一方面也在忧虑虚拟性带来的危险。网络提供给网民的自由、开放环境，是传统媒介无法媲美的。互联网是迄今为止赋予民众最大权力的媒介。网络的准入门槛越来越低、互联网普及程度越来越高、网民上网成本越来越低，由此伴随

---

① 马可：《80 后与网络文化》，陕西师范大学出版社，2013 年版，第 56 页。

的现象是网民的自由性和网络的开放性逐步提升。所谓平等性与交互性，是互联网先天的性格——秉承互联网创生之初的理念，互联网天生就是一个去中心的、平等的技术网络。在这里，没有贫富贵贱之分，没有等级权谋之分，没有职业好坏之分，没有文化高低之分，没有性别歧视，也没有年龄限制……权威不在，所谓的官方言论逐渐隐匿。所有人，只要遵守网络传播的规律进行网络活动，都是合法的，合情亦合理的。因为平等的实现，交互得以进一步实现。网民利用网络沟通和交流成为家常便饭一样简单的事情。这种格局打破了传统社会单一的"传-受"模式，颠覆了传统媒介几百年甚至几千年的信息传输方式，使信息的传递按照新的方式进行"互动"，从一对一、一对多发展到多对一、多对多的多级共动，涉及的环节和过程也异常复杂。网络文化开放性、平等性、交互性的技术架构，要求达到资源共享，最终使参与者都能便捷地各取所需，各展其能，这就是共享性。网络信息存储、流动的便利性和多渠道，使得海量的免费信息资源形成了网络的共享奇观。正是由于网络文化具有超时空性、虚拟性、自由开放性、平等性、交互性、共享性的特征，网络文化环境呈现出三大特点。

第一，网络文化与传统文化的相悖关系。从历史角度看，网络文化是伴随计算机技术出现而形成的文化，其全面发展不过 20 余年，传统文化是中华民族几千年文明的沉淀积聚，是人类思想精华的传承和演变。从本质上，作为数字文化的网络文化是一种多元化的异质文化，它受到西方文化的全面影响，充分体现自由、开放、平等、互动精神，这和我们的传统文化对于身份、地位、权力的高度认同存在差异。从属性上，中国传统文化属于少数人掌控的精英文化，体现的是自上而下、少数人统治多数人的金字塔结构，而网络文化则是原则上要求人人平等的大众文化，打破了少数人对文化的垄断。从时空观上，网络文化更新速度快，能真正实现信息的全球化传播，而传统文化发展相对缓慢且受制于一定的地域性。因此，在网络文化和传统文化的交互发展中，二者时时都面临冲突，在冲突中网络文化和传统文化相异化。从媒介发展史的角度来看，网络文化完成的是从精英文化到大众文化的范式转换；从网络文化和传统文化的关系来讲，网络文化完成的是从非主流向主流靠拢的过程。但目前网络文化是一直被视为新兴的、非主流的文化。这种相悖的状态，何时调和，何时融合，还需拭目以待。

第二，网络文化自身的异化状态。从文化的内在精神来讲，网络文化已经不同于传统文化的精神内核，在很大程度上发生了变异，甚至与传统文化相背离、相对立。这种变异表现在网络文化对西方文化、非主流文化等文化精神的凸显和在传统文化、主流文化等文化精神方面的缺失。如博客文化和播客文化中无限的开放性所表现出来的自我展示心理、狂欢化娱乐心理和身体表现欲望，以及隐藏在这些现象背后的急功近利、一朝成名的"网红"文化心理；在恶搞文化中极尽后现代表现手法的荒诞、滑稽对传统文化中博与雅的颠覆和冲击；在网络空间中无处不在的自我，用力夸大"求同存异""标新立异"的"审丑"癖好造成传统"审美"的扭曲与没落。异化的网络文化，表象是新旧文化碰撞产生的冲突问题，实质是社会心态、身份认同、价值取向等信仰层面产生了危机。

第三，网络文化与文化全球化互动关系。网络文化对全球化及文化全球化的影响和作用，是一个慢慢渗透的过程。文化全球化是一个争议较多的问题。对于中国学者，文化全球化更多的意味着超越本土文化的身份认同和文化认同问题。网络文化和文化全球化之间究竟存在怎样的关系？这是一个变动不居、难以厘清的问题。因为网络文化和文化全球化之间的关系有时互补、共促，有时又相悖、互抵。毋庸置疑的是网络文化与文化全球化都在不断深化、壮大。无法断言的是二者究竟是此消彼长还是携手共进。

三、网络舆情传播与网络文化的关系

网络舆情传播与网络文化之间的关系，可以用"互为动因，互相影响"来概括。但目前国内研究者的主流观点或者说主要研究内容，主要有两个方面：一是网络舆情的文化性成因，二是网络舆情对网络文化的影响。即国内研究者关注的二者关系还是具有明确的指涉性，是单向的影响关系。尤其是在一些网络传播的热点现象中，网络舆情与网络文化之间的单向关系更为明显。

（一）网络舆情的文化性成因

互联网的迅速发展，使得网络媒体在短时间内成为"第四媒体"，影响范围超过了报纸、广播与电视。如果说互联网设施是网络舆情传播的硬件环境，那么文化就是网络舆情传播的软件环境——文化规定着人们在互联网上的行为逻辑和举止规范。可以说文化以潜移默化的力量影响着网络舆情的形成，[①] 或者说网络舆情传播的热点事件，往往都有文化性成因。这些文化性成因，主要包括三个方面。

第一是思想意识因素。思想意识是人们精神文化的重要组成部分，也是人的意识形态的来源。互联网传播环境中，文化传播可以在很大程度上绕开政府的介入和官方的管理，所以各种携带文化渗透色彩的异域文化在我国的意识形

---

① 周健：《文化视阈下的网络舆情研究》，《中共中央党校学报》2014 年第 3 期。

态领域悄无声息地蔓延，特别是在青少年群体中，产生了深刻、深远的影响。而青少年是我国的新生代，如果其思想受到了负面影响，在遇到一些重大事件时，就很容易被煽动和利用，在网络舆情传播中发动互联网攻势，甚至会采取进一步的实际行动。这会对还原事件真相和进行正确的舆情引导带来困难，对于国家安全的影响更是难以估计。第二是民族文化因素。在我国这样一个多民族国家，民族凝聚力和向心力特别重要。但各个民族往往都有不同的民族信仰、生活方式、价值取向。涉及民族矛盾的网络舆情事件，会对我们国家的民族文化造成冲击，并使得网络舆情的引导难度增大。

在网络舆情传播的典型案例中，有一个特殊的网络舆情传播现象——网络热词上升为网络舆情，在这种现象中尤其能够发现网络舆情产生的文化性成因。网络热词本身是网民自主创建的议题方式之一，网民在公开表达对网络议题的看法时，使用网络热词可以彰显立场、表示关注，有时甚至具有体现年轻态的作用。近几年，族群类词语、重叠类词语这两类网络文化热词引起网络舆情的可能性越来越大。如"飞鱼族"指已在国内取得一定成就，为求进一步发展而到国外名校求学的中国留学生；"赖校族"指毕业后不愿意离开学校，或拖延着不肯如期毕业而继续在大学里学习、生活的人。"飞鱼族"所映射的是我国一部分年轻人崇洋媚外的社会现象；"赖校族"的出现，其实多为大学生面对就业问题的一种态度。这种族群类网络热词，表现出的是民众对社会问题的关切，这种社会问题不是一时能够解决的，因此这类词语不断涌现，以一种零散的个人或群体意愿表达的方式作用于网络媒介，并试图引起网络舆情而被社会所关注。重叠类网络热词的源头是"范跑跑"，之后"郭跳跳""洋跑跑""姚抄抄""何逛逛""躲猫猫"都在网上引起热议。重叠类词语多半表现出公众对社会道德问题的批评，流露出民众对于提高我国公民道德素质的强烈要求，这种要求使得网络舆论不断延伸，最终形成网络舆情传播热点事件。研究者总结到，以网络为载体的媒介语言，对网络媒介议题起到重要的作用。网络词语作为网络语言的"建筑材料"，也在网络语言的变化中产生不同的形式，并作用于网络媒介，因此，网络词语自然体现在网络媒介议题中。对网络文化词语进行考察和分析，是及时发现网络舆情并合理引导舆情走向的重要手段。①

（二）网络舆情传播对网络文化的影响

从高远的层面来说，网络舆情传播不仅反映了整个中国文化的表层，而且

① 谢耘：《网络文化词语与网络舆情研究》，《社会科学战线》2015年第11期。

正触动着中国文化的深层，甚至对我国的文化安全提出了挑战。就具体层面而言，网络舆情传播作为网络文化的组成部分，对于网络文化的表层结构即观念形态，以及深层结构即意识形态都有重大影响。

网络舆情传播对网络文化观念形态的影响有正面的积极作用，也有负面的消极影响。一方面网络舆情传播促进了网络文化的发展，拓宽了现实的社会交往领域——以往只有权势阶层、知识精英这样的上流人士拥有话语权，而今普通公众包括弱势群体、边缘群体也拥有了话语表达平台，网络舆情得到更加充分与全面的表达。互联网打破了过去人们社会交往阶层等级的社会限制，促使各种文化观念、思想意识在交汇、碰撞、竞争。在融合与汇流的过程中，新的价值观念和伦理精神延伸出来，如自主精神、权利意识、平等意识等。但另一方面，网络舆情传播产生的负面作用也不容忽视，特别是由于网络舆情传播所引发的观念领域的价值冲突。互联网络和虚拟技术提供的互动空间，无限宽广、高度自由、分外活跃的同时，也充斥着无序、无界与无知。不同的文化传统、价值理念及对行为规范的多样化评价，在互联网世界无孔不入，个体经常性地处于矛盾和相互冲突的价值选择之中，给个体健康人格的形成与发展造成强大的挤压。所以互联网世界中的人类行为常常令人无所适从。

网络舆情传播对于网络文化的深层结构即意识形态的影响，主要体现在对国家文化安全的威胁与挑战方面。网络空间的开放性为多元化思想的传播创造了前所未有的条件。任何思想观念都可以在网络中得到表达，代表不同思想观念的文化形态不论其属主流或异端都能够在网络中生存。网络空间的这种无政府状态在促进思想观念多元化的同时，对内而言给国家和社会的安定团结造成了一定的威胁，对外而言使国家与民族的国际地位与形象带了挑战。由网络舆情引发的文化安全问题，将在本章的第四节专门论述。

第二节　网络舆情与网络文化建设

一、引领网络舆情传播，唱响网上主旋律

网络文化随着互联网的发展迅速成为引领时代主旋律的力量。网络文化已经成为人们社会生活中的重要组成部分，对于人们的日常生活学习，国家的政治经济发展及新时期中国特色社会主义文化的建设都产生了极为深刻的影响。而作为网络文化标杆的网络舆情传播，更是成为凝聚人心、鼓舞士气、团结民众的重要社会事件。在我国全面建设小康社会的时期，坚持中国特色社会主义文化方向，坚持对主流文化的坚守与自信，既顺应时代潮流又不迷失方向，推

动社会主义文化大发展、大繁荣，促进中国特色社会主义网络文化的良好发展，是时代赋予每一个人的要求与责任。

中国特色社会主义网络文化是建立在中国特色社会主义制度之上的，因此必须坚持中国特色社会主义的发展方向，坚持马克思主义的指导原则，坚持社会注意核心价值体系。在建设社会主义特色网络文化时，对网络舆情加以引导和监督，大力倡导网络精神文明建设，在网络传播中贯彻马克思主义文化内涵，坚持社会主义方向，发展积极健康的中国特色社会主义网络文化，唱响社会主义核心价值观的主旋律。只有这样才能够为国家经济发展、社会稳定、人民安康提供良好的氛围与环境。建设中国特色社会主义网络文化，需要从中国特色社会主义事业的总体布局和整体发展战略着手。按照我们党建设先进文化的要求，要着力宣传科学理论、传播先进文化。同时对先进网络文化的建设，要坚持改革创新的时代精神，将网络文化与新科技紧密结合、将网络舆情监管与科学治理、将网络舆情引导与民主建设同时推进。中国特色社会主义网络文化建设，需要我们做到方法科学、方式得当、理念先进，从而保证标本兼治，以此来增强中华民族的向心力和凝聚力。

二、加强文化阵地建设，净化网络舆情的传播空间

在互联网时代，文化全球化的效应给各个国家都带来了影响或者冲击。文化阵地建设，事关国家的文化安全与政治稳定。加强文化阵地建设，净化网络舆情的传播空间，是网络文化建设工作的重要内容。在移动互联时代，基于网络舆情引导的文化阵地建设，以下两个方面的工作尤为重要。

首先，要加大对传统媒体的重视，放大引导效应。传统媒体相对于网络媒体有着更强的权威性和公信力，发挥舆情主导作用的效果超过网络媒体。在网络舆情传播过程中，传统主流媒体的介入，往往对事件的走向具有重要影响。尤其是在网络群体性事件爆发的过程中，虽然网络媒体和草根网民在披露信息和曝光事件方面的优势明显，但是传统媒体对舆论的推动力量依然不可替代，缺少了传统媒体，尤其中央权威媒体的关注与参与，区域性的网络舆情事件就无法在全国范围内形成互动态势。所以"新老媒体互动"通常是作为网络舆情传播群体性事件爆发的关键因子。这个关键因子由两方面决定：一是传统媒体参与报道的最高级别是否达到中央级别，二是网络媒体互动是全国互动还是局限在一个区域互动。在网络舆情传播的演变过程中，如果传统主流媒体能够在关键时刻给予真相披露、进行权威解读、破解流言谣言，对于化解舆情危机、缓解社会矛盾、扭转网络舆情演变态势具有决定性作用。特别是在涉及公共安全的网络舆情热点事件中，对于涉事网民而言传统媒体的积极参与是众望

所归。

其次，坚持文化阵地建设的多样化，保证网络舆情传播的通畅与多元，也是文化阵地建设工作的重要内容。这项工作首先需要政府转变职能，改变应对网络舆情的观念，用互联网思维与服务民众的态度，对网络舆情不堵、不截、不压、不冷，而是坚持疏导、持续关注、及时互动、勇于担责。具体而言，在当今这个移动互联时代，要首先保障民众表达舆论、反映民情的渠道与平台通畅开放。这就要求政府在加大重点中文网站和电子政务建设力度的同时，应充分重视移动应用、智能手机等新技术、新媒体开拓文化宣传的新阵地。政务微博、政务微信等政务 APP 应用，日益成为政府与网民互动交流的全新平台。只有及时处理网民反映的问题，收集网民的意见，消除谣言、澄清事实，满足民众的信息需求和知情权，努力打造健康向上网络文化世界，才能避免网络群体性事件、突发性事件的恶性传播。

三、重视高校网络文化建设，加强高校网络舆情引导力度

2016 年 1 月 22 日，中国互联网络信息中心发布了《第 37 次中国互联网络发展状况统计报告》。该报告显示，近 50% 的中国网民年龄在 10 ~ 29 岁。同时关于职业结构的统计数据显示，中国网民中最大的群体是学生，所占比例超过 25%（如图 6-1、6-2 所示）。可见学生群体已经成为我国网民中最大的用户群体，学生群体的互联网普及率已达到很高比率。那么，在大学生网络舆情发生和发展的过程中，大学生群体的主体作用毋庸置疑。当代大学生往往会在全球范围内关注某一突发事件或焦点热点问题，并积极表述个人对该事件或问题的观点和看法，继而引发网络上的热烈讨论，并最终趋向于某一观点和看法，形成网络舆情。可以说，网络舆情为大学生表达思想、发表评论、参与社会事务提供了良好的平台。

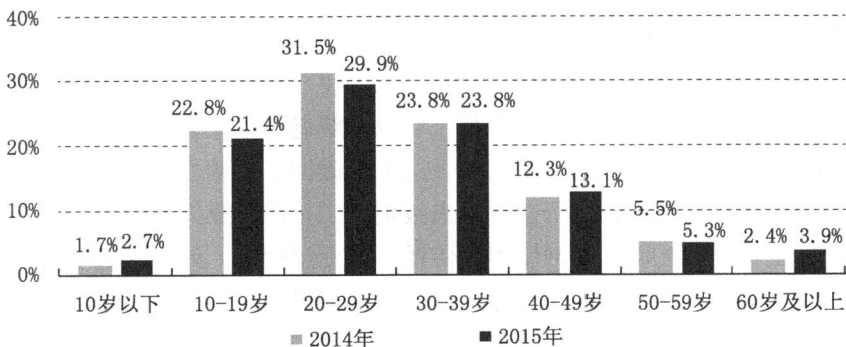

图6-1　中国网民年龄结构

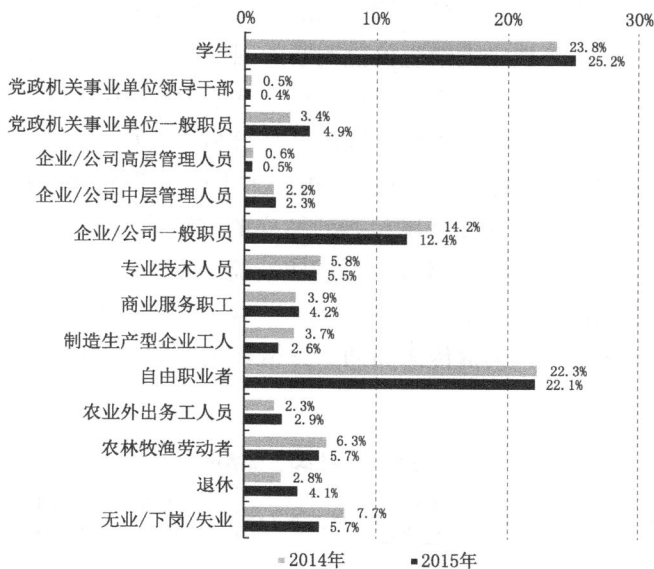

图6-2　中国网民职业结构

　　从意识形态角度讲，网络舆情是意识形态的一个重要组成部分。当前高校意识形态的传统阵地传播效果减弱，互联网新媒体的影响力越来越强。[①] 高校网络舆情研究与思想政治教育的关系密切。思想政治教育是指一定的阶级、政党、社会群体遵循人们思想品德形成发展规律，用一定的思想观念、政治观点、道德规范，对其成员施加有目的、有计划、有组织的影响，使他们形成符合一定社会、一定阶级所需要的思想品德的社会实践活动。[②] 高校网络舆情与高校思想政治教育虽属不同的研究范畴，但在引导大学生树立正确价值观的层面却具有高度统一性。一方面，网络舆情研究为思想政治教育有效开展提供重要参考，能够提升教育的效果与高度。特别是高校网络舆情研究与分析的成果，往往能够揭示高校师生的思想动态、价值倾向。另一方面，思想政治教育为网络舆情研究提供全新视角与理论支撑，有利于对网络舆情的疏导，更符合社会舆论导向的要求。[③]

---

　　① 贾国强：《高校网络舆情：生成机制、变动规律与应对策略》，《中国成人教育》2016年第2期。

　　② 张耀灿、郑永廷、吴潜涛等：《现代思想政治教育学》，人民出版社，2007年版，第18页。

　　③ 王子刚：《思想政治教育视阈下的高校网络舆情研究》，《现代传播（中国传媒大学学报）》2015年第10期。

　　在互联网的影响下，大学校园文化的多元化发展不可避免，同时负面效应也伴随而生，网络环境中大学生价值判断的困境加重，为高校网络文化建设、引导网络舆情传播提出了机遇与挑战。在此选取 2013 年 1 月至 2016 年 6 月期间共 21 所高校网络舆情传播热点事件进行分析。其中，2013 年与 2014 年的样本选择，抽样框架以喻国明教授主编的《中国社会舆情年度报告》的"中国舆情月度报告"为准，采用非随机判断抽样的方法抽出样本 12 个。2015 年与 2016 年的样本选择，是以"政安互联网舆情监测系统"①的数据为基础，采用了非随机判断抽样的方法最终确定了 9 个样本。样本的年度分布情况、发生地区②、事件关涉主体、舆情传播周期、舆情聚焦地域、关注媒体地域分布③，如表 6–1 所示。

表6–1　样本基本情况

案例名称	发生年月	事件发生地区	事件关涉主体	舆情传播周期	舆情聚焦地域	关注媒体地域分布
清华朱令铊中毒	2013年4月	华北	学生、学校	04.16—04.24，9天	北京>江苏>广东	北京>广东>海南
28岁正教授引网友膜拜	2013年5月	中南	老师	05.19—05.24，6天	湖北>湖南>福建	北京>广东>山东
武汉大学生劫持女医生	2013年5月	中南	学生	05.20—05.23，4天	湖北	北京>安徽>广东
读书无用论	2013年9月	全国	学生、其他	09.01—09.01，8天	四川>湖北>北京	北京>广东>上海
贵阳拆违学生军	2013年10月	西南	学生、其他	10.17—10.22，6天	贵州>浙江	北京>广东
人大招生处长受贿案	2013年12月	华北	学校行政人员	11.27—12.03，6天	广东>吉林>北京	北京>广东>上海

---

①　数据来源：政安互联网舆情监测系统 http://www.boryou.com/ZASystemV2.0

②　（华北）01 北京市 02 天津市 03 河北省 04 山西省 05 内蒙古自治区

　（东北）06 辽宁省 07 吉林省 08 黑龙江省

　（华东）09 上海市 10 江苏省 11 浙江省 12 安徽省 13 福建省 14 江西省 15 山东省

　（中南）16 河南省 17 湖北省 18 湖南省 19 广东省 20 广西壮族自治区 21 海南省

　（西南）22 重庆市 23 四川省 24 贵州省 25 云南省 26 西藏自治区

　（西北）27 陕西省 28 甘肃省 29 青海省 30 宁夏回族自治区 31 新疆维吾尔自治区

　（不详）32. 全国或其他无法识别的区域

③　全国范围内关注媒体最多的地域

（续表）

案例名称	发生年月	事件发生地区	事件关涉主体	舆情传播周期	舆情聚焦地域	关注媒体地域分布
女大学生帮爷爷找"小三"奶奶	2014年4月	中南	学生	04.08—04.13，6天	江苏>湖北>广东	北京>上海>广东
复旦学子联名写信为投毒案凶手求情	2014年5月	华东	学生	05.03—05.13，11天	上海>北京>广东	北京>广东>海南
弃港大高考状元刘丁宁	2014年6月	东北	学生	06.21—07.09，19天	辽宁>广东>吉林	北京>广东>上海
大学生掏鸟被判十年	事件发生于2014年7月，于2015年12月形成热点舆情事件	中南	学生	12.01—12.06，6天	四川>浙江>广西	北京>广东>北京
黑龙江8000名教师罢工	2014年11月~12月	东北	老师、学校	11.18—11.27，10天	黑龙江	北京>广东>山东
医生教学生收红包视频	2014年12月	华北	学生、老师	12.01—12.18，18天，中间有二次波动	北京>河南>甘肃、四川	北京>广东>上海
博士返乡笔记爆红网络	2015年2月	华东	学生	02.24—03.03，8天	上海>北京>河南	北京>广东>北京
昆明大学生持刀行凶	2015年3月	西南地区	学生	03.12—03.14，3天	湖北>云南	北京>云南>六安、广东、成都、玉溪
武汉教授求赐胯下之辱	2015年5月	中南	老师、学生	05.13—05.15，3天	湖北>黑龙江	北京>海南、重庆、上海
北大、清华网上掐架抢生源	2015年6月	西南地区	学校行政人员	06.28—07.01，4天	四川>北京>广东	北京>广东>上海
高校校长用毕业证色诱女生	2015年8月	华东	学校行政人员、学生	08.14—08.20，6天	安徽>江苏>山东、广东、广西	北京>广东>安徽
女大学生扶老人"被讹"事件	2015年9月	华东	学生	09.09—09.19，10天	安徽>河南>福建	北京>广东>海南
人大教授与学生断绝师生关系	2015年9月	华北	老师、学生	09.21—09.26，6天	澳门>北京>上海	上海>北京>北京
河南大学生负债跳楼身亡	2016年3月	中南	学生	03.13—04.04，23天，中间有二次波动	河南>北京>山东	北京>广东>北京
北大学生涉嫌弑母案	2016年3月	华北	学生	03.02—03.10，8天	福建	北京>广东>福建、北京

根据统计结果发现，样本中中南地区发生6个高校网络舆情热点事件，其中湖北省上榜次数达到4次。事件涉事主体，学生与老师的比例接近10:1，

说明高校网络舆情传播事件中的关键人物主要集中在大学生群体。样本的舆情传播周期，最短3天，最长23天，传播周期在6天的样本最多。就全国范围而言，在舆情事件传播过程中，网民关注度和网络传播热度较高的地区依次是北京、广东、湖北。但案例"读书无用论"，作为一个没有指涉到具体省份的话题，其传播热度却在四川省达到最高，远远超过北京和湖北。就关注媒体的地域分布情况而言，北京、广东、上海三地的媒体通常会参与到舆情传播之中。就地域而言，在样本中西北地区和东北地区发生高校网络舆情热点事件的情况较少，这两类地区对网络舆情事件的关注度也相对较低。所以样本的总体情况可以概况如下：所选样本的事件实际发生地相对而言集中在中南地区；涉事主体主要是学生。样本的舆情传播周期通常在一周之内。北京、广东、湖北三地对样本事件的关注度最高。而关注该事件的媒体主要来自于北京、广东、上海。

对21个样本在舆情传播周期内，在新闻、博客、微博、论坛四大平台上的分布情况进行统计，可以发现其中18个（86%）样本在"新闻"上所占的比例远远超过微博、博客、论坛，其他3个（14%）样本（清华朱令案、复旦投毒案、武汉大学生挟持女医生）微博所占比例略高于新闻，且3个事件均发生在2013年，之后再无微博高于新闻网站的情况出现。对样本在不同论坛、新闻和博客网站上的分布情况进行统计，发现在新闻网站上，最热网站是百度新闻和新民网，其次是光明网。关于博客的统计，发现高校网络舆情热点事件在以下博客上出现频率较高：博客中国、新浪博客、凤凰博报、和讯博客。在针对论坛的统计上，21个案例中有11个（52%）案例，在天涯论坛上被广泛关注；发展论坛涉及3个（14%）案例，但这3个案例有一个共同的情况是没有得到天涯论坛的关注。有一个值得注意的现象是网易新闻论坛活跃度值得关注，有8个（38%）样本都得到传播。以上数据显示，新闻网站如百度新闻、新民网、光明网在高校网络舆情传播过程中能够发挥关键节点作用。微博与博客在高校网络舆情信息传播过程中的影响力远远不如新闻网站。论坛则显示出长久、坚实的影响力，尤其是天涯论坛在网络舆情传播过程中的作用不容小觑。对样本舆情传播路径进行追踪统计，分析最早帖、最热帖的媒体类型，发现21个样本中最早帖来自于新闻网站的有17个（81%），来自于论坛的有2个（9%），来自于博客的有2个（9%），没有来自于微博的最早帖。21个样本中最热帖来自于新闻网站的有17个（81%），来自于论坛的有3个（14%），没有来自于博客的最热帖。值得一提的是，2016年出现的最热帖来自于微信公众平台（如图6-3）的情况，且该帖被中国经济网转载后接着被凤凰网转载。微信公众平台在中国目前的影响力可见一斑。

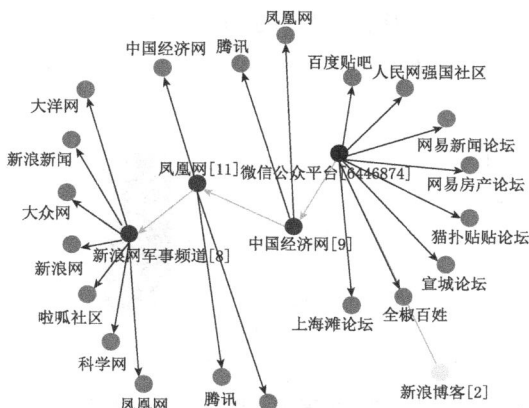

图6-3　"北大学生涉嫌弑母案"传播路径

最早帖的来源媒体，只有3个（14%）（中新网四川新闻频道、人民网云南频道、河北门户网站长城网原创）是地方性频道，其余都是全国性的或综合性媒体。而在最热帖的来源媒体中，有10个（48%）来自于地方性媒体，其中只有一个案例的最早帖是来自于地方性频道（案例"昆明大学生持刀行凶"最早帖来自于人民网云南频道，最热帖来自于六安热线），其他都是全国性媒体或综合性媒体。可见高校网络舆情信息的传播，初期来源于全国性媒体或综合性媒体的情况居多，但之后产生影响力的最热帖，来自于地方性媒体的可能性大大增高。进一步分析发现，网络舆情事件当事人与事件实际发生地，与产生最热帖的媒体地域之间，无明显相关性，并不存在"新闻接近性"发生作用的情况。这再次显示出舆情信息传播的复杂性。

舆情信息内容的倾向性，是对网页内容的表述用词进行分析所得。根据舆情传播的时间总体趋势，对峰值当天出现的网页内容进行倾向性分析，21个样本的总体情况如表6-2所示。

表6-2　样本信息倾向性分析

倾向性	正面倾向	负面倾向	中性	正负相当
案例数量	8（38%）	7（33%）	5（23%）	1（6%）

可见高校网络舆情信息传播的典型案例中，正面倾向只有38%。这对高校提升知名度与美誉度、师生树立自豪感与自信心，都带来了挑战与压力。其中"正负相当"的案例，是"人大招生处长受贿案"。根据统计分析发现，在

2013 年 11 月 30 日当天，网络上出现的 211 篇网页内容中，中性倾向有 112 篇，负面倾向有 99 篇（如图 6-4）。

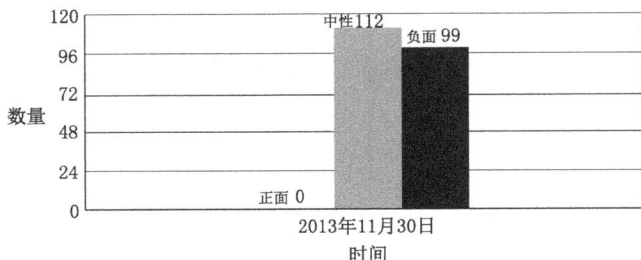

图6-4　"人大招生处长受贿案"倾向性分析

　　综上所述，就地域而言高校聚集区如中南地区，学生群体数量庞大，特别需要注意网络舆情的监控与引导。就媒体分布地域而言，在推进高校网络舆情传播的过程中，北京、广东、上海三地的网络媒体具有较大影响力。就媒体类型而言，新闻网站（百度新闻）和论坛（天涯论坛）在高校网络舆情信息传播之时具有强大引领能力，相比而言微博与博客的影响力日趋下滑，但目前需要关注微信公众平台上舆情信息。同时需要格外注意的是，高校网络舆情信息传播最热的媒体往往是综合网站的地方性频道或地方性门户网站，所以应该加强地方性活跃度较高的综合性网站的监控力度。最后，就舆情信息传播的倾向性而言，高校网络舆情信息传播内容的正面倾向性需要进一步提高，即高校及高校师生美誉度、知名度的塑造还需加强。在引导高校网络舆情信息传播，建设高校网络文化阵地的过程中，需要特别重视新闻网站和论坛对高校师生的形象塑造与认同构建，同时要对地方性活跃度高的论坛与新闻网进行监控与治理。

第三节　网络舆情与文化治理

一、文化在网络舆情治理中的作用机理

　　网络舆情文化治理的含义，可形象地比喻为，以文化之"药"，疗治网络舆情这个社会之"病"。文化治理是以文化的强大社会功能和天赋的柔性特质，对网络舆情施以预防、疏理、引导、化解、转化、调节及治后的社会肌体、社会心理的调理与康复，形成网络舆情文化治理的独特模式与理念。① 那么文化

---

① 李鸣：《网络舆情文化治理研究》，《湖北社会科学》2013 年第 12 期。

的作用具体体现在哪些方面呢？第一，文化铸就民族精神。文化是民族传承绵延的精神血脉和民族认同感和归属感的精神纽带，是孕育民族气质、民族品格的精神 DNA。民族文化越深厚、民族精神越先进，民族凝聚力和创造力就越强大。第二，文化提供了价值体系，它为社会系统的运行提供了指南和旗帜，为人们的日常实践建立了规范与标准。第三，文化引领时代风尚。每个时代的时尚与潮流都不同，人们的生产活动和生活方式因此而不同。实践活动是文化的组成部分，文化是改变人类行为的深层动因。第四，文化提升文明水平。文化是文明的基础，文明是文化的外在形态。文化推动文明的进步，社会主义文化蓬勃发展，促进了我国物质文明、精神文明、政治文明的全面提升。

　　以文化之"药"应对网络舆情这个社会之"病"，其作用机理是文化在互联网载体上，借助网络传播的特点与优势产生以乘数效应倍增的文化张力，塑造网络世界中舆情信息传播的自我调节能力，进而对网络舆情发挥治理作用，这些作用包括消解负面舆情、化解舆情危机、控制舆情演变、营造利好舆情等。简言之，以文化的力量治理网络舆情，一方面是由文化的功能促使舆情信息传播自主调节，一方面是受文化作用的网民按照文化的指引并依托文化的力量主动参与、认知、评估网络舆情。对于网络舆情"病"而言，文化之"药"可算是重调理、讲养生、求平衡的中药。因为文化治理是一种基础，是通过文化对网民的教化作用而影响网络舆情传播。也可以说文化治理网络舆情的实质作用机理，是通过治理"人心"来实现的——文化就是人的良心。其次，文化治理主要是发挥舆论引导与舆情转化作用。在网络舆情传播突发性事件爆发以后，组织和调动网络文化的力量，可以调节网络极化情绪、阻断网络舆情突变的条件、降低网络舆情恶性事件发生概率。对负面网络舆情危机的出现，用文化去解析负面网络舆情的诱因与动因，有化消极因素为积极因素之效。同时可以依托网络文化孵化正面舆情，使文化回归本位、舆情回归主流。文化的柔性力量与温性效果，可以丰富主流舆论的内涵，增添正向舆论的风采，凝聚民心，启发民智，汇聚民力，集聚社会前进的力量。透过网络文化的诠释，借力网络传播的优势与力量，可以使正面网络舆情升华为彰显社会道义与责任的核心价值观。最后，文化治理可以实现治后的康复作用。舆论是社会的皮肤，网络舆情危机好比是社会经历了一场病痛，此时社会肌体与社会心理都需要疗养与抚慰。文化治理的作用，此时就是促进社会整体的康复，这对于社会长足的稳定与发展而言特别重要。

二、倡导文化治理模式，提升网络舆情治理效力

　　网络舆情文化治理，是在已知网络舆情属性与类型和文化作用的基础与前

提下，对网络舆情以文化引导、化解、转化等主动干预，实现网络舆情的有效治理。这种模式，可称之为网络舆情预期管理。[①] "预期理论"是经济学中的概念与理论，在经济学、金融学领域被广泛应用。其核心思想是，在不确定因素影响经济变化的情况下，凭借已知信息、知识、经验，预先对未来某时间的经济给出一个预期值，并在动态过程中修正预期值与现实值的偏差，继而提出新的预期，最终实现预期值与现实值误差为零。根据这一理论，可将网络舆情预期管理的定义表述为：以预期目标和主动干预而形成的管理机制与模式实施的对网络舆情的管理。它是"预期理论"的借鉴及其在网络舆情治理上的应用。它的含义包括：第一，它以确定性为前提，以预期目标做驱动，以网络舆情已知规律、已有信息、管理经验和知识为基础；第二，它以主动干预的策略，依靠文化教化的作用，寓管于教，以确定性因素化解、引导、干预不确定性因素，牢牢把控舆情沿着预期方向变化；第三，它以"预"为纲，化为预测、预评、预警、预案、预期，分布预期管理各环节，各尽其能；第四，它以动态和过程兼顾的管理，动态调整预期和干预力度，以实现预期目标与现实的一致。可以说，网络舆情预期管理，是对网络舆情文化治理的本质把握、科学概括与理论表述，它强烈反映了一种新的理念，即预期管理理念。

预期管理理念可推动和指导网络舆情治理模式、思路、机制、方法上的升级或创新。它提示网络舆情治理综合化的不可逆发展趋势，即网络舆情分类治理、动态治理、过程治理相结合的模式，是网络舆情治理的基本模式，强调舆情事前治理是重点，主动干预是关键，舆情预防是基础。在治理思路上，贯彻"预防为主，应急为辅；引导为主，治理为辅；建设为主，防治结合"的网络舆情治理思路，利于分清缓急轻重，兼顾当前与长远，利于建立和形成网络舆情治理的具体原则与策略，指导网络舆情治理实践。在治理机制上，实现现实世界与网络世界的互通，消除现实世界中管理者对虚拟世界认识的种种隔膜，管理者以实名或匿名现身于网络。尽管实名或匿名在网民心理层面影响不同，但因为对话、交流、互动是平等的，淡化了身份反而容易促成服理服管，这是人性化管理的细节要求和柔性化管理的优点所在；网络舆情文化治理是人性化和全员参与的治理机制雏形，在预期管理理念看来，它还需要发展和完善。在治理方法上，网络舆情的文化治理体现了"以文防舆、以文化舆、以文治舆、以舆制舆"的治理方法，从方法论的角度而言，它无疑是体现预期管理理念的有力佐证。基于此，网络舆情文化治理与网络舆情预期管理之间，二者可互相

演绎和验证。

第四节　网络舆情与文化安全

一、网络舆情传播对文化安全的正面效应

提到文化安全，通常是指两个层面上的问题，一是指主权国家文化外界的现状不存在文化威胁，即文化保持独立性；二是指国人的文化心态、心理不存在恐惧、害怕、担心等问题，具有文化自豪感和影响力。前者是针对外来文化威胁而言，主要站在维护国家利益的立场上；后者是针对国内社会心态而言，主要是基于社会发展与稳定而提出。网络舆情传播是文化传播的一个重要组成部分，它打破了国家与地域的界限，在全球化与信息化的裹挟之中，给中国文化带来了机遇也带来了挑战。

第一，网络舆情加速各种关系到最广大人民切身利益的制度的完善。互联网的开放性、多元性、平等性、便捷性，使得网络舆情信息的传播愈发丰富、快捷、通畅。在网络舆情信息传播的过程中，特别是重大事件和突发性的新闻传播中，越来越多的民众可以参与对事件的评论，发表自己的意见，引导和影响社会舆情的发展。围观是一种力量，参与是一种关注。正是在大家进行广泛讨论的基础上，网络舆情把中国的法治与民主进程不断推向新高度。"孙志刚事件""躲猫猫事件""天津港爆炸编外消防员事件"等，都是通过网络舆论迅速扩散成为中国的热点问题，之后引起政府和司法部门的极大重视，从而促使相关法律法规或政策的调整与完善,同时也给广大国民进行了一次普法教育。

第二，网络舆情传播开辟了了解民意的通道，有利于和谐社会的建设。在传统媒体时代，下情上传的通道较为封闭，表达民意的门槛与成本过高。在移动互联时代，弱势群体、底层民众获得了媒介表达的充分资源，网络舆情成为政府倾听民声、了解民意的一个重要渠道。政府部门越来越重视网络舆情，越来越积极地探讨形成网民与政府的良性互动的方法、措施。由于网络舆情与公共政策、政府形象、政府决策的关系越来越密切，目前网络舆情已经成为各级政府特别关注的领域。网络舆情能为政府科学决策提供依据。同时由于通过网络舆情传播，网民反映的许多问题得到了较为妥善的处理和解决，这对于缓解社会矛盾，提高执政效率，构建和谐社会大有裨益。

第三，我国的网络舆情传播在反腐倡廉建设中发挥了积极作用。网络反腐是近几年中国网络传播史上浓重的一笔，曾几何时贪官"谈网色变"，因为网

络舆情在督促政府工作中起了重要作用，不少贪污腐败、玩忽职守、以权谋私、尸位素餐的公职人员，在网民通过互联网锲而不舍的围追堵截下被绳之以法。网络舆情能促进对政府公职人员的监督提高社会执法与社会管理的透明度，有利于约束不良之风。网民参与的普遍性和便捷性及低风险性，使得网络舆情俨然一张群众监督的"无形法网"，使很多公共权力的运作被置于阳光之下，有利于促进政府的信息公开，这进一步调动和促进了广大群众参与反腐倡廉的积极性。近年来，全国先后有深圳"猥亵女童"局长林嘉祥、"一夫二妻"区委书记董锋、新余出国"考察门"、微笑表叔等案件，在网民不遗余力地揭露、举报、声讨、呼吁中真相大白、水落石出。这些贪污腐败分子无所遁形，相继落网，大快人心。多个网络反腐事例表明：网络监督已经成为一种新型监督，在党风廉政建设和反腐败斗争中发挥着不可替代的特殊而重要的作用。

二、网络舆情传播对文化安全的负面效应

文化全球化背景下的中国文化矛盾，主要有本土文化与外来文化、传统文化与现代文化之间的矛盾。走后发型现代化道路的国家都存在文化风险问题，中国也不例外。这类国家文化不安全的表现是：迷失前进方向、主导价值观丢失、社会失范。[①] 本土文化与外来文化之间的矛盾，主要源于西方国家在文化的深层结构即意识形态领域给中国带来的挑战：第一，通过互联网有意识地传播其价值观及意识形态，不断对我国进行"西化""分化"，网上思想舆论阵地的争夺日趋激烈，网络已成为西方敌对势力对中国进行政治战、思想战、心理战的工具。以美国为首的西方大国，利用其网络传播的技术优势，开动巨大的宣传机器，企图在互联网上对中国进行渗透和颠覆。第二，传统的政治斗争手段在互联网上以新的高效方式再现，利用网络串联、造谣、煽动比在现实中容易得多，隐蔽得多，快速得多。所以各类人以互联网为主要工具，造谣污蔑、恶意炒作，煽动滋事，妄图挑起社会矛盾，破坏社会政治稳定。第三，借助互联网，西方腐朽的思想观念、生活方式、淫秽色情等有害信息源不断传播到中国来，严重搅乱网民心态、污染网络环境、扰乱网上秩序。

反映西方意识形态的大量信息，带着强烈的政治色彩和意识形态色彩从发达国家流向发展中国家，从强国流向弱国，这一规律性的历史挑战摆在我国人民面前。这种"媒介帝国主义"或者说"文化帝国主义"造成的后果，是国家新闻传播的选择权、解释权都在发达国家的记者、编辑手中，写作角度、文章

---

① 郜非非：《全球化背景下的中国文化矛盾及文化安全》，《江苏行政学院学报》2016年第2期。

基调、表达方式、内容含义都是遵循发达国家的价值判断与国家利益，这种新闻信息最终将影响受众的认知与观念。由于信息是文化的一种形式的代言人，因此信息的侵略直接导致"文化侵略"。那些附着着西方价值形态的信息大量流向中国，深受其害的首先是中国青少年。当代的中国青少年，越发远离传统文化，对其精粹一知半解。由于民族传统文化远未在青少年思想上扎根，因而在外来网络信息洪流的淹没中难以产生免疫力和识别力。为此在建设有中国特色的社会主义道路上，我们要特别警惕以美国为首的西方大国，对其充分利用其信息控制权和影响力保持警醒。以美国为首的西方大国极力向世界特别是仍坚持走社会主义道路的中国传输西方资产阶级的意识形态、政治制度、价值观念、文化思想，进行"文化扩张和文化侵略"，实现其"不战而胜""和平演变"之梦想的政治图谋，这种阴谋由来已久，并且一直虎视眈眈。携带西方意识形态色彩的网络信息一旦汇聚成网络舆情，往往对我国传统的价值观念和道德伦理带来冲击，从而威胁社会稳定。

此外，网络舆情对网络文化安全的负面效应，还有以下三个方面：第一是网络虚假、低俗信息泛滥影响了社会的进步和社会的稳定。由于绕过了传统媒体"议程设置""把关人"等功能程序，种种负面信息尤其涉及色情、暴力等低俗、恶俗消息充斥网络；流言、谣言、极端言论四处蔓延。长此以往会严重影响社会的进步和稳定。虚假信息和极端思想在互联网上聚集、发酵，网络舆情的信息来源千姿百态、良莠不齐，甚至莫名其妙，干扰了网民的正确判断，严重时扰乱了正常的社会秩序，对国家和社会的安定团结形成了一定的威胁。第二是网络枪手、水军的造势颠倒了是非曲直。这类网络寄生虫建立网站和专门机构雇用网络写手制造和利用网络谣言，对社会热点难点和敏感新闻进行炒作，引发网络舆情热点事件，严重误导网民思想，使网络舆情显得异常复杂。这些不合实际、不负责任、为个人私利的舆论造势，干扰了网民的正确判断，甚至于扰乱了正常的社会秩序。第三是网络舆情传播过程中触犯法规，侵犯他人隐私权的行为屡有发生。由于网络传播的匿名性与开放性并存，针对关系到个人利益的事件，可以随意发表和散布一些不合实际、不负责任、极端片面的个人主义色彩浓厚的言论。大多数网民在并不了解事情的真实过程、全面情况、因果关联的情况下，轻率出手、意气用事、草率判断、轻易介入的上网行为频发，其结果往往是置法律于不顾，随意进行个人道德审判。网民们往往通过"人肉搜索"公开成群结队肆意评论、妄加推论，导致铺天盖地的舆论暴力、网络谣言蔓延，甚至有网民通过各种方式侵入当事人的私生活，给当事人的生活和工作带来极大的困扰，超出了正常法律范畴。

三、基于网络舆情的文化安全预警技术

在互联网世界，持不同政见者或反叛者可以在网络上攻击政府，进行颠覆政府的活动；邪教组织和恐怖主义利用网络媒介大肆宣传反社会和反人类的思想、进行各种反社会和反人类的活动；色情、传销、诈骗组织在网络中四处串联、不断翻新花样进行犯罪活动……这些现象短期内在互联网世界中还难以有效根治。与此同时，中国网络舆情传播实践活动中还存在一些特殊情况：一是中国由于经济发展不平衡，在欠发达的西部、边区、老区、少数民族聚居区，还处在相对封闭、落后的社会环境中，特别容易受到外来思想文化的冲击；二是目前中国正处于社会转型期，矛盾容易激发，社会不稳定因素较多；三是少数社会管理者对于舆论习惯于回避或堵塞，互联网治理水准不高。因此网络舆情这把锋利的"双刃剑"，对社会、经济、生活产生的影响越来越大。在互联网迅猛发展的今天，采取切实有效的网络文化安全传播策略，加强网络舆情与文化安全分析技术研究，是至关重要的。

要保障网络文化安全，实现全面、准确、深入、及时地掌握网络舆情，必须依靠科学的方法体系。在当代特别需要运用信息化手段，构建网络文化安全监管系统。其中，网络文化安全预警系统是重要组成部分。网络文化安全预警涉及多项技术的综合应用，包括搜索引擎技术、Web 挖掘技术，尤其是文本挖掘、信息过滤技术及自然语言理解技术。[1] 网络文化安全问题已经逐渐被各个国家所重视，每个国家都开始逐步建立起自己的安全预警平台。网络安全预警平台是指通过监控网络信息，采集数据信息，并对其中敏感数据进行有效、合理分析，发现潜在的威胁，发出预警信号，为网络监管部门提供可靠的安全数据。大体上来说，网络文化安全预警系统自底向上主要可以分为五个层次：信息获取层；内容挖掘与理解层；倾向分析与隐患探测；统计分析层；文化安全评估层。主要实现功能包括：获取大量的网络数据，建立相关数据库；进行整理与深层挖掘，对获取的信息进行识别、分离和理解；对识别出来的内容分析其倾向与隐患；进行综合统计分析；根据预先设定好的指标，过滤出不健康信息、找出社会热点并做出相应的预测。[2]

网络文化安全预警系统是由人、机和环境构成的人机系统，采用"人网结合、人机结合"的模式，将各行专家的经验、知识与先进的数据挖掘、检测与阻断、模式识别、趋势分析等处理技术结合起来，充分发挥各自优势，建

---

① 仇晶、廖乐健：《网络舆情与网络文化安全预警技术研究》，《信息网络安全》2008 年第 6 期。

② 纪宁：《浅析如何建构我国网络文化安全预警平台》，《企业导报》2012 年第 21 期。

立基于"专家群体＋数据信息＋计算机技术＋专家经验知识"的系统应用模型。[①] 这种模型保证了对互联网海量信息监测的深度、广度、精度、力度和速度。网络文化安全预警系统是在现代传播科技的基础上，运用人工智能、数据挖掘等先进技术，对无序、海量、杂糅的网络舆情信息进行智能分析和智能决策。预警系统能够发现网络热点问题并实时跟踪，从而实现对网络文化安全态势的预报和对危机的快速反应，从而有效控制危机事件的发展态势。随着科学技术的不断完善与进步，网络文化安全监管系统的科学性、先进性、智能化程度都会提高，预警的准确率也会大幅度提升，届时恶性的突发性事件、群体性事件都能得到有效防控，从而实现网络虚拟世界与社会现实世界的长治久安。

---

① 李红梅、常淑惠、刘丽娟、张立国：《网络文化安全预警系统构架研究》，《科技传播》2011年第 24 期。

第七章　网络舆情与社会变革

> 互联网是一种全新的"高维媒介"，而不是基于传统媒介范式的新媒介：对于"个人"为基本社会传播单位的赋权与"激活"是互联网对于我们这个社会的最大改变。

> ——喻国明《中国社会舆情年度报告》（2015）

第一节　社会转型期网络舆情格局

塞缪尔·亨廷顿曾指出："现代化孕育着稳定，现代化过程中也滋生着动乱。"[①] 亨廷顿提出的命题在某种程度上反映了目前中国社会发展的现状。近几年我国频繁发生群体性事件，经过互联网的发酵，社会失序风险加大，治理难度增加，影响了我国和谐社会的构建。

一、转型期的社会矛盾特征

转型（transformation）是一个主动创新的过程，一般是指某种事物发展方式、结构形态根本性转变。对于社会转型，陆学艺、景天魁在《转型中的中国社会》一书中认为，社会转型"是从计划经济向市场经济转型；从农业社会向工业社会转型；从乡村社会向城市社会转型；从封闭半封闭社会向开放社会转型；从同质的单一性社会向异质的多样性社会转型；从伦理社会向法理社会转型"。该观点得到学界普遍赞同。

---

① 塞缪尔·亨廷顿：《变化社会中的政治秩序》，王冠华等译，上海人民出版社，1989 年版，第 28 页。

我国社会转型因为地域上面临城乡二元社会，东、中、西部差异较大，各自构成自己的发展模式，所以是以双重叠加、多元复合的形式促使社会发生变化。不同领域的改革形成复杂的互动，一起推进社会的转型，决定了转型期社会矛盾纠纷呈现出多元性、复杂性、群体性等特点，具体表现在：

（一）从社会矛盾的主体看，不同的利益群体相互博弈

改革开放带来巨大社会变迁，人口流动日益频繁，矛盾主体关系出现多元化。根据表7-1显示，社会冲突的各主体在数量上逐年增长，流动频繁。各主体在现实生活中还表现出跨阶层、跨行业、跨地域、跨国境等特征。个人、组织、行业、城镇、乡村、区域、境内外等之间的利益差距，既有自然人的表达诉求，也有法人、群体利益诉求；既有垄断行业引发的矛盾冲突，也有境内外主体、机构引发的矛盾。在社会转型期，各经济利益群体的分化不断加剧。如农民工群体，为了融入城市，由争取流动权向移民权努力，私营企业主群体在要求获得经济主体的同时，还要求政治参与，失地农民群体除了要求经济补偿外，要求更多的社会、就业保障等。这些群体之间形成了不同利益诉求、利益冲突，相互博弈，已成为一种普遍的社会现象。

表7-1　我国私营企业、社会组织及其从业人员、流动人口发展状况

年份 主体	2003	2005	2008	2009	2010	2011	2012	2013
私营企业（万户）	300.55	344	657.42	740.42	845.5	967.7	1085.72	1253.90
个体工商户（万户）	2350.5	2463.9	2917.33	3193.37	3452.89	3756.47	4059.27	4436.30
私企从业人员（万人）	4298	12000	13855	15000	18000	18298	19900	21900
社会组织（万个）	14.2	17.1	21.2	43.1	44.6	46.2	49.9	54.7
流动人口（万人）	14000	14735	20100	21100	22143	23000	23610	24500

（二）从社会矛盾的趋势看——群体性事件频发

在日常生活中，如果自发的、轻微的矛盾纠纷不能得到及时的、有效的解决，在互联网力量的作用下，很可能转化为有组织群体性对抗，演变为破坏社会正常秩序的群体性事件。据不完全统计，1993年我国群体性事件为0.87万起，2003年5.8万起，2007年逾10万起，中国官方在2008年之后不再公布具体数据，据清华大学孙立平教授推算，2008年超过9万起，2011年约18.25万起。近几年数量略有下降，每年约达数万起。但群体性事件还是呈高发状态。目前，社会矛盾主要集中在就业、收入分配、民间金融、社会管理等方面。从汕尾

红海湾事件到乌坎、石首事件，从厦门、宁波、福建等地反对 PX 项目到江门核燃料棒项目搁置等事件，都反映部分矛盾主体容易冲动、不理性的特点。在表达利益诉求的过程中，往往故意采取过激手段，煽动不明真相主体，加剧矛盾冲突，力图通过引起轰动效应求得解决，严重破坏了社会的和谐稳定。

（三）从社会矛盾的焦点看——政府成为矛盾冲突的焦点

传统社会除阶级冲突和民族冲突外，民间冲突主要表现为婚姻家庭矛盾、邻里纠纷、民间债权债务等类型；而在我国现代化社会进程中，政府承担了过多的责任。在经济管理领域，既要考虑效益，又要考虑公平。在许多领域，政府既是裁判员，又是运动员。比如医疗纠纷，公益医院由国家创办，医疗事故鉴定组织一般由医学会组织，而医学会更多的时候有官方背景。现实生活中，在交通、城管、工商管理等行政管理和执法中滥用权力，存在乱收费、乱罚款等违规现象，个别地方甚至形成黑色"执法产业"，侵犯群众合法权益，严重伤害了群众感情，导致政府公信力下降，使政府成为社会矛盾的焦点。

（四）从社会矛盾的技术手段看——网络技术成为矛盾的催化剂

信息技术的进步，电脑、手机加网络使全球成为一个"村落"，同时也造成了信息的爆炸，大众从受众转变为传播者。网络给人们的信息交流提高了沟通、表达的平台，改变了人们的存在状态。在互联网上，相同或相似的价值观、利益的个体组成网络社群。在群体性事件发生时，矛盾冲突的双方都采用高新技术，运用网络进行动员，相互联系，发布各种各样的信息，真假参半，蛊惑人心，有的还故意制造谣言，线上线下联动，影响舆论，为矛盾冲突推波助澜。

二、转型期网络舆情格局

随着微信、微博、SNS 等社交媒体高速发展，媒体形态格局发生很大变化，新老媒体融合趋势加快，移动互联网已成为网络舆情的新生力量，形成多元舆论格局。转型期网络舆情格局变化主要有：

（一）主流媒体舆论场弱化

约瑟夫·奈在《权力大未来》中指出：信息革命改变了权力的本质，加速权力的扩散，"网络权力"成为权力的新态势。当前我国的舆论表达格局是一种多元化格局，主要存在三种舆论场：主流媒体、民间和境外舆论场。以党报、电视台等为代表的主流媒体舆论场，表达的是主流的价值观和国家的意见。由于主流媒体报道时受到的限制较多，民众的声音未能及时反应，降低了其舆论监督作用。由社会化媒体组成的民间舆论场，空间相对宽松，主要由意见领袖和网民组成，尤其是微博、微信等自媒体的成长，民间舆论场正在逐渐主导社会舆论议程。

表7-2　2014年20件热点舆情事件新闻、微博关注度

序号	事件/话题	时间	新闻量	微博量	数量
1	马航航班失联	2014/3/8	1200000	24900180	31.03
2	香港"占领中环"事件	2014/6/20	21600000	1168686	30.86
3	云南鲁甸6.5级地震	2014/8/4	903000	3647466	28.82
4	阿里赴美上市	2014/9/19	1900000	1623657	28.76
5	台学生占领"立法院"事件	2014/3/18	6660000	309153	28.35
6	中央对周永康立案审查	2014/7/30	1130000	1330597	28.04
7	昆明火车站暴恐案	2014/3/1	1200000	1214216	28.01
8	昆山爆炸事故	2014/8/2	515000	820828	26.77
9	麦当劳、肯德基供应商黑幕曝光	2014/7/20	369000	956117	26.59
10	演员柯震东、房祖名在京吸毒被抓	2014/8/18	445000	559740	26.24
11	兰州自来水苯含量超标事件	2014/4/11	569000	387042	26.12
12	山东招远血案	2014/5/28	135000	884869	25.51
13	广西玉林狗肉节事件	2014/6/21	49000	1777017	25.19
14	郭美美赌球被拘	2014/7/30	228000	57616	23.30
15	东莞扫黄事件	2014/2/9	232000	54016	23.25
16	湖南产妇因羊水栓塞死亡	2014/8/13	23700	183987	22.20
17	乌克兰政局剧变	2014/2/22	70400	38171	21.71
18	黑龙江三名嫌犯杀人越狱	2014/9/3	54100	46964	21.66
19	广东茂名PX项目群体事件	2014/3/30	2140	170286	19.71
20	21世纪报系涉新闻敲诈被调查	2014/9/3	3150	76004	19.29

从表7-2可以看到，针对热点事件的新闻量与微博量平分秋色，对热点事件，主流媒体不再一家独大，不能主导、控制事件的进展和整个舆论场，政府对议程的控制已减弱。民间舆论场正成为不可忽视的力量，与主流媒体舆论场一起，形成中国的声音。

境外舆论场主要被西方发达国家操纵，对中国热点事件的解读通常是标签化、负面的，往往使我国在国际社会的形象受损。主流媒体舆论场正面临着民间舆论场、境外舆论场的"合围"。

（二）新媒体抢占舆论主场

随着微博、微信等自媒体的迅速崛起，我们面临着一个新的舆论生态。传

统主流媒体不再垄断信息源，加上新闻报道受到限制较多，网络爆料成为网络新闻的一条重要途径，"两微一端"开始主导社会舆论。其中2015年"两微一端"首先爆料的比例占12.8%，见表7-3。

表7-3 网络首先爆料的社会热点数量

时间（年）	监测热点事件样本总数（件）	网络爆料（件）	占总比例
2009	77	23	30%
2013	100	47	47%
2015	500	64	44.4%

网络时代的受众更加具有主观能动性和自主选择性，不仅成为了内容消费者，还成为了内容的生产者和提供者。另外，社交型新媒体便捷、互动性强，突出了受众的地位。比如2016年高考减招事件中，江苏、湖北出现的微信直播，由于微信社群信息流通的便捷性，迅速传递事件第一进展，不仅引起当地考生家长的强烈反应，还迅速引起全国关注。社交型新媒体打破了传统媒体的新闻壁垒，制造舆情话题已成为常态。

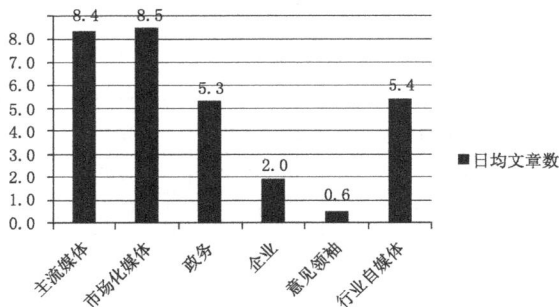

图7-1 各舆情主体微信公众号日均推送文章数

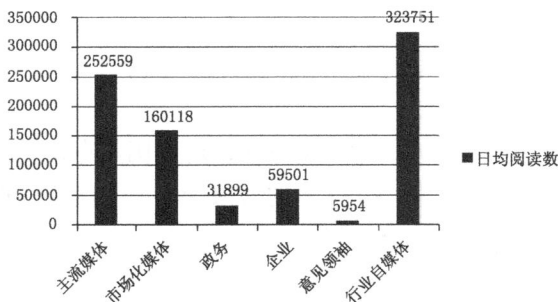

图7-2 各舆情主体公众号日均阅读数

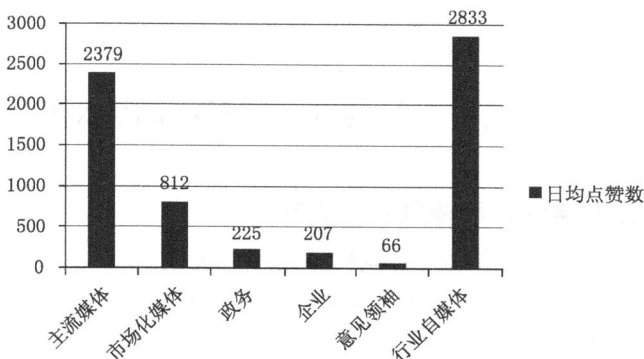

图7-3　各舆情主体公众号日均点赞数

数据分析结果显示，主流媒体、政务和行业自媒体在舆论场上都具有较高的活跃度，但行业自媒体在微信平台日均文章阅读数、日均被点赞数都遥遥领先。

（三）政府与社会良性互动格局初步形成

随着互联网政务的不断发展，政府与社会的互动日益频繁，以往遭网民围观、吐槽被动局面正在改变。政务微博微信、主流媒体的"两微一端"和民间"网评员"在政府管理上逐渐改变了网民对政府和党媒固有的印象，政府与社会互动日益频繁，政府影响力和话语权重新得到提升。

2003年5月在山东开通第一个网络问政平台"网上民声"，2006年人民网《地方领导留言板》是全国的互联网官民互动平台，2008年人民网开办中央、部委领导留言板，网友可以通过留言方式反映情况。2003年1月，于幼军与网友"我为伊狂"的见面，开启了高官与网民对话的先河。截至2015年12月，政务微博达到152390个，发博量达到2.5亿，阅读量达到1117亿。2015年1月，全国1.7万多个政务微信公众账号，内容推送超过300万次，微信文章推送达到1200余万次。

图7-1、7-2、7-3显示，传统主流媒体正在融合转型，不断发力新闻移动端市场。人民日报被称为"中国第一媒体微博"有7200多万用户，微信公众号有275万粉丝，客户端上线15个月，累计下载量达7700万。政府与社会的沟通渠道多样化，良性互动格局正在形成。

第二节　社会转型期网络舆情风险

一、转型期网络舆情风险的表现

1948 年，拉扎斯菲尔德和默顿发表了《大众传播、大众鉴赏力和有组织的社会行为》一文，指出："大众传媒作为一种工具，既可以为善服务，也可以为恶服务。如果不适当加以控制，为恶的可能性则会更大。"在社会转型期，舆情作为民意的晴雨表，逐渐成为人们判断社会、政府管理决策的重要参考。各种不同的利益主体，政府、企事业组织和公民在从事社会管理和经济活动的时候，同样面临来自社会和网络的各种虚假和负面信息，如果处理不当，可能会引发舆情危机，产生舆情风险。网络舆情风险主要表现在以下五个方面：

（一）网络群体性事件威胁社会稳定

目前，官员腐败、劳资纠纷、食品安全、环境保护、校园暴力、医疗教育等属于网络群体性事件的多发区域，一有"导火索"，通过网络平台的不断论争和辩论，往往引发"群起而攻之""人肉搜索"和"人格辱骂"现象，有可能使个案演变成群体性事件。

表7-4　2015社会矛盾聚焦点舆情压力指数

单位：件

社会矛盾聚焦点	热点事件数量	热点事件占比	上一年度占比	平均热度	平均舆论共识度	平均政府认同度	平均网民正能量	平均舆论生态指数	舆情压力指数	舆情压力名次变化
社会道德争议	32	6.4%	5.0%	59.30	3.56	3.11	0.49	7.16	25.37	↑3
未成年人及弱势群体保护	11	2.2%	4.3%	52.32	3.49	2.70	0.27	6.46	11.70	↑1
劳资纠纷	12	2.4%	0.7%	52.62	3.51	2.71	0.54	6.76	10.96	↑6
意识形态	6	1.2%	0.0%	56.87	2.82	2.49	0.20	5.51	10.35	↑6
社会暴力	13	2.6%	4.1%	54.37	3.75	3.11	0.22	7.08	10.11	↓4
官民关系	6	1.2%	4.6%	59.41	2.96	2.43	0.33	5.71	9.85	↓4
警民关系	6	1.2%	2.1%	57.96	3.31	2.49	0.09	5.89	9.16	↓1
征地拆迁与群体维权	3	0.6%	2.2%	57.84	2.90	1.96	0.50	5.36	5.52	↓3
医患关系	4	0.8%	1.5%	58.02	3.28	2.59	0.63	6.49	4.80	↓2
城管执法	1	0.2%	1.3%	58.57	3.18	2.19	-0.35	5.01	2.04	↓2
贫富差距	2	0.4%	0.0%	66.08	3.59	2.89	0.71	7.19	1.78	↓1
其他	7	1.4%	0.0%	56.82	3.79	3.21	0.39	7.39	4.52	—

从表 7-4 可以看出，官民关系、贫富差距、仇富心态、医患矛盾、权益纠纷等社会矛盾依然是舆情压力的重要来源。特别是一些弱势群体，比如未成年人，尤其是留守儿童、失地农民、农民工群体很容易引起公众的同情，并引起舆论的关注。网络群体性事件的影响可以是正面，也可以负面。由于互联网的存在，其影响的深度都超过以往的一般群体性事件。如果对其处置不当，网上网下联动，很容易扩散成社会群体性事件，对政府和社会带来巨大冲击，影响社会稳定和谐。

（二）政治类谣言威胁国家安全

政治类谣言主要涉及政府官员、政府治理、政治制度、国家安全等，相比于其他网络谣言，更能够引起公众的共鸣。特别是敌对势力和反动分子为了他们的非法目的，煽动不明真相公众的不满情绪，将虚假消息、反动言论、政治谣言无限扩散和放大，公众受到其引导，会产生消极、抵制政府的情绪甚至是暴力行为，严重的会造成民族冲突，威胁社会安全。

由于社会公众普遍存在仇官、仇腐心态，网络上只要出现政府官员的腐败问题，很快就会被迅速放大，形成一边倒的舆论趋势，甚至被别有用心的人利用，引发政治风险。如"军车进京"、某某官员贪腐等严重影响国家政治形象。

部分利益团体利用国内外社交网站，传送虚假信息，甚至直接制造谣言，引发人们恐慌，导致社会动荡，威胁国家安全。2008 年拉萨"3·14"事件发生之后，西方媒体歪曲事实报道，误导受众，丑化中国国家形象。2009 年新疆暴力恐怖袭击事件，就是分裂分子通过境外网络，煽动网络舆论，制造动乱。

（三）网络虚假信息降低社会的公信力

随着自媒体的发展，部分自媒体平台已经成为了虚假信息的源头。尤其是微信朋友圈、公众号充斥大量虚假消息，某老人或小孩走失的求助陷阱让爱心受伤，酸性体质是万病之源等伪科学对人们日常生活进行误导，人贩子进京等邪恶信息制造恐慌，部分企业利用朋友圈虚假宣传等。这些事件不仅弄得人心惶惶，混淆视听，更损伤着网络媒体自身和社会的公信力。

少数新闻机构和记者为自己的利益或吸引眼球，放弃道德和责任的底线，不核实新闻源，直接加以报道，这是产生虚假新闻的一个途径。还有的新闻工作者为了名利，制造假新闻。在每年的"十大假新闻"中，都会出现媒体单位未核实消息新闻源的假新闻。如北京电视台《透明度》报道的纸包子事件，湖南"都市一时间"播出一则长沙股民炒股失败自杀的新闻，中国青年网报道一名上海游客因在欧洲留下"不文明游客"记录，十年美签被美海关官员作废。对"收彩礼超八万算买卖人口""3 岁男童遭同学奶奶剪 4 颗门牙""沈阳废墟陈尸多具 30 警车到场"等虚假新闻，进行直接报道或转发，从而引发网络媒体的转载和社交媒体的讨论。新闻媒体不管什么原因制造虚假失实报道，其后果是必将失去人们对其的信任。

（四）网络舆情冲击社会价值观

网络媒介对社会管理最为深刻的影响，是加剧了社会整体价值观的分裂与冲突。网络给网民发出自己的声音提供了平台，通过网络社群的聚合，每一种声音都能很快找到自己的支持者，并吸纳彼此的意见，壮大自己的意见队伍。这意味着整合民意和达成共识的难度增大，网上多元价值观冲突加剧。其中较为常见的是"五毛""美狗"骂战和地域攻击。在一些有倾向性的网站，如中国选举与治理网、乌有之乡、大旗网等，各种思想流派的学者纷纷引经据典，发表自己的观点，尤其在发生重大事件的时候，不仅以网站、微博、公众号为阵地激烈地交锋，还频现微博约架，尤其是某些意见领袖，如果发表言论不当、过激，造成的负面影响更大。如孔庆东骂港事件，内地游客小孩在香港地铁进食，被当地乘客劝阻，双方展开骂战。他的言论引发港人的愤慨，部分港人响应 Facebook 的号召到中央人民政府驻香港特别行政区联络办公室抗议。思想和观点的对话与交锋，对于人们价值观的培养有重要的促进作用，但如果某些意见领袖言论过激，往往会激化现实矛盾，对主流价值观形成冲击。

（五）网络暴力侵犯道德与法律底线

网络暴力因"高跟鞋虐猫事件"开始广为人知，人肉搜索给虐猫女和视频制作者心理造成很大创伤。网络上热点事件往往会成为网络暴力的话题。当众多网民因为热点事件，搜索某个人信息时，该当事人的身份、学习工作单位、住所、电话、照片等隐私信息很快就会被公之于众，无所循形。"人肉搜索"虽然在打击腐败、遏制社会不良风气发挥了作用，但"人肉搜索"更多的是侵犯了个人隐私。另外，部分网民有的随意谩骂、人肉骚扰，容易造成误伤，在"人肉搜索"之下，很多人名声尽毁，有的因不能承受压力，选择自杀。2008年女白领死亡博客事件、2015年成都女司机被打事件、学生为女老师打伞事件、乌鲁木齐市棒打流浪狗等，网络舆论对当事人造成极大压力的同时，也改变了当事人的生活轨迹。网络暴力因网络的匿名性造成当事人维权困难，真正维权者成功的非常少。网络暴力已经成为互联网上的毒瘤，侵犯道德与法律底线。

二、网络舆情风险产生原因分析

（一）网络舆情的泛娱乐化

媒体报道新闻事件，本质上应该是客观、真实再现事件真相。但是，有的网络新闻为了争夺公众有限的注意力资源，新闻表现故事化、煽情化，新闻内容刺激性、庸俗性。在新闻标题的选择上更是以吸引眼球为主，故意使用夸张幽默的词语或者善于使用感叹号、双引号等特殊符号来达到目的。如从"艳照门"以来都喜欢冠之以"门"的名义，如赵忠祥代言门、护士门、江南大学香蕉门、李刚门、苏州公交门事件等，尽力从严肃新闻中挖掘娱乐信息，部分媒体"戏说"过滥。从舆情焦点议题来看，议题通常具有消遣性和逃避性，无明显信息需求，如"微笑局长"照片被转发7万多次；哪怕是现实生活中一个令人痛彻心扉的事件，如车祸、地震的发生，生命的陨落，也只是让人们在一时的画面中酝酿眼泪，激扬情绪，画面过后依旧平静地浏览下一条信息。在碎片化阅读时代，人们更多地沉浸于身体感官的体验和享受，在各种舆情发生时，网络舆情的"娱乐化"大于"社会化"，许多人不去追求事实真相。网络在反映和记录这个世界的真实状态的同时，屏幕也会把这种真实过滤得更为短暂和轻松，导致网络舆情趋向泛娱乐化。

（二）网络舆情的过度情绪化

2016年5月5日，安徽《新安晚报》用了两个版面报道《我的右肾去哪儿了》，事实上，患者并没有真正"丢肾"，而是外伤后右肾萎缩。5月19日，一张医生瘫坐在地上喝葡萄糖的照片被转发。事实是该医生连续工作一整天没有来得及吃东西，靠喝葡萄糖补充体力。看到这种新闻，很多网友会看到医生压力大、资源短缺等问题，然而也会有"这葡萄糖哪来的？免费的还是患者的？""真会作秀，职责所在"。现实生活中，面对各种各样的网络新闻事件，理性的网民寻求事件真相，发出理智的声音。但也有一些非理性声音通过自媒体平台频频发声，更有甚者，理性的声音被淹没。网络舆情变成各方情绪化表达的产物，不再是揭示事件真相。利益诉求是过度情绪化表达产生的前提。各方利益主体站在自己的立场，追求自己以为的利益，政府表现为对社会责任的担当，媒体表现为监督的使命，当事者表达自己境遇的不满，意见领袖们认为追求公平正义。但由于过多情绪化掺杂其中，在表达时最终使事件偏离了正常的发展方向，导致合理利益诉求向不合理利益诉求转化。

在药家鑫案件中，李玫瑾教授认为药家鑫作案动机是激情杀人，受到了很大舆论压力。凡是跟政府官员、学者专家、知名富豪等有关的负面事件，都会引起人们的反对和批判，动辄使用"人肉搜索"，以情绪化的语言随意指责，给当事人带来伤害。万一搞错了，却无人承担责任。

（三）网络舆情的超前化

通过互联网，人们了解到许多的新鲜事物，更美好的生存环境，对理想生活方式的设想便在不自觉中进入了人心深处。特别是生活中发生食品类、环境类、贪污腐败、权力寻租相关舆情，人们就会不自觉地与理想状态的生活进行比较，会出现"一边倒"的倾向，认为外面的世界都是美好而值得推崇的，而眼前的生存状态却是不值得眷恋甚至是可恶的。当我们的生活中出现人们关心的社会民生舆情时，便会出现悲观情绪，甚至对现实生活、制度全盘否定。网络一旦报道出与政府相关的问题，传播和评论界面上马上以自由、民主为口号，指责政府无能与霸道、社会落后和堕落的声音，抱怨和讽刺此起彼伏。其实这是以一种拔苗助长的心态，没有考虑到我国具体国情。如果任其延续，和谐社会就变得没有可能。我们是需要超前的目标和理想，但是如果不顾国家的实际情况，直接"拿来"主义，那会导致社会的动荡和不安，毁掉好不容易取得的成就。这种超前意识不仅是人们缺乏实践经验、非理性的表现，也是西方对我们进行意识形态渗透的结果。

（四）网络舆情的"群极化"

《中国互联网络发展状况统计报告》指出，我国网民 57.1% 为 10 至 29 岁，23.4% 为 30 至 39 岁，整体来说相对较年轻，生理心理素质较为冲动，容易受群体极化现象影响。网络社会的形成则大大改变了之前的情形，这就致使群体极化现象开始凸显。每个网民不可能浏览和了解网络上海量的信息，大部分情况下人们都是根据既有的心理倾向和印象来过滤和选择自己所需要的信息。网民通过 ID 之间的结点进行沟通和互动，在网络社群里，彼此之间的信息传递和意见交流却使得原本孤立的个体逐步形成了统一性的话语体系，仿佛大家都成了知音。但是这种一致性的态度和情绪往往又是在彼此既定的、狭隘的世界观和人生观的基础上达成的，理性的推理及证据的认证往往被他们束之高阁，任由这种群体性的情感肆意蔓延，最终会走向认知判断和行为认可上的极端。

从当前中国公民社会建设的现状来看，部分民众对于公民的权利和义务观念认知不足，对于民主和自由的追求还只是停留在量的要求上，其自主和独立的人格并未发展成熟。在群体取向面前，个体意识往往处于弱势，大多数选择从众和随大流，放弃个体自我的反省，盲目崇拜权威，特别是极端的论坛群体中，这种趋势尤其明显。

（五）网络媒体的商业化

随着网络媒体经营意识不断增强，商业化给媒体带来了收益，是媒体做大做强的保证。合理的媒体商业化运行不但可以自负盈亏，还能造福社会。但过度的商业化使媒体失去"社会公器"的责任感，出现红包新闻、有偿新闻等。

部分媒体对于容易引发舆情的突发事件的报道，为抓住观众的眼球，不顾突发事件的危害性，进行炒作。

表7-5　部分媒体为了吸引眼球的标题

新闻标题	事实真相
广州酷毙余人	广州夏天太热，三十余人因酷暑死亡
美丽的陷阱	一小伙路遇一陌生女子，只顾看美女而忘形，不慎掉进窨井的事
骑车人中头彩	江苏某行人被农用车撞倒，又被该车从头部轧过，当场惨死于血泊中
昨晚上演空中飞人	吉林农民工从楼上摔下来
哦嗬　第9根断指忘在自贡了	一位青年的手指被机器切掉了9根，然后送往医院进行手术，在手术的时候才发现还有一根忘在自贡了
10米高空脚打滑　哦呵	一位民工因为一时不慎而失足殒命

表7-5显示，媒体在报道时，首先不是考虑客观、公正报道，在灾难新闻标题缺乏人文关怀，没有必要的同情心，以吸引受众为主，过度追求商业利益，无所不用，不仅严重侵蚀了媒体的基本伦理道德，长远来看，也必将危及媒体自身的切实利益。

（六）政府应对网络舆情的平庸化

一些地方政府面对网络舆情，应对不力，往往采用躲、拖、瞒、堵、压、粗暴应对，不仅不能化解危机，反而激化矛盾。网络时代，政府无法控制信息源，躲只会让真相变得扑朔迷离，给谣言滋生创造土壤，反而激起网民好奇心，导致质疑在网络蔓延、发酵，舆情危机也就在这个过程爆发。还有的政府对舆情危机是"拖"。危机事件发生，一些地方政府官员能拖就拖，实在拖不下去了，回应也是模模糊糊，非但没有解除危机，反而招来更多质疑和谣言。还有一些地方政府则表现得过分主动，不调查真相，而是果断处理，各种删帖、辟谣，打压舆论质疑，甚至形成恶性循环，引起公众逆反，矛盾激化，加速了危机爆发。究其采取这种处理方式的原因，一方面是由于政府官员思维还停留在传统媒体舆情应对方式阶段，缺乏新媒体时代应对危机的专业素养，同时缺乏敢作敢为精神，怕说了不该说的话，被追责；另一方面是政府公信力下降，社会公众不相信政府所说的真相。

第三节　网络舆情社会治理

一、网络社区自治

（一）网络社区

网络社区不同于传统的社区，对聚会时间及地点没有要求，不需要约定一个时间，不需要存在实际的场所，它是一个虚拟空间，其规模大小不受地域的限制。在这个虚拟空间里，有相同爱好的网民注册用户数达到一定数量的时候，就构成一个网络社区。社区用户进行社区活动的时候，比如发帖、回帖时要遵守社区的自治公约或规范。最早的网上社区是随着 BBS 的出现形成的，网络社区的发展一般来说分为四个阶段，如图 7-4 所示。

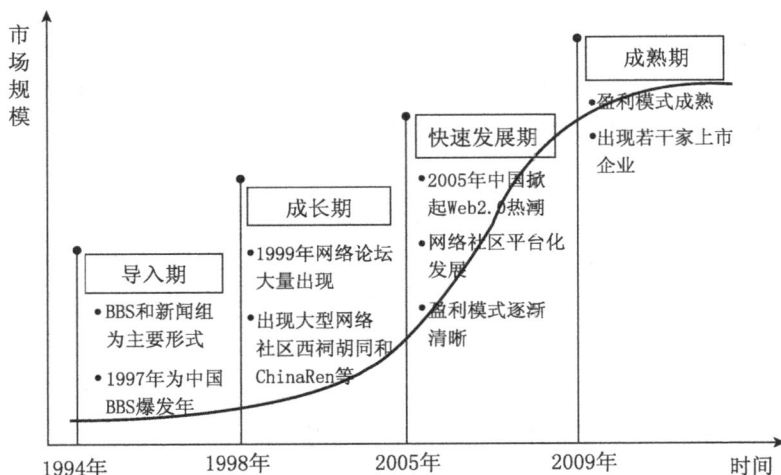

图7-4　网络社区发展进程

1. 导入期

由 BBS 和新闻组起步，以老榕的"大连金州没有眼泪"为代表。

2. 成长期

网络论坛不断涌现、细化。服务内容不再局限于新闻，能满足不同利益群体的需求。以西祠胡同、天涯和 ChinaRen 为代表。同时，大型的网络论坛出现，还出现了垂直类社区。

3. 快速发展期

在 Web2.0 技术支持下，网络社区出现平台化趋势，盈利模式逐渐清晰。

4. 成熟期

随着自媒体快速成长，互联网＋社区盈利模式开启，实现线上线下互动频繁。2010 年微博，2011 微信的使用，使人与人之间的直接交流进入快速发展期。网络社区的数量非常庞大，截至 2011 年 6 月，网络社区有 146 万多个，微博、贴吧、微信的网民使用率更高，已成为人们了解信息的重要渠道，用户上网行为移动化趋势凸显。

网络社区自主管理通常包括网络管理员和网络用户两个方面。网络管理员自主管理主要是根据互联网使用规范和行业自律，对出现在社区、论坛里的不良信息进行删除或封号，网络用户自主管理是指让用户监督用户的方式，对他人账号上不良信息进行举报。网络论坛一般规定，网络居民的等级除了自身发文、发帖外，还可以举报他人的不良信息来提高。作为网民个人必须要遵守网络空间"七条底线"，维护网络空间的社会公共秩序。在不同的网络社区，还要遵守不同社区的自治模式。在我国一般采用社区自治管理模式，比如天涯社区制度、天涯社区公约。经注册成为天涯社区会员后，会员的言论除了遵守国家法律还要符合社区规则，如果恶意顶帖、灌水，违规发表言论的，社区公职人员有权删除或处罚。

（二）新浪微博自治模式

新浪微博自 2009 年开通以来，微博用户数量呈几何级增长，网络纠纷随之也逐年增加。为了构建健康的网络环境，新浪成立了国内首个微博社区自治公约——《新浪微博社区公约（试行）》。该《公约》规定网络用户，不管你在现实生活中身份如何，都应该尊重他人的安宁权、名誉权、知识产权，不得以各种方式骚扰和侵犯他人。用户应尊重事实，反对造谣和发布虚假信息。对于用户违规行为，建立了公开透明的违规处理机制。

新浪微博社区治理作为是一种新型的网络社区管理模式，强调"政府－企业－网民"共同民主治理。其中，媒体组织主要保障微博运营，社区基本秩序和社区治理由社区委员会负责；政府从宏观层面参与监管；网民根据公约进行自我约束。三种力量叠加，构成自治型的网络社区。

新浪网人民调解委员会是微博自治的一项新举措。于 2014 年 3 月筹建，是国内首家互联网领域的调解委员会，是微博争议解决的"绿色车道"。它采用"左手是微博纠纷、右手是网络调解"权利救济模式。运用调解中最常用的说服调解方法，最终引导双方当事人达成调解协议。

微博法庭是新浪管理网络社区的又一项创新。它参照现行的司法制度，借鉴英美法系的陪审团制度。新浪微博法庭的委员，无论是自主招募来的普通委员还是直接挑选的专家委员，其参与行为均为自觉自愿的公民个人行为，他们与新浪之间并非雇佣关系，也未曾被提供过任何有偿审判的机会，其行为完全属于志愿性质。法庭里的"法官"从热心微博网友中招募，负责"审判"。为保证公平、公正，系统自动过滤双方支持互粉数量。微博法庭的审理秉承公开的原则，参加旁听的网民，人数没有限制，不仅仅限于微博用户内部，举证、庭审环节公开。这为建立一个公民信赖的公正健康的公共领域提供了必要条件。微博法庭案件涉及的内容，一般都是用户在使用微博过程中出现的造谣、中伤、诋毁、传播虚假信息等现象，这些案件往往涉及企业、个人利益，有些会涉及社会民生问题，如果处理不当，不仅仅是微博内部纠纷，也会影响我们的社会生活。微博法庭几乎不受新浪官方的管控和干扰，新浪微博只负责根据处理结果对涉事方进行各种相应的处罚，如扣除信用积分、冻结账号或注销账户等。"微博法庭"运行后，对造谣、传谣现象有了一定的遏制。

二、行业自律与社会参与

每个行业为了自身的发展，回应社会对本行业的道德要求，都会成立行业协会。行业协会作为一个民间组织，它的基本职能主要是协调行业内竞争者的利益。为了减少网络舆情负面作用，可以由政府及职能部门牵头，鼓励成立协会，参与对媒体内容和网民发布信息的管理，让行业协会成为政府与网民沟通的桥梁。比如，互联网协会就可以发挥对网络服务商的监管，运用协会的力量使网络服务商承担起自己的责任。还有通过《文明上网自律公约》，号召网民文明上网，自觉抵制网络不文明行为。2007年实施的《博客服务自律公约》，要求博客用户保证不传播违法、有害、侵犯知识产权和虚假信息等。深圳市网络媒体协会邀请多家网站、网民与学者座谈，探讨制止网络谣言传播的有效方式。这些由行业协会制定行业行动准则和公约，对网络舆情的负面传播起到一定道德约束作用。

对互联网媒体行业自律，还可以借鉴西方发达国家做法，采用激励措施。美国政府为了支持网络媒体自律，直接采用经济措施，制定《互联网免税法》，规定如果网络媒体自律表现较好，国家将给予2年免征新税优惠。为了获得免税待遇，各个网络媒体都对自身的经营、对网民从技术上和管理上进行了约束。

三、提高公民新媒体素养

媒介素养"是指人们面对媒体各种信息时的选择、理解、质疑、评估、创造和生产以及思辨和反应的能力"①。陈力丹教授指出，"构建和谐社会不仅是政府、传媒的事情，更是全体人民（包括各级党政干部）的事情，因而，若要传媒能够在构建和谐社会中发挥更大的作用，需要提升全体人民的媒介素养"②。从网络舆情的扩散来看，广大网民应该是最重要的传播环节，既是网络信息创造者，又是传播者，双重身份决定着网络舆情的治理与公民网络素养程度紧密相关。所谓新媒体素养，主要是网民对网络媒体上信息的使用、获取、辨析、解读能力。为提高社会公众的新媒体素养，增加对舆情信息的辨识能力，可以采取以下措施：

首先，提升社会公众的网络政治素养。将网络文化的内容建设作为推动力，以健康向上的正面效应激发网络文化的社会功能和政治功能，提高公众政治参与意识、参与能力，引导理性参与政治生活。政府要为公众的政治表达提供更多的机会和渠道，对网络意见认真研究及时反馈。

其次，需要加强社会公众对网络信息的认知能力、辨别能力和自主能力。有些网民认为，互联网是一个虚拟空间，在互联网上的发言，不必考证事实的真相，适度的恶搞无伤大雅，仅以能否引发关注为判断标准。所以，不文明上网，娱乐化的网络猎奇、非理性的恶意宣泄、哗众取宠等行为经常发生。为了提高网民的媒介素养，可以通过各种讲座，教育培养广大网民对媒介信息的分析与判断力，让人们对于舆情背后的真相有彻底的了解，从而拒绝去相信和接受谣言，从根本上切断谣言的传播。

---

① 《国内首次"媒介素养"教育实践活动在上海启动》，《中国青年报》，2006 年 1 月 12 日。
② 陈力丹：《解析中国新闻传播学》，上海交通大学出版社，2006 年版，第 28～29 页。

第二篇

案例篇

引　言

一、社会记忆：网络舆情传播的典型案例

（一）互联网促使社会记忆再生产

互联网介入当代社会以来，对整个世界都带来了方方面面的改变与重塑。社会、政治、经济、文化无一不受到互联网结构性的颠覆与改造。21 世纪前后 10 年，是中国互联网络传播的第一个 20 年。今天的新闻，是明天的历史。这 20 年的网络热点事件，构成了社会记忆，书写了历史的新篇章。社会记忆，是人类社会发展的思想资源和精神力量，是社会群体出于现实需要与利益诉求，延续与传承的思想观念。社会记忆的存在与表现是通过传播媒介实现的。媒介是社会记忆的构成要素。现代传媒一直是社会记忆的改造者、传播者、表达者。在互联网成为超越传统主流媒体的传播场域以后，互联网大大增强了社会记忆的生产规模，扩大了社会记忆生产的途径与空间，同时也促使社会记忆再生产的力度。

社会记忆再生产是对社会记忆内容的加工、传承，也是对社会记忆形式与外表的改造、重塑，同时还促成对社会记忆量变到质变的转化。互联网带来的传播形式的变化，促成了新的社会记忆形式。互联网表达与展示成为社会记忆仪式性的构成方式。人们越来越多地运用互联网传播知识，重新审视历史。在互联网超越时空的及时特性基础上，社会记忆往往超越事件最初发生的时空与情境，在互联网世界中处于无所不在、无法消除的存在。互联网带来的社会记忆再生产，是当代社会的特征，也是现代化发展的体现。

（二）社会发展史中的篇章：网络舆情传播典型案例

网络舆情传播的热点事件或典型性事件，往往都是当时整个社会的关注焦

点。在中国转型的社会发展攻坚期，一个个网络舆情传播事件恰似整个中国社会的缩影，有时更像民众群体像的特写照片，树立在中国社会发展史的进程中。回顾这互联网影响中国的 20 余年，网络舆情传播的热点事件，成为社会发展史中的浓重篇章。李普曼在《公众舆论》中指出，舆论产生于一个人群云集的戏院：有一个被人认识的舞台，有在舞台上进进出出的人物，还有台下观众对台上人物的反应，这三者缺一不可、互相影响，最终形成舆论。可以说，当今互联网是舆论产生的大舞台，舞台上进出的人物与台下观众不断变化，彼此交叉。虽然舞台和舞台形象与实际生活相去甚远，戏院与客观社会迥然不同。可在这个三角关系中，人们欢欣鼓舞，众口一词或异口同声，间或还夹杂着雷鸣般的掌声的舆论，使整个现实社会与这个舞台，相互交融、彼此影响。而在这个过程中，网络舆情传播热点事件，成为轰动戏院、震动现实社会的"演出"。这些"演出"中，社会各阶层人士浓妆重彩出现在聚光灯下；社会各种千奇百怪甚至光怪陆离的现象与景象，被披露、被曝光在放大镜下；社会各种思想观念、道德文化、价值认同异彩纷呈，激烈碰撞、火花四溅，令人眼花缭乱、无所适从。

二、抽样方法：典型案例何以"典型"？

（一）抽样框架：《中国社会舆情年度报告》

在本书中，笔者力图将最典型的案例呈现给读者。那么典型案例何以"典型"？本书案例抽样框架，是基于中国社会舆情蓝皮书系列的《中国社会舆情年度报告》。自 2010 年起，中国人民大学舆论研究所每年以舆情蓝皮书的形式推出系列年度报告，该报告在中国社会、政府高层、学术界都产生重大反响。这套丛书针对每年舆情生态演变和社会变化的现实态势，发布年度中国社会舆情总报告、月度社会舆情报告。在月度社会舆情报告中，会根据舆情指数的分值，列出每个月近 30 件网络舆情传播热点事件。本书以 2010 年至 2015 年出版的《中国社会舆情年度报告》中月度网络舆情传播热点事件列表为抽样框架，结合本书的内容侧重点，选取了典型案例进行分析。

（二）数据来源

本书在进行案例分析时，用到的数据资料来源主要包括：

1. **政安舆情监测系统**（http://www.boryou.com/ZASystem/boryou）

政安舆情监测系统是安徽博约信息科技有限责任公司（简称博约科技）推出的网络舆情监测平台。博约科技是由中国科学技术大学的留学归国人员创办的高新技术企业，公司位于合肥国家大学科技园，一直致力于软件开发、信息系统集成方面的研发、设计与服务，在突发事件应急指挥、企业竞争情报系统、舆情监测评估等方面设计开发了一批先进的解决方案。

本书涉及的网络舆情热点事件，在时间维度、数量维度、显著维度、集中维度、意见维度五个方面的一手数据，都来自于政安舆情监测系统上挖掘生成的数据图。

2. 百度指数（http://www.baidu.com/search/index_help.html）

百度指数是以百度海量网民行为数据为基础的数据分享平台。在该平台上，可以对用户关注度、媒体关注度进行数据的分析与整理。用户关注度是以数千万网民在百度的搜索量为数据基础，以关键词为统计对象，科学分析并计算出各个关键词在百度网页搜索中搜索频次的加权和，并以曲线图的形式展现。媒体关注度是以各大互联网媒体报道的新闻中，与关键词相关的，被百度新闻频道收录的数量，采用新闻标题包含关键词的统计标准，并以曲面图的形式展现。由于百度新闻、百度贴吧是网络舆情信息的重要策源地之一，所以利用百度指数可以对相关网络舆情传播热点案例进行分析。

3. 新榜（http://www.newrank.cn）

新榜是中国最早提供微信公众号内容数据价值评估的第三方机构。作为内容价值评估的重要产品，新榜每月和每年发布的中国微信 500 强榜单已成为行业公认的权威标准。新榜目前对国内 1000 万个微信公众号进行监测，对其中超过 24 万个有影响力的优秀账号实行每日固定监测，据此发布微信公众号影响力排行榜（日、周、月、年），以及超过 20 个细分内容类别的行业榜和超过 30 个省市区的地域榜。除了微信之外，新榜还受权独家发布包括微博、今日头条、腾讯媒体平台、腾讯微社区、腾讯兴趣部落、搜狐新闻客户端、网易新闻客户端、凤凰新闻客户端、喜马拉雅 FM、蜻蜓 FM、荔枝 FM、考拉 FM、优酷、爱奇艺、秒拍、知乎等平台数据，构筑了中国独一无二的移动端全平台内容数据体系。新榜目前由复旦大学新闻学院提供全方位学术支持，用公开透明和不断优化的算法公式来生成新榜指数。

4. 人民网舆情监测室（http://yuqing.people.com.cn/）

人民网舆情监测室是国内最早从事互联网舆情监测、研究的专业机构之一，在舆情监测和分析研究领域处于国内领先地位。舆情监测室可以对传统媒体网络版（含中央媒体、地方媒体、市场化媒体、部分海外媒体）、网站新闻跟帖、网络社区/论坛/BBS、微博客、网络"意见领袖"个人博客、网站等网络舆情主要载体进行 24 小时监测，并进行专业的统计和分析，形成监测分析研究报告等成果。人民网舆情监测室研发、完善了具备个性化、垂直性监测功能的互联网舆情监测系统。该系统基于网络舆情传播规律，及时、全面地监测境内外新闻网站、论坛、报刊、电视、广播和知名博客、微博，并在此基础上进行数据的抓取、挖掘、聚类、分析和研判，方便舆情工作人员迅速获取舆情，提高舆情管理和舆论引导的水平。

（三）分类方法

本书在进行典型案例分类选取时，是根据"理论篇"的主要内容，选取了谣言、政治、经济、文化、社会五大领域内出现的网络舆情热点事件。单个网络舆情热点事件，在舆情演变与舆情信息传播的过程中，涉事主体、参与网民、关涉事件往往是多元的、变动的、广泛的、复杂的。每一个网络舆情传播热点事件带来的社会影响，往往不局限于政治、经济、文化或者社会这些单一领域内，而是对整个社会的政治、经济、文化产生综合的、多方位的、深远的影响。所以本文在进行案例选取与归类时并非泾渭分明，非此即彼，而是根据具体事件的指向、缘由、当事人的身份、事件结果等，再结合本书"理论篇"的论述进行案例筛选。

谣言肆虐是目前互联网信息传播令人诟病的关键。为此围绕"谣言与网络舆情"，本书挑选了食品安全、涉官、涉军、涉恐、涉震和名人六个方面的谣言，探讨不同类型谣言传播的特点。

政治类网络舆情传播的典型案例，本书选取了涉官、涉法、涉军三大类典型案例，主要揭示政府官员、军人、政法系统的形象给政府管理带来的影响。

经济类网络舆情传播的典型案例，本书选取了网络危机公关、企业品牌声誉管理、企业品牌形象建设、媒体与舆情监测行业四个方面的典型案例，由此来揭示网络舆情与企业品牌形象管理、危机公关管理、商业模式创新之间的关系。

文化传播中的网络舆情事件，主要是围绕网络舆情与文化的关系，挑选了关于文化建设、文化治理、文化安全三个方面的典型案例。

社会类网络舆情传播的典型案例，本书以社会群体为关照对象，分别选取了环境、突发性事件、灾难性事故、弱势群体四大类典型案例。

三、分析原则：前事不忘，后事之师

网络舆情传播热点事件，成为当代中国社会记忆的亮点。忘记历史，就是背叛过去。本书以科学治理网络舆情为研究目的，以"前事不忘、后事之师"的态度，在运用科学原理、搜集一手数据、客观研判的基础上，对网络舆情传播的典型案例进行分析与点评。在这个移动互联时代，应对网络舆情，已经不仅仅是各级政府、各类企业、各种媒体的职责与义务，还涉及网民个人。治理网络舆情、净化网络空间、提升媒介素养，关涉每个上网个体的利益，也影响到整个社会的长治久安。以史为鉴，是为了更好地前进。

第八章 网络谣言传播典型案例

案例一 新媒体是一把双刃剑：以打针西瓜谣言为例

一、案例简介

"打针西瓜"事件是近些年来流传较广的一则与老百姓日常生活有关的食品安全网络谣言，2006年首次进入人们视野，多次广泛传播。2006年网络上出现海南西瓜被注射红药水的谣言，造成海南西瓜滞销。2010年夏季，兰州新闻报道，消费者街头买了一个西瓜吃剩一半放入冰箱，过夜取出发现瓜瓤变质，引发怀疑，认为该西瓜属于被打针后的西瓜。2012年春季，南京、厦门等若干南方城市的消费者由于所购西瓜的瓜瓤颜色不均匀，甜度不正常等，加之肉眼观察到瓜皮有针孔，均怀疑原因也是"打针西瓜"。一些媒体引用了部分专家对"打针西瓜"中的胭脂红、甜蜜素等有害人体健康的论述，加剧了打针西瓜的信息传播。2012年5月，据微博认证用户"王强_99"爆料："不法黑心商贩用针头对准了尚未到成熟期的西瓜。打过针的西瓜瓤呈红色，汁液也很'丰富'，但是没有一点西瓜味。'打针西瓜'所注射的禁用食品添加剂——甜蜜素和胭脂红！所用添加剂有着破坏肝脏、肾脏功能，影响儿童智力发育等毒性！"这条微博内容有15000余人转发，评论近3000条，引起震动，"打针西瓜"攀升至新浪微博热搜榜首位。2015年6月，微信朋友圈，以"打针西瓜"为主题的文章很多被冠以"有毒""致癌"，甚至"致死"，阅读率高居不下。2016年初夏，微信上有关西瓜针的谣言帖再次出现，西瓜针谣言多次辟谣、证伪，但这则谣言仍然一再被提起，被扩散。

二、案例点评

（一）打针西瓜谣言传播具有季节反复性、危害大

从 2006 年开始，一直到 2016 年 10 年间，从谣言传播时间看，"打针西瓜"的谣言总是伴随着每一年的入夏，借助新兴传播渠道，利用微博、微信的传播链条和叠加效应，在西瓜畅销的旺季反复出现，具有明显的季节反复性，根据政安舆情监测系统，其数据如图 8-1 所示。

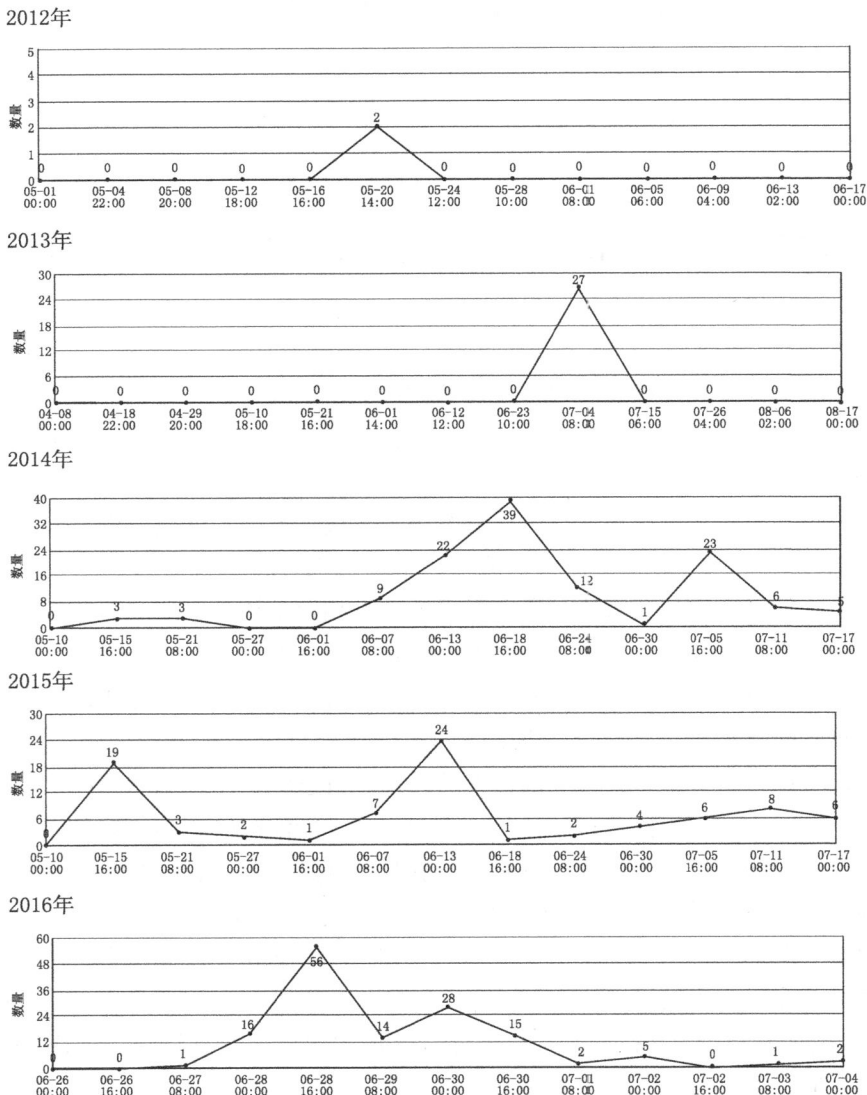

2012年

2013年

2014年

2015年

2016年

图8-1　打针西瓜谣言2012-2016传播时间趋势图

食品安全因为与人们的日常生活息息相关，很快就反映到现实社会，给相应的瓜农造成很大的经济损失。如 2006 年海南省一地就因为打针西瓜谣言，当地瓜农经济损失总计达数千万。2007 年，因媒体报道"广州香蕉染'蕉癌'濒临灭绝"谣言，致广东、海南的蕉农们至少损失 7 亿元。2008 年"橘子生虫"也导致橘贩损失惨重。近几年反复出现的"避孕药黄瓜"，使瓜农销售量大减。

（二）传播的内容具有逼真性，极易引发恐慌

借助各种传播载体，图文并茂解读如何在西瓜里注射甜蜜素和胭脂红，引用专业人士的话语解释西瓜的颜色和甜度如何增强，内容形象、逼真，见图 8-2（根据政安网络舆情监测系统提供的数据显示）。2006 年谣言传播初始，明确指出西瓜里注射的是红药水，到 2012 年，有图有真相地传播西瓜被注射的是国家禁用甜蜜素和胭脂红。在标题上往往采用"恐怖""致命"等容易引发公众注意的词语，用《出大事了，吃下这个必死无疑》《天啊！最常吃的水果竟然比砒霜还要毒！》等夸张的标题，视觉冲击强烈，容易引发人们恐慌情绪。

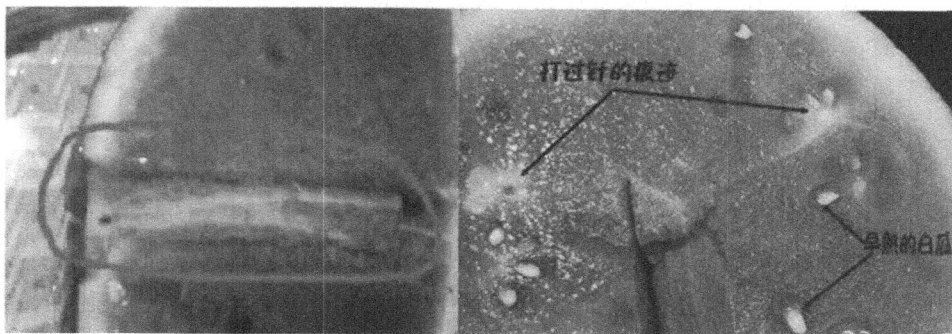

图8-2 打针西瓜比较展示

（三）营造健康透明的食品舆论场域，遏制谣言传播

《2015 微信用户数据报告》显示：25.4％的用户关注了认证媒体，媒体是打击食品安全谣言的主要阵地。尤其是主流媒体要担负起社会责任，注重培养科学型的记者，在报纸重要版面、官方网站、官方微博和官方微信平台上开辟专门的食品安全辟谣专栏，宣传食品安全知识。现实生活中，食品类网络谣言往往借助网络平台，以微博、微信、论坛等新媒体进行传播，一旦新闻媒体加以报道，谣言就迅速蔓延。如 2006 年"打针西瓜"谣言经广东某报记者报道后，尽管消息最后未被证实，但还是广泛传播。2010 年《兰州晚报》再次提起"打针西瓜"，加深了人们的记忆。所以在谣言的防控过程中，新闻媒体如果发挥

引导作用，还是可以决定网络谣言的传播方向。在日常食品安全信息报道过程中，一旦出现不太符合科学的信息，大众传媒要监督政府及时查找真相，进行正面舆论引导，遏制网络谣言传播。

（四）公众增加食品的科学常识，提高谣言辨别能力

美国科幻作家卡尔·萨根在《魔鬼出没的世界——科学照亮黑暗的蜡烛》中指出，落后的科学普及所放弃的发展空间，很快就会被伪科学所占领。政府部门要经常开展食品科学和食品安全的正面宣传，向公众科普食品安全常识，提高公众对谣言的识别力。

在现实生活中，"打针西瓜"网络谣言一生成，官方的辟谣信息就马上出现。但是，为什么网络谣言没有得到遏制，继续广泛传播？其中一个重要原因是网民自身对食品安全信息的不作为。网民抱着"宁可信其有""对朋友负责"的心态，继续传播扩散。网民应不断增强食品安全的科学知识，对持怀疑的"打针西瓜""避孕药黄瓜"等类似谣言要积极向各有关部门求证，不随意信谣、传谣。

（五）政府加强食品安全监管，恢复公众对食品安全的信心

食品安全问题的频发和食品安全事故的频频曝光，使公众对食品安全问题普遍感到担忧，对食品行业产生了信任危机。

政府要承担起食品安全监管职责。首先建立起一个全面覆盖的食品安全检测网络。严格生产地初检，从源头上杜绝不合格食品流向市场。然后由市场复检、政府管理部门抽检的方式来保障食品安全。其次，健全食品安全责任体系。各级政府相关部门切实承担起本地食品安全的责任。发生食品安全事故后要及时召回不合格食品，并严格按照追责制度进行责任追究。只有落实责任制，食品安全监管工作才能落到实处。最后建设食品安全应急体系。一旦出现问题食品，政府部门立即启动应急方案，迅速对问题食品进行评估，拿出解决方案，把危害控制在最小的范围和程度。

案例二　名人"被死亡"之谜：以姜文被死亡谣言为例

一、案例简介

随着信息渠道的丰富，近年来名人"被死亡"事件时有发生，甚至呈愈演愈烈之势。无论国内国外，名人"被死亡"案例屡见不鲜。在国内，"被死亡专业户"代表当属金庸老先生。据不完全统计，金庸已经"逝世"二十多回，如果每次都是真的，收到的花圈估计足以绕地球一圈。2011 年 10 月 15 日，

有网友发了条微博，称金庸因中脑炎合并胼胝体积水在香港尖沙咀圣玛利亚医院去世。据说这条谣言在传播的时候，金庸正在吃晚餐，随后立即有金庸的朋友出面辟谣，像赵本山、成龙、刘德华这样的大腕儿同样属于重灾区，隔三岔五就要躺几枪。自 2005 年以来，刘德华平均每年"死"一次，成龙隔一年"死"一次，最夸张的是赵本山，仅 2013 年就"被死亡"两次。

2014 年 9 月 15 日下午开始，一则"姜文导演心梗去世"的假新闻在网上迅速流传，在微信、微博、论坛平台受到较大范围的关注。与以往不同，不少网友并非一窝蜂转发，而是想尽各种办法求证，揭露出该消息种种可疑之处。事实证明，这确是一则"狼来了"的谣言。姜文所属不亦乐乎公司在当晚对此澄清，表示对造谣者保留追究法律责任的权利。信报发文表示：网传姜文去世的文章乃有人恶意篡改 2005 年发表的新闻报道《高秀敏突发心脏病昨辞世》一文，将原文中高秀敏的名字替换为姜文。而且，早在 2011 年和 2013 年都曾经在网络出现过该文，只是前两次的造谣没造成广泛影响。如图 8-3 所示，舆情在 9 月 17 日到达高峰。搜索关键词"姜文去世"，自 9 月 15 日至 9 月 16 日 14 时，相关舆情总量共 1986 条，其中新闻 290 条，论坛 231 条，微博 1290 条，微信 175 条。15 日至 16 日，包括人民网、凤凰网、新华网在内的主流新闻网站对辟谣信息进行转载报道。微信、微博、论坛上的谣言传播有所减缓。微博首条较大影响的谣言出现在 15 日 16 时 35 分。

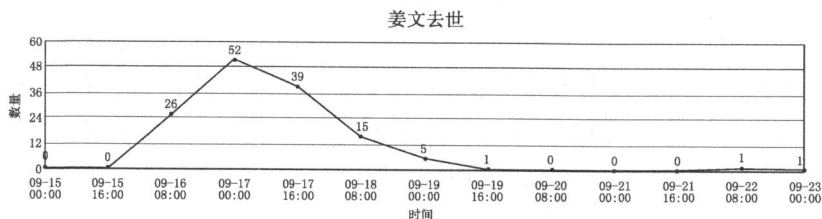

图8-3　姜文去世媒体关注时间趋势

图8-4　姜文去世谣言首条微博

二、案例点评

（一）媒体过度追求效益，造成名人"被死亡"

媒体争相报道名人"被死亡"新闻，其一大原因是利益驱使。比如临夏州一家六口，其中4个孩子，全部服毒身亡，此类社会悲剧理当引起人们的反思，但是得到的媒体关注度非常少，连名人的1%都不到。而名人去世的消息，抢发或独家发布的新闻能给媒体带来很多的点击量和阅读量。名人名气越大越容易"被死亡"，从金庸到洪金宝、成龙，从小沈阳到阎肃、姜文等，媒体为了吸引公众眼球，获得更多的关注，对名人"被死亡"消息不管真假，争相报道。

（二）微信号成传谣重灾区，名人"被死亡"成新型营销手段

根据中青舆情监测室对姜文死亡谣言数据监测，新媒体平台占据绝对优势，成为此次舆论发酵的主渠道。在新浪微博平台，多数网友比较谨慎，在公司辟谣之前，没有盲目相信、转发，而是试图求证。但由于微信平台信息传播较为封闭，辟谣效果较差，此谣言继续传播。据南方日报统计，公司辟谣后到19日，微信公众号继续传播相关信息，共发布374条。在"被死亡"已经证实为谣言后，仍有人刻意传谣。如"著名演员姜文去世！再次提醒：健康才是自己的！"微信中大部分内容是保健品等营销内容。微信号变成营销号，利用明星去世的谣言提高点击量，目的是推销产品。

（三）新媒体把关制度缺失，成为名人"被死亡"谣言生成土壤

自媒体时代，人人都是麦克风，唯恐声音不够大，生怕爆料不够猛，为了争得话语权，部分网民发布哗众取宠的虚假消息，部分媒体为了追求新闻的时效性，利用新媒体大数据的特性，简便操作、不加考证。很多门户网站推送的消息未经后台编辑核实，而是根据大数据由机器自动抓取。后台编辑主要对新闻的标题、内容和格式进行简单处理便录入后台发布，这个过程缺乏把关制度，如何辨别新闻的真实性就对新媒体的把关人提出了更高的要求。同时国家应该加快各类新媒体把关制度的建立，包括门户网站、新闻客户端、微博和微信公众号等，减少虚假信息的传播。

（四）网民要查源探踪，识别名人"被死亡"

作为普通网民要有自己的辨别能力，不被别人所左右。如何识别名人"被死亡"谣言，首先可以先分析当事人活动安排。只要上网查询他们的行程，谣言就不攻自破。其次，搜索新闻中关键词。造谣者往往不愿意花时间，不少谣言都是抄袭他人，并非原创。"姜文去世"谣言就改编自2005年高秀敏辞世新闻。最后，善用搜索工具、查找信息源。2011年"成龙因心脏病突发在美国去世"

的消息，事实上是一家网站利用自动生成网页的程序，拷贝上代码发布。只要网民擦亮自己眼睛，不信谣、不传谣，许多谣言就不攻自破。

案例三　逆向思维下的官员形象：以县委书记艳照门谣言为例

一、案例简介

2012 年 8 月 8 日上午网上流传"裸照事件"，有网民将 ×× 江县委书记和副县长的照片与裸照放在一起对比，虽然称"只是形似而已，感觉最多只有六七分相像"，在微博上引发热议。8 月 9 日，该县委宣传部回应称，照片中男子并非该县主要负责同志，是有人恶意造谣中伤。市外宣办发布通报称，市公安局刑事科学技术研究所对网上疑似不雅"贴图"进行的刑事科学技术检验显示：不雅照片与该县委主要负责人照片不是同一人。这组照片共有 181 张，流传于多个色情网站，其中有多张照片拍摄于 2008 年前后。该县县网宣办回应，网上传播的关于县官员裸照的照片完全是 PS 的。该县县委书记表示，近期该县正在处理一起腐败案件，裸照事件应该与这件事有关。

9 日 16 点 15 分，该县官方微博称，网上传播的我县"负责同志"的照片，系对我县负责同志的恶意中伤，图片应为某网《昆明三对夫妻群 P 聚会》照，与我县负责同志没有任何关系，在此我们郑重申明：对恶意中伤我县负责同志的造谣、诽谤者，将依法追究法律责任。15 日 16：32，对县委书记被传"群 P 艳照"一事，该县委宣传部对记者回应，这是"针对我们县故意恶搞"，并证实已报警。此前人民网称，该县有关部门回应"照片完全是 PS 的"，宣传部门随后对记者解释，开始只是怀疑是 PS 的，找到原图后确认不是 PS。网民"anhui1234567q"于 8 月 9 日 18 时 20 分在百度发表声明："本人在微博上看到的一组未经证实的照片，其中一张像 ×× 县委书记，所以误以为真，无心说了像 ×× 县委书记，没想到导致如此严重的后果，向王书记深表歉意，跪求王书记原谅，纯属无心之举，特此说明。"

二、案例点评

（一）涉官网络谣言指向具体明确，关注度高

在涉官网络谣言中，其内容突出地介绍官员所任职务，案例中县委书记的身份，可以吸引众多眼球，博取高关注度。2014 年 7 月底，×× 市副市长因要带病重老母去北京治病请假两天。假期结束后，其儿子恰好参加支行副行长

的竞选，顺利入围，但最终银行方面考虑影响，没有任命。而后，网络上出现了许多围绕"副市长失联"相关的不实消息。当地政府除了表态确实失联，对其他"孩子出国妻子失踪"等传言一概不理，加剧了谣言传播。

（二）网民对涉官网络谣言的逆向思考，加快谣言扩散

在社会转型期，矛盾凸显，问题增多，官员事件成为舆情的重点。官员的所作所为代表政府的形象，一旦官员的行为失检，就会有网民拿官员来"开刷"，编造出一些似是而非的谣言来混淆公众视听。网民有时故意而为之，就是为了把事情闹大，想让更多的人了解涉案官员"丑陋"形象。在涉官网络谣言传播过程中，网民抱着"无风不起浪"的观念，最先想到的就是确有其事。因此，在遇到涉官的类似事件时，网民往往逆向思考，做出负面判断，从而不自觉地转载、跟帖，加速了涉官网络谣言的扩散。

（三）政府应对程序化、官僚化，加剧谣言传播

涉官网络谣言如果第一时间得到政府部门的关注、积极应对、认真处理，就不会给网民和媒体以可乘之机，也就不会在更大范围传播。但有的政府部门和官员在面对与自身相关的信息时，害怕网络的威力给自身造成危害，因此在事件出现时，想到的就是尽快地将它拦截、掩盖，县委书记艳照门谣言辟谣两次，内容不一，降低了政府公信力。官员两次辟谣的行为反而有掩耳盗铃的嫌疑，激起了网民的兴趣，有些网民更是追根究底地要查找事情出现的缘由，推动了谣言的扩散。还有生活中经常出现官员今天辟谣，明天谣言就成为事实的事件，也加剧了人们对涉官谣言信息的信任。如知名调查记者罗昌平实名举报国家能源局局长刘铁男，国家能源局网站不仅即时更新局长动态，还有国家能源局"纯属污蔑造谣""正在报案、报警"等措辞强硬的回应。当"谣言""污蔑"变成事实的时候，损害的就是政府的信誉。

案例四　剪断谣言的翅膀：以山西大地震谣言为例

一、案例简介

2016 年 3 月 12 日运城发生 4.4 级地震，当日中午，公安机关发现微信群内大量传播着一条微信，内容是"预测今夜 2 点左右将有更大地震发生，请广大市民提高警惕，做好防震措施。"盐湖警方立即组织民警核查，确定此信息系扰乱公共秩序的谣言，随即对在微信群内发布谣言的吕某某立案查处。经调查，吕某某，男，27 岁，闻喜县人，现在运城打工，3 月 12 日中午 11 时许，

盐湖区发生 4.4 级地震后，吕某某在运城学院 2016 新生微信群里发布当天夜里有更大地震的谣言，经学生互相转发，此谣言迅速扩散，引起了部分市民不安。根据《中华人民共和国治安管理处罚法》规定，对违法行为人吕某某行政拘留7 天并处罚款 500 元。关于山西地震谣言，曾多次发生。2010 年 2 月 21 日凌晨，在人们相互转发的手机短信中，信息大意是："家人们，明天早上 6 点以前太原地区有地震，请大家一定要注意，并转告身边的朋友们，切记！"山西省太原、晋中、长治、晋城、吕梁、阳泉六地几十个县市的人们纷纷走出家门，在寒风中等待地震的来临。5 个小时后，大地平静如常，人们等来了公告。山西省政府公告 3400 余万山西人：地震系谣言。就这样，一则简洁的只有 40 余字的谣言，将山西人忽悠了一把。山西警方当日宣布着手抓捕造谣者。2015 年 4 月 16 日0 时，互联网上突然出现大量关于"太原将发生七点六级地震"的信息，并且号称此消息"是地震监测预报中心发出的，地震还可能波及陕西、内蒙古、河北等地区"。此信息自 4 月 16 日零时到 17 日 1 时，先后在腾讯微博、百度贴吧和某些微信群中大量传播，在一定范围造成了恐慌。经查，4 月 16 日 0 时左右，高某峰在百度贴吧编造并且散布了此谣言信息，高某峰对自己的违法行为供认不讳，并主动删除了此谣言信息。同时，山西忻州、吕梁、运城等地公安机关，也对涉嫌散布"地震谣言"的康某某、于某某等多名谣言传播者依法进行了训诫，并责令他们在自己的网络空间中删除谣言、消除影响。

二、案例点评

（一）公众对地震的记忆成为谣言滋生的土壤

山西地理位置特殊，地处黄河中游，中间由系列断陷盆地组成，属于强烈地震活动的区域。据记载历史上曾发生过大大小小多次地震，给当地的民众留下深刻的记忆。尤其是前几年发生的汶川地震和玉树地震，破坏力强，给公众留下害怕、恐惧等集体记忆。一旦听到有关地震消息，由于信息传播技术的进步，地震信息可以迅速通过微博、微信、论坛等广泛传播，非常容易引发社会恐慌。民众在安全需要的驱使下表现出紧张、焦虑不安和无助的心理状态，为了消除紧张与恐惧感，本能地产生应激行为反应，唤起对地震的可怕记忆，为地震谣言的传播提供土壤。

（二）地震预报能力不够，公众对地震信息的识别能力不足

迄今为止，人类对地震进行准确预报的次数非常少，各地发生的灾难性地震都是在没有预报的情况下突然发生。目前，人类也还未能准确预报地震，也未能找到有效的防范措施。我国的地震预报能力相对来说还比较低，短临预报

还不能达到公众要求。另外，政府部门对防震减灾知识宣传力度有限，公众能了解的渠道比较少，人们只是在地震发生时从媒体报道获知地震的强大破坏力，但对谣传的地震信息里的时间、地点、震级缺乏基本的辨认能力，给地震谣言的传播、扩散提供了机会。

（三）从众心理加速地震谣言的扩散

随着社会生活节奏的加快，各种突发性事件频发。因事态紧急、情况多变，信息经常模糊不清，很多公众出于自身利益的考虑往往无所适从，唯有盲目跟风。在山西地震谣言事件中，少数民众在收到"要地震"的信息后，并没有出来躲地震，然而，在周围的朋友和邻居"都出来躲地震，你为什么不跟着出来"这样的群体压力下，民众个体往往会选择从众的行为，不管信息真假，先出来躲地震。群体压力下的从众，是一种保全自己的方式，也是民众屈服于群体压力的表现，但也加速了谣言的传播扩散。

（四）及时公开信息，遏制谣言蔓延

谣言止于真相。让群众第一时间获知事件真相，是遏制谣言产生的最佳途径，可以将谣言消灭在萌芽状态。日本大地震之后，新闻发布会不断，及时通告灾情和救援情况，权威灾情信息透明而迅速，媒体跟进及时。这对公众情绪的稳定、谣言的平息极其有效。一旦社会上流传地震信息，政府部门应及时告知公众当地的基本情况。例如，由于空军演练造成震感引发的衡阳地震谣言，在谣言刚开始传播时，相关部门没能及时告知产生震感的原因，一些地方只是简单地发出近期无破坏性地震的通告，辟谣效果差，应变能力不足，导致地震谣言不断蔓延，影响范围越来越大，最后导致数十万人露宿街头。

案例五　恐惧的链式反应：以包头发生恐怖袭击谣言为例

一、案例简介

2015 年 11 月 12 日 18 点左右，在包头市昆北路与青山路交叉口，突然出现两名男子对过往的公交车及私家车进行打砸，导致道路通行一度出现混乱。在路口执勤的昆区交管二中队的两名民警立刻拨打了"110"并上前制止，很快用单警装备中的辣椒水将两名打砸车辆的男子制服。随后，两名男子被昆区公安分局的民警带走。这一事件发生后不久，微信、网络上就出现了大量的谣言。

内蒙古自治区网信办接到网民举报：微信、微博等互联网平台出现大量"包头市发生恐怖袭击，打砸砍伤百余人"的信息，其中最恶劣的一条谣言是"包

头刚发生了恐怖袭击，大家以后出门要小心了，死伤 100 多人"，引发民众恐慌。内蒙古自治区网信办根据举报线索立即开展核查工作。经查，网传消息属谣言，实际情况为外来务工人员宋氏兄弟醉酒后，在昆北路甲尔坝农贸市场路段砸车，共有三辆公交车和两辆私家车被砸坏，公交车严重损毁，无法行驶。另外两辆私家车受损较轻。警方初步认定这是一起涉嫌寻衅滋事案件，两名宋姓嫌疑人酒后无故打砸公交车和过往车辆，导致当时的昆北路和青山路交叉口交通严重堵塞，造成极其恶劣的社会影响。包头市公安部门刑事拘留了散布谣言的宿某某，对转发该谣言的刘某某等 4 人予以行政处罚，并发布辟谣信息，提醒市民勿编谣、勿信谣、勿传谣。

二、案例点评

（一）涉恐谣言多用煽动性言论，敏感性强

涉恐网络谣言往往利用群众的恐惧心理，选择社会热点或敏感话题，采用夸张的方法，虚构事实，吸引网民关注，不断汇聚人气、扩大影响。包头恐怖袭击谣言就是利用当地发生的打砸治安事件，虚构当地遭到恐怖袭击谣言，引起人们恐慌。2014 年的新疆艾滋谣言，就是网友利用人们对昆明火车站暴力恐怖案的阴影，在微信、微博、QQ 空间内发布"新疆上万患有艾滋病的人员，将血液滴入食物中……大家请不要吃新疆的牛羊肉……"等相关言论，制造恐慌，试图破坏民族关系。2016 年 7 月 11 日，在昆明国际文化旅游节开幕当天，网民矣某在其微信朋友圈里发布信息称，"近日将有大批人以郑和文化节为由偷渡进入昆明，带有大批重杀伤性武器。请广大市民出门需谨慎，生命诚可贵！"类似的涉恐敏感性强，极易造成网民的恐慌。

（二）涉恐信息事关民众自身安全，谣言传播快

美国著名传播学者奥尔波特和波斯特曼曾提出谣言传播的公式：谣言 =（事件）重要性 ×（事件）模糊性，即谣言的产生与事件的重要性、模糊性成正比关系，当事件重要性与模糊性一方趋零时，谣言就不会产生（Allport & Postman，1947）。公式表达的意思就是指谣言的产生与事件的真实性和模糊性成正比，即事件越重要，事实越不清楚的时候，谣言的产生概率越大，其传播速度也越快。分析涉恐信息的内容文本，发现信息涉及内容万一成真，与受众自身的利益相关度高，且会威胁生命安全，体现重要性原则，谣言极易大规模传播。

（三）涉恐案件因侦查需要，辟谣难

涉恐案件发生后，公安机关侦破案件需要一定的时间，在这段时间里，由

于侦查案件的需要，涉事的涉恐信息需要保密，无法做到及时公开事件的具体情况，给官方辟谣造成一定的困难。同时，由于人们获取信息渠道的不同，对同一信息的理解不同，由于案件相关信息的缺乏，事件的模糊性加大，很容易以讹传讹，导致信息传播进一步扩大，部分网民容易添加自己的猜测，对事物做出自己认为合理的解释，进一步加剧谣言传播。

（四）一般有敌对势力、敌视社会的人员参与捏造

目前国内敌对势力为了破坏社会秩序，有组织、有目的地恶意制造恐怖谣言，引发社会恐慌。另外，我国正处于社会转型期，矛盾多发，部分民众对社会存在严重不满，为了发泄不满情绪，往往在某个暴恐事件发生后，利用人们紧张心理，在网络平台，发布虚假恐怖信息，非常容易引起网民的关注。在现实生活中，涉恐谣言极易产生"羊群效应"，误导公众，严重破坏社会公共秩序，影响恶劣。

案例六　警惕网络背后的黑手：以军车进京谣言为例

一、案例介绍

2012年3月以来，一些不法分子在互联网上无端编造、恶意传播所谓"军车进京、北京出事、中南海出事"等谣言，造成恶劣社会影响。北京市公安机关迅速展开调查，对散布谣言的李某、唐某等6人依法予以拘留。这次谣言散播的主要场所集中在新浪微博和腾讯微博两大影响力最大的国内微博上。北京市和广东省互联网信息管理部门分别对两个网站提出严肃批评，做了相应惩处。新浪微博和腾讯微博3月31日上午8时至4月3日上午8时，暂停微博客评论功能，原因是近期"微博客评论跟帖中出现较多谣言等违法有害信息"。双方公告均称，清理后系统将再开放评论功能。电信管理部门也关闭了梅州视窗网、兴宁528论坛、东阳热线、E京网等16家造谣、传谣、疏于管理造成恶劣社会影响的网站。环球网3月28日一篇文章说："2012年对中国很重要，可以说是关键年，中共十八大，经济方式大转型，世界又多事。"在这个节骨眼上传出类似"军车进京、北京出事、中南海出事"这样的谣言显然非同寻常，不容小觑。《长江网》3月31日发表的一篇文章把造谣者称为"'唯恐天下不乱'的伪网民"，文章说："这（谣言）背后也有伪网民的精心策划与远程操控，其目的就是想通过这种方式搞乱中国的民心，扰乱了中国的阵脚，破坏来之不易的稳定局面。"

二、案例点评

（一）涉军谣言敏感度高，极易造成群众的恐慌心理

古往今来，军事、军队问题与每个国家安危联系起来，军事话题非常容易引起公众的集体围观。由于军队的特殊性、敏感性和相对封闭，以及涉军信息的保密性，所以涉军信息一旦通过网络传播，不容易求证，很容易被热炒。涉军谣言是一个复杂动态的信息系统，它的形成、发展、传播及影响会受到多方面因素影响。谣言的制造者往往编造信息源，用"独家消息""惊天内幕"等标题引起网民的关注。由于网民的猎奇、跟风心理的影响，谣言迅速被传播。尤其像军车进京类谣言，军车、北京出事、中南海等都是敏感词，极易误导广大公众，引起群众恐慌，直接或间接威胁我国军队建设。

（二）部分势力别有用心，借助涉军谣言渗透破坏

我国随着综合实力的不断发展，日益在国际舞台扮演越来越重要的角色，人民军队也呈现强跨越发展。军队有关的各种事项成为社会和敌对势力关注的焦点。一些别有用心的外部势力，利用互联网的便利，培养网络推手，利用"大V"身份，运用"社会热点＋痛点＝新闻卖点"的套路，诱导公众认知，负面解读涉军信息，用夸张的表达煽动不良社会情绪，从而歪曲、抹黑我军形象。尤其是他们利用社会热点，如高官落马等，以"内部信息"的方式，散布涉军谣言。这些谣言因迎合公众仇官、仇腐心态，传播很快。不管人们是否辨析信息真伪，不管人们抱着何种心态：怀疑、好奇或好玩，只要公众阅读或传播这些谣言，军队的形象就已经受到了损害。尽管最后能证明这些信息全是谣言，他们也达到了造谣的目的。

（三）涉军信息缺乏有效监管，助长涉军谣言的滋生与蔓延

近些年，我国出台了一系列规范网络管理法律法规，对网络信息的监管、网络环境的净化起到一定推动作用。但是，有关涉军网络谣言如何治理，对编造、传播涉军网络谣言如何惩治，尚没有健全的法律体系。按照《中华人民共和国治安管理处罚法》处罚难以对制谣、传谣者起到足够的震慑力。传播涉军谣言制造者在现实生活中很少得到惩处，很多只是删帖、禁言几天等处理。涉军谣言的造谣者、传谣者违法成本较低，客观上助长了涉军谣言的滋生与蔓延。

（四）涉军谣言影响恶劣，危害部队稳定

涉军谣言制造者在现实生活中，往往为了达到两种目的，一是丑化人民军队形象，破坏军民关系；二是套取军方敏感信息。为了达到编造、传播涉军谣言目的，涉军网络谣言通常具有一定的攻击性，谣言制造者往往编造一些"奇

特、反常"涉军信息，如"辽宁舰大爆炸"。有些网络涉军谣言向网民灌输"军队非党化、非政治化""军队国家化"等西方理念，试图在意识形态领域进行和平演变。一些不明真相的公众在对党和军队的信念上就会动摇，破坏良好的军民关系，进而对军队、军人的形象产生歪曲、甚至错误的认识。一些官兵的政治信念会受到影响，危害部队稳定。

第九章　政治类网络舆情传播典型案例

案例一　个案推动法治进程：永州唐慧案

一、案例简介

2006 年在湖南永州发生的幼女被强奸、被迫卖淫案，受害者母亲唐慧连续上访投诉，2012 年 8 月 2 日被永州市公安局零陵分局依法劳教。此事经其代理律师在互联网上发布后，舆论哗然。8 月 6 日湖南省政法委随即成立调查组赴永州调查，8 月 10 日省劳教委复议后依法撤销对唐慧劳教的决定。幼女受害者母亲的悲惨遭遇和对劳教制度不满引发舆论强烈关注及对永州方面的激烈批评。在批评永州方面的同时，舆论将此事与湖南打造多年的"法治湖南"标签联系在一起，此事似乎成为检验"法治湖南"建设的试金石。此后，唐慧因其被劳动教养申请国家赔偿，提起行政诉讼，经历了一审宣判败诉终审胜诉，2013 年 7 月 15 日湖南省高院就"上访妈妈"唐慧诉永州劳教委一案判决永州市劳教委赔偿唐慧侵犯人身自由赔偿金 1641.15 元，精神损害抚慰金 1000 元，唐慧要求书面赔礼道歉的请求法院没有支持。然而，正在唐慧成为舆论场中"公民权利斗争胜利者"的形象时，8 月 1 日，南方周末以一篇《永州幼女被迫卖淫案再调查　唐慧赢了，法治赢了没？》的颠覆性报道，重新审视唐慧女儿被迫卖淫案两名被告人死刑、四名被告人无期徒刑的案件是否因压力导致量刑过重问题。

二、舆情分析

（一）舆情发展时间趋势

唐慧案从 2012 年 8 月初事件曝出，到 2013 年 8 月唐慧二审胜诉，永州幼女卖淫案母亲遭劳动教养案件前后共持续一年多的时间，其中有三个关键点，根据政安网络舆情监测系统提供的数据，结合人民网的监测数据，舆情在这三个阶段呈现不同的发展趋势。

第一阶段，永州劳动教养委员会对唐慧实行劳动教养前后。

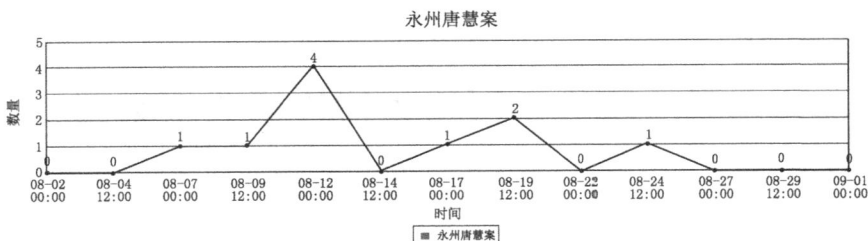

图9-1　唐慧被实行劳动教养媒体关注时间趋势

由图9-4，2012年8月2日到8月26日，8月6日到12日是一个峰值，议题的引起是8月2日，唐慧被处以劳动教养、关进了离家280余公里的株洲白马垄女子劳教所。4日，一条"8月2日，湖南省永州市公安局零陵分局以扰乱社会秩序为由，对唐慧做出劳教一年半的决定"的微博引起大量转发。新浪认证微博，永州市公安局就此事发布回应，由于发布后又删除等举动引发舆论强烈反弹，众多意见领袖发声，引发第一波关注潮。8月5日，永州市公安局贴出两则官方声明解释网友关注的问题。8月5日晚，人民日报官方微博发布唐慧相关消息，一天内转发超过10万次。人民网官方微博6日零点28分发出评论，质疑劳教决定。舆论关注度猛涨。6日湖南省政法委成立调查组赴永州调查，8月7日，各重点新闻网站持续关注事件动态，达到第一个舆论高峰。同时舆情开始分化向好，呈现出同情唐慧与对期待结果并重的状态。随后数天公众等待调查结果，舆论关注度进入平稳通道。10日，媒体披露唐慧劳教决定经复议被依法撤销，该消息引发网上500多家网站转发，媒体评论呈现井喷状态。到12日关注度达到高峰。此轮舆情在舆论的关注下，唐慧案发生180度的转变，体现了舆论的力量。

第二阶段，唐慧不满劳动教养申请国家赔偿前后。

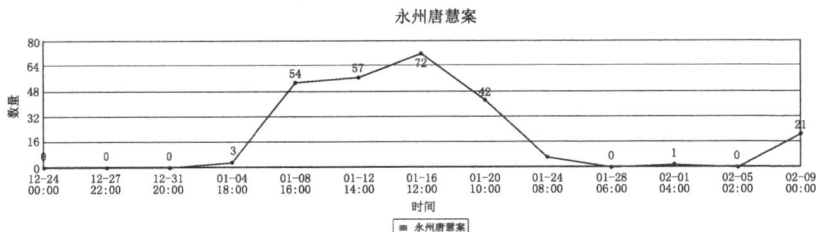

图9-2　唐慧不满劳动教养申请国家赔偿媒体关注时间趋势

2012 年 12 月 24 日到 2013 年 1 月 28 日，议题引发因 12 月 25 日唐慧赴京，就案件主犯死刑复核陈述个人意见。2013 年 1 月初。网曝唐慧申请国家赔偿，再次引发舆论热潮。

第三阶段：唐慧一审败诉二审胜诉前后

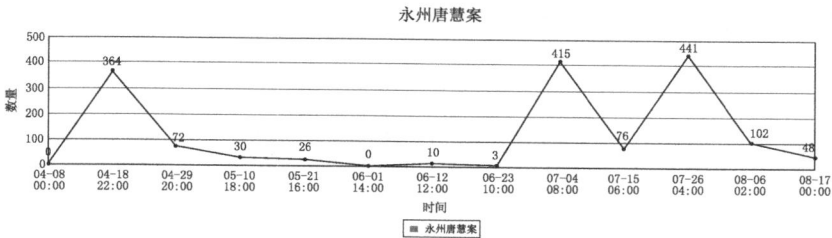

图9-3　唐慧案一审到二审媒体关注时间趋势

2013 年 4 月 12 日，唐慧诉永州劳动教养委员会一案开始审理。因为涉及劳动教养制度，案件被舆论赋予太多的期望和象征意义，部分法学专家认为此案具有标杆意义，与 2003 年孙志刚案较为类似。案件审理过程关注度高，18 日到达第一波高峰。到 6 月底，湖南省高院公布于 7 月 2 日公开开庭审理，再一次引发网民关注。15 日唐慧胜诉，轰动舆论场，引发网民对劳动教养制度的关注。8 月 1 日，南方周末以一篇《永州幼女被迫卖淫案再调查　唐慧赢了，法治赢了没？》重新审视两名被告人死刑、四名被告人无期徒刑的案件是否因压力导致量刑过重问题。

（二）舆情发展媒体站点分布图

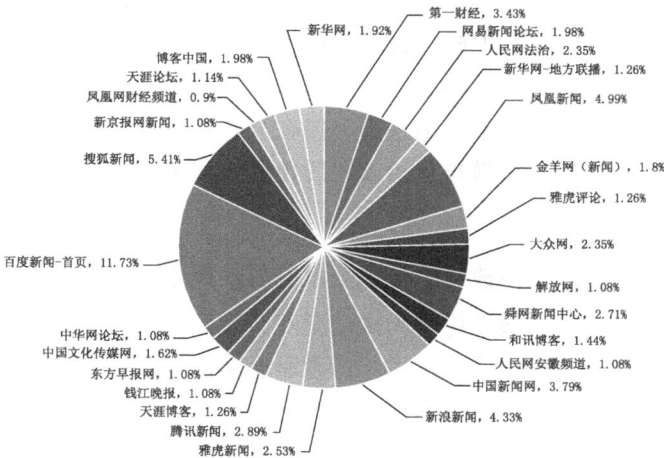

图9-4　唐慧案一审到二审期间媒体关注站点分布

根据政安网络舆情监测系统提供的数据可以看到，报道的主要媒体是搜狐网、人民网、新华网、凤凰网、腾讯网、新浪网和雅虎新闻网，这些都是我国目前的主要门户网站，可以看到唐慧案引发全面热议，主要网络门户网站在一定程度上引发并主导了舆论场。

（三）舆情发展微博话题关注度

微博趋势

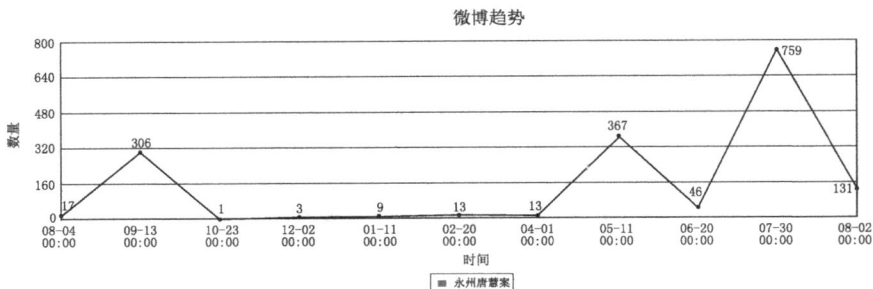

图9-5　唐慧案微博关注度

根据政安网络舆情监测系统提供的数据，在唐慧案一波三折期间，微博用户给予很高的关注度，如图9-5所示。在唐慧被劳动教养前后，博主纷纷发声，呼吁永州方面释放唐慧，批评劳教制度。在湖南省政法委派出调查组赴永州后，意见领袖的观点态度有着明显的转向，舆论氛围趋于理性。劳教决定撤销后，意见领袖对后续进展持续关注的同时，对撤销劳教决定肯定评价。网络意见领袖的观点和态度在很大程度上影响着舆论的走势，推动事件发展。

在唐慧案中，官方微博表现出色，对于唐慧案及劳教制度、法治理念的言论较多。主要表现是在转发媒体报道或舆情报告时，附带简短评论。评论内容多倾向于呼吁加强法治，同时思考我国司法所面临的新课题。部分党政司法机关微博虽然只是转发报道或舆情报告，但在"转发就是态度"的微博平台上，这些机构同样参与到了劳教与法治议题的传播过程中。

三、舆情点评

（一）个案推动法制改革，促成劳教制度的废除

唐慧赢得行政官司被舆论视为推动废除劳教制度的序曲，引发专家学者和社会各界对劳教制度的关注和反思。劳教制度从前苏联引进，是中国特有的一部法外之法，不需要经过法庭审讯程序即可对公民定罪。因此，各界一直在呼吁废除劳教制度。特别是2012年，任建宇为代表的重庆系列劳教案、唐慧案、80岁老兵刘春山案，引起司法部门、法律人士的讨论，未经法律的正当程序

剥夺公民人身自由，违反宪法的精神，违背我国政府加入的人权公约，唐慧案成为对抗劳教制度的象征。

（二）唐慧劳教被依法解除，体现了尊重舆论与坚守法治的统一

作为维稳式劳教的直接受害者，不少主流媒体专门对唐慧劳教事件进行了深度报道，网络上有对唐慧过激维权方式和个人私德的批评，也有对政府和司法部门非理性的质疑、谩骂，但更多的是对唐慧作为受害者母亲、社会底层维护权益的同情和支持，媒体、公众的舆论关注、呼吁，舆论对监督司法审判、促进个案公正解决，起到了积极作用。但是，唐慧劳教被依法解除最终还是靠法治，无论是政府、维权者都必须依法依规，作为司法机关不能无视舆情，但更不能被舆情牵着鼻子走，审判的依据只能是事实和法律，作为上访维权者，也必须依法守法。

（三）各职能部门积极回应舆情，有效控制舆情的发展方向

唐慧案发展过程中，虽然一波三折，但各职能部门积极、及时地回应民意，实现良性互动值得借鉴。永州地方政府一开始也存在着多次删除官方微博消息、回应时存在官样文章、态度生硬等问题。但湖南省组织的联合调查组没有永州地方政府人员参加，"一旦发现有错，坚决依法纠正"的态度，对人们关注的事件质疑点和关切点的五个方面进行全面调查，让民众看到了湖南省委解决问题的诚意和决心。同时省联合调查组没有被舆论所左右，不是一味迎合所谓民意，坚持依法办事，有效控制了舆情的发展。

案例二　侦查中心走向审判中心的曲折之路：
　　　　浙江叔侄冤案

一、案例简介

2003 年 5 月 18 号晚上 9 点左右，张高平和侄子张辉驾驶解放牌货车去上海。17 岁的王某经别人介绍搭他们的顺风车去杭州。王某本来是到杭州西站，她姐夫来接她，一个小女孩，两人不放心，送到杭州西站，结果到了杭州西站没人来接，姐夫叫她自己再打的到钱江三桥某地方，叔侄俩又将她送到钱江三桥边上立交桥，就到上海去了。但几天后，二人却突然被警方抓捕。原来，2003 年 5 月 19 号杭州市公安局西湖区分局接到报案，在杭州市西湖区一水沟里发现一具女尸，而这名女尸正是 5 月 18 号搭乘他们便车的女孩王某。公安机关初步认定是当晚开车搭载被害人的张辉和张高平所为。后在公安侦查审讯

中，张高平与张辉交代，当晚在货车驾驶座上对王某实施强奸致其死亡，并在路边抛尸。2004年4月21日，杭州市中级人民法院以强奸罪判处张辉死刑，张高平无期徒刑。半年后，2004年10月19日，浙江省高院终审改判张辉死缓、张高平有期徒刑15年。此后，狱中的张高平、张辉均坚称自己无罪。"两张"入监服刑后，以自己绝无强奸杀人为由不断申诉，引起了驻监检察官张飚的重视。在历经数年的不断申诉后，此案最终引起了杭州市有关部门高度重视，并为此组成了专案组进行专门复查，2012年2月27日，浙江省高级人民法院对该案立案复查。2013年3月26日，浙江省高级人民法院依法对张辉、张高平叔侄强奸再审案公开宣判，认定原判定罪、适用法律错误，宣告张辉、张高平无罪。随着浙江高院宣判结果出炉，央视网、中新社率先以《浙江两男子因"强奸罪"入狱近十年后被判无罪》等标题报道事件。至此，此案两名被告因发生在杭州的一起"强奸致死案"被错误羁押已近10年。2013年5月17日，浙江省高级人民法院对张辉、张高平再审改判无罪做出国家赔偿决定，分别支付张辉、张高平国家赔偿金约110万元。

二、舆情分析

（一）舆情发展时间趋势

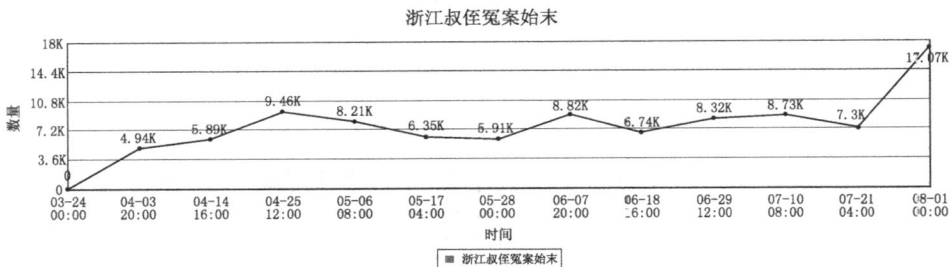

图9-6 浙江叔侄冤案媒体关注时间趋势

根据政安网络舆情监测系统提供的数据（图9-6），2013年3月26日浙江省高院宣判无罪，引发民众热议，27日，相关报道转载出现井喷，达到1344篇。此后数日舆情态势一直处于高涨状态，对冤案、错案、刑讯逼供、司法公正的关注使之成为热门话题，形成强大的舆情场。

（二）舆情发展各类媒体关注度

根据政安网络舆情监测系统提供的数据（图9-7），结合人民网的监测数据，输入关键词"浙江叔侄冤案""杭州叔侄冤案"，网络媒体关于浙江张高平叔侄冤案的新闻报道约 636 条，新闻网站关注度高，报道的主要网站为：凤凰网、搜狐网、和讯网、新浪网等网络媒体。微博话题排名第二，网民关注度非常高。

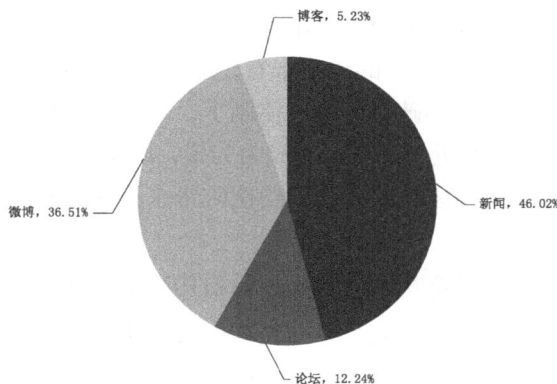

图9-7　浙江叔侄冤案媒体关注分布

（三）舆情发展微博话题关注度

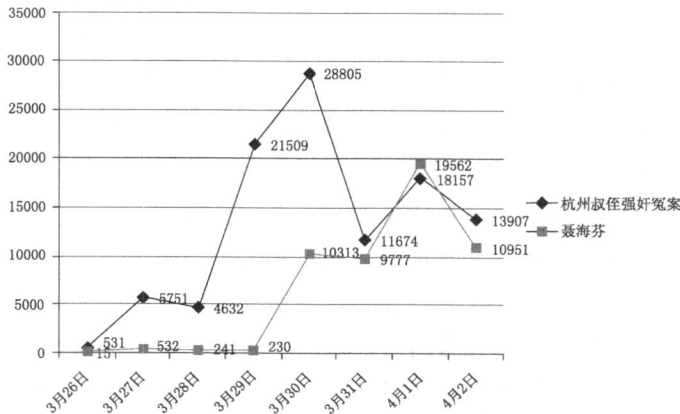

图9-8　浙江叔侄冤案微博话题关注时间趋势

根据人民网舆情监测室监测到的数据显示（图9-8），2013 年 3 月 30 日张高平表示"要起诉对我刑讯逼供的人"，言论被广泛转载后，在微博平台上，关于"聂海芬"话题的相关微博也在 30 日大量涌现，由 29 日的 200 余条暴增至 1 万余条。以微博为主的民间舆论场暗流涌动，意见领袖的加入讨论使舆情呈现进一步热化趋势。

三、舆情点评

（一）命案必破，刑讯获供遗祸无穷

无论是湖北佘祥林案还是浙江张氏叔侄案，冤案的背后都有刑讯获供的影子。人在生理极限下都会屈服于刑讯，而凭当事人的口供，子虚乌有的案件成了所谓的"铁案"。从已纠正的冤案来看，每个案件都可见刑讯获供。过去"重破案，轻保护""命案必破"的考核体制下，公安部门将破案率作为主要的业绩考核指标，不破案受处分，破案就成为英雄，不仅有物质奖励还能提职晋级。召开破案新闻发布会，公开表彰，又给法院带来无罪宣判的压力，这也是冤案的原因之一。

（二）司法分权制衡机制的缺失、诉讼构造的失衡是冤案产生的因素之一

由于我国的刑事诉讼一直是以侦查为中心，重口供轻物证，同时在少数重大案件办理过程中，协作办案制度使本应是互相制约检察院和法院成为替公安部门背书的单位。我国公、检、法一般是协调办案，一旦出现错误，权责不明，难以追究。公安机关未查明案件事实，检察机关未进行司法监督，法院未查明案情和证据的效力，导致冤假错案产生。同时，绝大多数刑事被告人因经济能力的局限而难以获得高质量的法律援助，指定辩护律师的法律服务质量值得质疑，律师会见被告人、查阅案卷等权利没有得到充分保障，指定辩护律师法庭上消极辩护的情形并不鲜见，有时正当的辩护行为还会被合议庭视为强词辩解。张氏叔侄案成功纠正，是律师和检察官联手的杰作。因此，只有坚持以审判为中心，落实无罪推定原则，才能保障被告的合法权利。维护司法公正，要确保各个司法机关各自独立行使职权，各自承担责任。

（三）冤案平反体现了刑事冤案纠错机制的进步

浙江张氏叔侄最终无罪释放是现有冤案平反案件中典型的案例，我国近些年来洗冤的案件，大都是被害人"复活"或真正犯罪人落网，否则冤案平反的可能性几近为零。例如，被误判的佘祥林、赵作海、胥敬祥等案件，都是在发现受害人仍存活或杀人凶手投案供认的情形下才成功洗冤。冤案平反依靠真凶落网、被害人"复活"等偶然的因素，说明了我国现有的冤案纠错机制并没有发挥应有的作用。而浙江张氏叔侄案的成功洗冤则主要是通过 DNA 证明，体现了纠错机制的进步。正义虽然迟到，但不会缺席。

案例三　资本与权力结合的怪胎：陕西房姐事件

一、案例简介

2013 年 1 月 16 日，有关陕西神木"房姐"的帖子在网上热传。帖文称，陕西省榆林市神木县农村商业银行副行长、榆林市人大代表龚爱爱在北京持有 20 余套房产，总价值近 10 亿元。此外，她还有另一个身份证名为龚仙霞。帖文同时公布了"房姐"的两个身份证号码、住址及龚仙霞名下在京三套房产的地址。随后，龚爱爱又被爆料有 4 个户口，在神木县还有两套房产。在"房叔""房婶""房妹"事件相继登场后，"房姐"再次为公众议论的焦点。

当事人回应自己过去是神木县农村商业银行的长期合同工，只是本单位聘用的副行长，不是国家工作人员，更不是公务员。而且，自己因为要管理家族企业，已于 2012 年 6 月向单位递交了辞呈，此后就再没去上班。至于网上流传的价值 10 亿元的房产，龚爱爱说，自己家族是个大家庭，有煤矿等产业，多年来她一直与自家兄弟参与打理煤矿生意，收入较多。陕西神木县农村商业银行董事长余清才介绍，龚爱爱原来是该行职工，曾任副行长，已于 2012 年递交了辞职申请，此后就与单位失去了联系。2013 年 1 月 2 日，神木县农村商业银行董事会已批准龚爱爱离职申请。目前龚爱爱已不属于该行员工。陕西省神木县公安局介绍称，龚爱爱另一个名为龚仙霞的身份证确实存在，目前，龚仙霞的虚假户口已经被公安机关注销，并对"房姐"临县、兴县假户口已分别同两县纪委成立联合调查组，事件涉及民警已被停职接受调查。

二、舆情分析

（一）舆情发展时间趋势

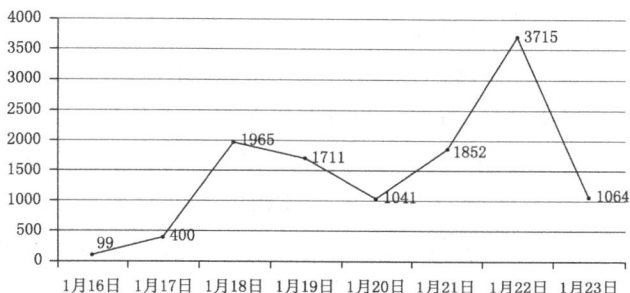

图9-9　陕西神木"房姐"事件媒体关注时间趋势

据人民网舆情监测室数据分析（图9-9），2013年1月16日报道的媒体不多。1月17日，主流网络媒体光明网转载了陕西传媒网《陕西神木县：再现行长"房姐"》后，商业门户网站纷纷跟进，使得事件关注度快速上涨。而后，新华网、中国新闻网、《京华时报》、各地方卫视对龚爱爱事件跟进报道，21日，央视《新闻1+1》对事件进行深入追问，使得神木"房姐"升级为全国性事件。22日舆情达到最高峰值。

（二）舆情微博关注度

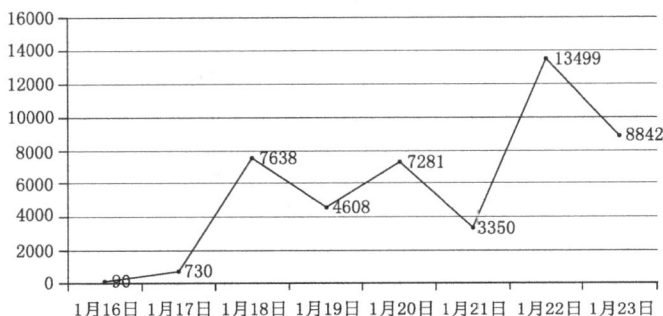

图9-10　陕西神木"房姐"事件微博关注走势

据人民网舆情监测室数据分析（图9-10），"房姐"事件曝光后，微博平台迅速跟进。从传播的发展趋势看，2013年1月16日、17日处于潜伏期和发酵期，此时，如果官方相关部门进行正面有效的回应可以有效化解潜在危机。1月18日，@人民日报、@新京报、@南方日报、@新华视点、@财经网、@头条新闻等媒体微博对神木县"房姐"事件进一步传播，关注度呈现出直线上升态势，舆情危机出现，进入爆发期。1月22日微博关注度达到了一个峰值，舆情全面爆发。

三、舆情点评

（一）权力与资本结合导致多户口、多房产

"房叔""房嫂""房媳""房妹""房姐"让人们看到我国在许多人为了有个安生之地债台高筑，而有的人通过权力资本拥有多套房产，同时由于户籍管理的缺陷，有的地区不少官员、富人持有多个身份证、多重户籍。龚爱爱不仅有4个户口，还有41套在京房产，面积近万平方米。在陕西省榆林市神木县，有钱人办理多个户籍早已是公开的秘密。目前，我国东西部之间经济发展不平衡，城乡间教育机会不均，户籍与养老、教育、住房等诸多利益捆绑在一起，部分人通过权力和金钱，利用户籍管理全国没有联网的漏洞，为了出国、子女就学、隐瞒财产等目的多个地方上户口。2013 年全国公安机关发现和注销了 79 万个重复户口，多户口、多房产问题，除户籍管理本身漏洞、个别警察违法乱纪外，还可以看到权力与资本的影子。

（二）职能部门推诿，挑战社会公平正义

从"房姐"事件舆情发展过程看，地方政府的沉默、敷衍推动事件走向高潮。作为"银行副行长""人大代表"的"房姐"，当记者联系当地人大、纪委、宣传部时，要么电话无人接听，要么工作人员不在无法答复；神木县警方的虚假户口是派出所工作人员工作失误造成的，被斥为"忽悠"；"与职务无关"的所在单位银行则马上与当事人解除了劳动合同。每一点真相都是在媒体调查深入的挤压之下才出现，相关部门和单位的回应，并没有解答人们的关切，反而形成了次生舆情事件，使自己陷入被动，失去了社会的信任。

（三）加强官员财产审核公开，加大反腐力度

随着全国不动产统一登记，银行网络系统的完善，从技术上为财产的审核提供了手段。因此，要在官员财产申报的基础上，加大审核公开的力度，每年定期抽查核实，不断提高核实的比例，对不如实报告的人，采取严肃的处理措施。

案例四　从程序通往正义：北京雷洋案

一、案例简介

2016 年 5 月 7 日 21 时左右，中国人民大学硕士雷洋从家里出门去首都机场接亲属，之后就失去联系。5 月 9 日晚间，昌平警方通报称，警方在查处足疗店过程中，将"涉嫌嫖娼"的雷某控制并带回审查，此间雷某因身体不适经抢救无效身亡。随后，一篇题为《刚为人父的人大硕士，为何一小时内离奇死亡？》的帖子在网上传播。该帖子引起了网友的广泛关注。随后知乎一篇名为《愿以十万赞，换回一公道》的文章更是让这个事件在朋友圈刷屏，作者以雷洋朋友的身份对他的非正常死亡提出质疑。但上述帖子先后被删，快速的删帖也加剧了公众对这次事件的猜疑，使本次舆情全面爆发，公众呼吁真相，等待官方结果，并对警方提出质疑。凤凰评论打响评论的第一"腔"，第一时间推出《谁来为人大硕士雷洋的非正常死亡负责》一文，对雷洋事件进行了全面的梳理，并提出了种种质疑。5 月 11 日昌平警方公布 DNA 数据和涉嫖女的供

述进行了第二次通报，在警方的叙述中，雷洋涉嫌嫖娼且事后付款200元，并从避孕套上检测出了雷洋的DNA，舆论开始被引导，一度转向达到高峰。5月13日下午，北京市检方开始对雷洋进行尸检，雷洋家属委托中国人民公安大学教授张惠芹教授作为尸检的专家证人。

5月19日，新华社发布消息说，对于雷洋家属提出的对北京市公安局昌平分局相关警察、辅警的刑事报案，北京市检察院已依法移送昌平区人民检察院审查处理；北京警方同日表示，对于雷洋案，公安机关坚决尊重事实、尊重法律，坚决依纪依法处理，绝不护短。6月1日，北京市人民检察院第四分院决定对昌平区公安分局东小口派出所副所长邢永瑞等五人进行立案侦查，按程序通知家属。同日，北京市有关检察机关还向雷洋家属通报了检察机关办理案件情况。

二、舆情分析

（一）舆情发展时间趋势

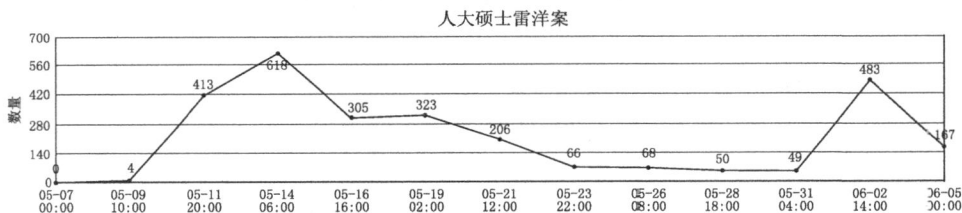

图9-11　雷洋案媒体关注时间趋势

根据政安网络舆情监测系统提供的数据显示（图9-11），雷洋事件的传播曲线形态呈现出"波浪式"形态，存在着多个波峰和波谷，并且在消退一段时间后，又产生了新的波峰。究其原因，主要与雷洋事件信息披露不对称有关。关于雷洋死因，警方、死者家属及国家媒体的报道各不相同，造成公众和记者自己寻找真相，每发现一个新的信息，就爆发一次新的热点事件，从而引发新一轮的关注热潮，体现为传播曲线的波峰。

（二）舆情发展媒体站点分布图

根据政安网络舆情监测系统提供的数据（图9-12），微博、微信、论坛、博客、电视、广播、报纸、杂志，各种媒介纷纷上阵，均发挥了独特的重要作用。5月9日曝光媒介以微信为主，事件开始被零星曝光。自媒体关注度高，显示了自媒体在舆情发展中的威力。

凤凰博客, 2.02%
网易新闻论坛, 2.84%
麻辣社区-四川论坛, 0.91%
新浪博客, 0.86%
网易论坛, 0.58%
法治论坛, 0.7%
view.inews.qq.com, 0.62%
人民网强国社区, 3.91%
微信公众平台, 1.07%
中国和平论坛, 1.36%
百度贴吧, 1.4%
天涯博客, 1.11%
中华网论坛, 5.68%
新浪文化历史论坛, 1.11%
c.m.163.com, 0.25%
环球网评论, 0.21%
厦门小鱼社区, 0.25%
搜狐新闻, 0.25%
新京报网, 0.16%
凯迪社区, 30.07%
彩龙社区, 0.12%
财新网博客, 0.25%
博客中国, 13.43%
天涯论坛, 13.43%

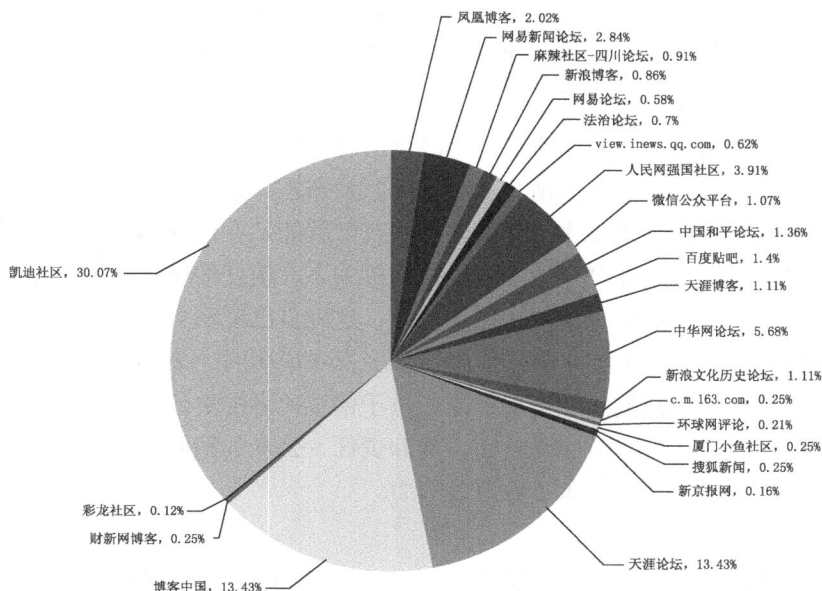

图9-12 雷洋案媒体关注站点分布

三、舆情点评

（一）大众法治意识的提高与传统公安职责的落伍，加剧了警民矛盾

随着人们生活水平的改善和文化程度的提高，大众的法治、权利意识水平普遍高涨。同时，我国的公安队伍还承担着计划经济时期遗留下来的无所不包的管理职责，承担许多社会性的事务，诸如邻里矛盾调处、维稳等，占用了大量的人力和时间，导致公安队伍专业性的警务工作资源配置不足，警察普遍处于超负荷工作的状态，承受着巨大工作和精神压力，容易出现急躁倾向。再加上有的警务人员工作方式简单、粗暴，对生活中发生的纠纷处理暴力化，加剧了警民矛盾。

（二）警察执法的规范公开面临新媒体的考验

由于警察的主要执法工作在街头等公共场所，处于人们日常的视野之中，因此，执法环境更加复杂。在面对群体性事件、突发事件时，会采取一些必要的强制性措施，就存在着模糊的执法边界。在社交媒体时代，一些行为就会被戏剧性地放大成个别公安无视群众合法权益和诉求，甚至被炒作放大，使得公安机关的执法权威性和公正性受到严重质疑和挑战。在雷洋事件中，舆论本应关注的是雷洋怎样死的，但网络的焦点却主要在怀疑雷洋是否嫖娼，质疑警方是否执法不当，以及对官方回避和删帖的态度的不满。信息一经网络传播，几小时内就有上亿条转发评论，使单纯的涉警个案演化成为公众事件。

（三）权威发布不能落在舆情后面

事件在网络传播中，政府部门越隐瞒信息，公众的诉求和质疑得越不到及时回应，越容易爆发次生舆情。从公安部门发布雷洋事件通报来看，以为只要公布案件过程中的嫖娼事实、拒捕性质，自己就能站在法理和道德高地，公众就会接受。殊不知，在公众原本就对执法机关不大信任的基础上，警方所称的"小区监控坏了，执法记录仪也摔坏了"，这种自己证明自己清白的做法，不但难见成效，反而可能招来更多质疑。加上发布说明时，多个重要细节一变再变，一日数变，重点问题经不起推敲，过于偏重死者的责任等，都进一步加速了事态的恶化，怀疑警方隐瞒事实，推卸责任，公众的猜测扩大至自身对于未知因素的恐惧感，极大伤害了政府公信力。

案例五　零容忍是颗定心丸：昆明火车站暴恐案

一、案例介绍

2014年3月1日晚9时20分，8名统一着装的暴徒蒙面持刀在云南昆明火车站广场、售票厅等多处砍杀无辜群众。歹徒最先从火车站广场铜牛雕像往外砍人，随后又到了售票处、候车厅，最后又冲到广场上，"很多路边吃大排档的市民也被砍伤"。在砍伤多名路人后，有暴徒在距离雕像100米左右处被民警开枪击毙。事件发生后，当地公安、特警、消防、120等部门应急力量到达现场，数十辆警车及大批警力前往现场处理。据警务人员介绍，数名砍杀路人的暴徒已经被处置，受伤群众已被送往医院救治。截至2日6时，已造成29人死亡、130余人受伤。民警当场击毙4名暴徒、抓获1人。"3·1"昆明火车站发生严重暴力恐怖事件40余小时后，中国警方通过DNA检验等手段抓获了逃跑的3名暴徒。加上已被击毙的4名暴徒和被击伤抓获的1名暴徒，以阿不都热依木·库尔班为首的暴力恐怖团伙组织、策划和实施犯罪过程查清。事件发生后，引起国内社会强烈反响。当事网友及后续记者陆续通过微博、论坛、贴吧、微信等网络互动媒体第一时间传递出这起暴力事件的细节和进展，国内主流媒体陆续发言，强烈谴责肇事者的罪行，并祝愿伤者早日康复，逝者安息。

二、舆情分析

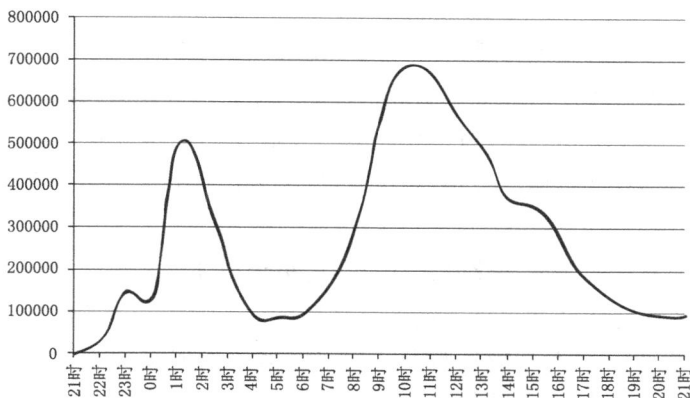

图9-13　云南暴恐事件媒体关注趋势

据中青舆情监测室数据显示（图9-13），截至2014年3月2日11时至16时，相关舆情总数共2766569篇，其中微博2673036篇，新闻1869篇，论坛91256篇，博客408篇。累计参与讨论人次已超过110万。事件发生后，最初经云南媒体传播进入主流媒体及意见领袖的视野，在约2个小时后引发全国网民的关注和热议，恰逢周末空闲，舆论持续热议到深夜凌晨。第二天，新加入的网民再进行二次传播，使得该话题继续热议并逐渐升温。由于官媒及时跟进，满足了网民的信息需求，减少了网民的焦虑，从而避免了恐慌。官媒于3月2日00：29、01：44、11：35及时做了回应，事件发生的第二天立即发布伤亡数字，让网民知道真相，避免了恐怖分子夸大伤亡数字制造恐慌，遏制谣言的传播。大部分网民对于官媒的信息非常信任。

三、舆情点评

（一）政府与媒体及时公开信息，有利于快速平息恐慌情绪

政府与媒体在第一时间做出反应，迅速组织电视、报纸、广播、网络等权威媒体对事件进行实时报道，云南网于3月1日事件发生后约1小时内组织新闻报道，发布现场视频和图片，在其官方微博实时转发网友的现场报道。随后，新华网等主流权威网媒开始介入事件报道。四大门户网站（网易、搜狐、腾讯、新浪）均对这起恐怖事件以专题形式给予关注，各网媒的专题报道中聚合各方消息，便于网民了解事件进展。一方面使事件得到广泛的传播，避免不知情民众无辜受到伤害；另一方面也传递出政府积极应对恐怖事件的决心，避免

了由于信息不对称可能造成的混乱局面，有利疏导民众恐慌情绪，防范谣言的攻击。

（二）部分情绪性言论遭摒弃，正能量得到大量传递

在恐怖事件发生之时，无数勇敢善良的人站了出来，有人用双手抱起惊慌失措的孩子，有人让出自己的家和店铺作为庇护的场所，有人为伤员提供救护，有人为英勇警察致敬……在危急困难的时候，我们更团结！传递出了社会正能量。

（三）自媒体应及时净化网络谣言，避免造成新的恐慌

媒体特别是自媒体在事件传播上应秉持良知与责任，不能因网站运营需要而一味地将血腥、暴力等镜头搬上新闻，应多报道事实少渲染血腥、少煽动仇恨。恐怖分子就是想通过制造恐怖事件，在政治上取得宣传效果，把自己作为对抗政府的英雄，制造社会恐慌，煽动地区和民族矛盾。媒体更不能传播谣言，增加新的恐慌。昆明恐怖袭击事件后，微博中出现的昆明市某某区等又发生了暴力事件，同时在随后抓捕在逃恐怖分子的细节上，部分网民通过移花接木的方式，传播不同版本网络谣言，增加了社会恐慌。在新媒体时代，自媒体人应提高自身素质，辨别网络谣言，做到不信谣，不传谣，避免造成新的恐慌。

案例六　正义威武之师不可辱：
假军人"赵茂林"求婚诈骗事件

一、案例简介

曾一则题为《"兵哥哥"千里求婚不成丢掉玫瑰花离开……》的微博在网上流传，内容为2015年"10月22日下午，一男子身穿军装，自称来自湖南国防科技大学，在福州大学一教学楼门口站着军姿，手捧玫瑰，苦等妹子半个多小时求婚。最终，在保安及老师的劝说下，他丢掉玫瑰花离开，而妹子自始至终没有出现……""兵哥哥千里求婚，女方未现身"的新闻在网上热传，成功登上了各大网站的头条。然而，这个"深情"的"兵哥哥"其实是个"冒牌货"。因涉嫌诈骗，嫌疑人"赵茂林"现已被宁波警方刑拘，案件正在进一步调查中。媒体调查后发现"赵茂林"属于全国流窜作案，目前掌握的信息，福州、厦门、长沙、岳阳等地，已经联系到了6名女生疑似被骗。从河南郑州的"小闫"处获悉，她在暑期实习时，有天下班回家路上，遇到嫌疑人"赵茂林"，

他称钱包、手机被偷，向受害人借手机和现金。"小闫"见其一身军装，并且看起来十分疲惫，遂借了一百元给他。留下联系方式后，犯罪嫌疑人曾多次以"还钱"为由欲约"小闫"出来吃饭，未果。"小闫"曾多次要求"赵茂林"还钱，每次"赵茂林"都借机推脱，最后"消失"。

而对于大学校园内求婚的"桥段"，据媒体报道，"赵茂林"几次表白求婚的过程大致相同：手捧鲜花，苦等很久，然后与学生交谈，说自己被女朋友抛弃，没有路费回单位……但据国防科大等单位均称，无论是"赵茂林"这个名字还是比对照片容貌，均查无此人。10月29日下午，宁波大学保卫处一工作人员在校园巡视时发现一着军装男子正在搭讪一名女学生，出于高度警惕和工作责任心，上前盘问，发现竟然真是这名被曝冒充军人行骗的"赵茂林"，遂将其扭送至派出所。经初步审查，该名嫌疑人交代多起冒充军人实施的诈骗案件，被刑事拘留。

二、舆情分析

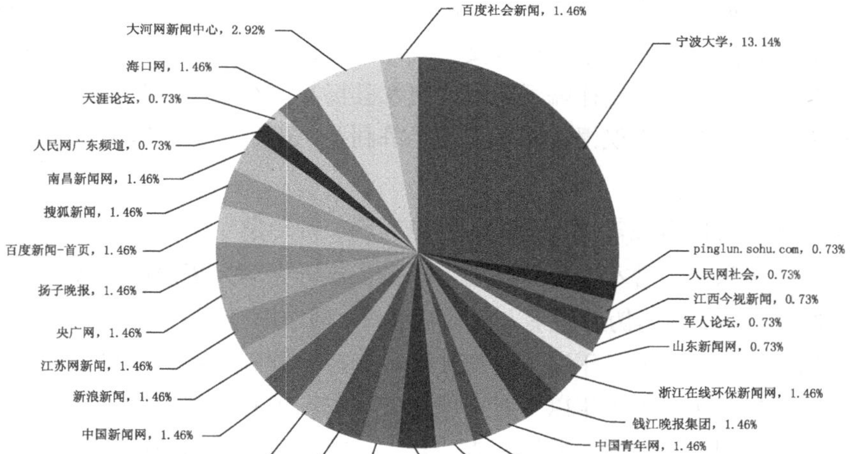

图9-14　假军人诈骗事件站点分布图

根据政安网络舆情监测系统提供的媒体关注度（图9-14）可以看出，因事发在宁波，宁波当地媒体关注度最高。另外，浙江的媒体如浙江在线、钱江晚报对假冒军人事件关注度较高，各新闻网站百度、搜狐、新浪等门户网站也纷纷报道。

三、舆情点评

（一）军人身份地位特殊，容易引起轰动效应

军队及其组成人员是一个特殊的社会群体,肩负捍卫国家主权和领土完整、维护世界和平的使命，是一个执行特殊任务的武装集团，其国家机器和武装力量的独特属性，决定了广大官兵的身份具有一定的特殊性，其穿衣戴帽和行为准则等都有统一的规范。因此，当出现与军队、军人的相关信息，特别是负面信息，会非常容易引起人们关注，引发舆情。如"军艺校花"事件，短短一周时间，网上持续发酵，转发、评论就达 1400 万余条，容易引起全面关注。

（二）假冒军人从事不法行为，损害军队的声誉和形象

正因为战争年代的军民鱼水情，使人民军队快速壮大，取得革命的胜利。同样，在和平年代，只有正义、威武、文明之师的形象，才能得到广大人民群众的积极参与、大力支持和爱戴。因而，当一些不法分子或无知民众假冒部队或军人从事各种违法犯罪或与军人身份不符的活动时，不明真相的群众就会因此怪罪部队，埋怨军人。近年来，不法分子假借军队、军人从事违法行为时有发生。如刘园园假冒第二炮兵现役女兵大肆炫富，内蒙古打工者王某利用伪造的军人身份与多名女性交往骗婚敛财，白水县杨某冒充消防队队长以单位名义进行经济诈骗，他们不仅损害当事人的经济利益，而且严重损害了军队的声誉和形象。

（三）严厉打击假冒军人行为，维护文明之师形象

目前，我国对假冒军人行为惩处主要是依照冒充军人招摇撞骗罪，包括穿戴军人服饰行骗，使用伪造的军人证件行骗等。刑法第三百七十二条规定："冒充军人招摇撞骗的，处三年以下有期徒刑、拘役、管制或者剥夺政治权利；情节严重的，处三年以上十年以下有期徒刑。"我国现有法规也对非法制造、贩卖、持有和使用正式警服、警用标志的行为也有具体的处罚规定。为维护我军在人民群众中的"子弟兵""最可爱的人"形象，就要运用法律武器坚决打击假冒军人，损害军队声誉的行为。

第十章　经济类网络舆情传播典型案例

案例一　企业网络公关异化：
蒙牛VS伊利、康师傅VS统一

一、蒙牛－伊利网络公关恶战

（一）案例简介

内蒙古蒙牛乳业（集团）股份有限公司（简称蒙牛）和内蒙古伊利实业集团股份有限公司（简称伊利）都是来自于我国内蒙古大草原的乳制品品牌。1998年身为伊利副总裁的牛根生被总裁郑俊怀扫地出门。在此之前牛根生主管全国生产经营，业绩非常出色。之后牛根生联合一批原在伊利的旧将，创办了蒙牛集团。之后的十几年间，蒙牛－伊利的公关恶战，愈演愈烈。

2010年10月19日伊利爆料："圣元奶粉性早熟事件"事实上是蒙牛有组织、有预谋、有计划、有步骤周密策划出来的，这是专门针对QQ星儿童成长牛奶、婴儿奶粉策划的一起蓄意破坏活动。2010年10月20日蒙牛通过互联网发布声明称公司并未参与策划圣元奶粉"早熟门"一事。伊利则在其网站登出《伊利集团就"竞争企业恶意攻击事件"的说明》，称警方已侦破这起利用网络媒体恶意损害伊利商业信誉、商品声誉的案件，此案涉及蒙牛、北京博思智奇公关顾问有限公司，有4人被检察机关正式批捕。2010年10月22日，蒙牛发表声明，爆出伊利曾花巨资对蒙牛进行新闻攻击，公布2003年发生的"未晚事件"细节——伊利曾花费超过590万，雇佣公关公司对蒙牛进行新闻攻击。到2010年10月22日11时，呼和浩特警方召开新闻发布会介绍案情，称"是蒙牛个别员工串通公关公司的个人行为"，从而结束了蒙牛、伊利之间的"公关"恶战。蒙牛、伊利之间的这场"公关"恶战，核心和源头在于一份"731计划"——这是一份蒙牛利用网络媒体打击竞争对手伊利"QQ星儿童成长牛奶"产品的"公关策划"，手段包括在天涯问答、百度知道等地发布 wiki 问答、全面覆盖所有亲子育儿论坛、利用消费者口吻发起网上"万人签名拒绝鱼油 DHA"的签字活动，以及发动大量网络新闻及草根博客进行转载和评述。①蒙牛黑公关及其"731计划"，在百度百科可以查询。

（二）案例点评

蒙牛与伊利作为中国本土的乳业龙头企业，纠结于网络黑公关，这种行为影响的不仅仅是两家企业，而是整个中国乳业。中国乳业因为"三聚氰胺"事件，民族品牌轰然倒塌。在这种情况之前，蒙牛与伊利两家龙头企业应该吸取教训，通过提高产品质量重振雄风。但他们却忙于利用互联网发起"口水战"，出演相互揭丑对骂的闹剧。最后的结果当然是失去了消费者的品牌信任与品牌信心。对这两家企业来说，实在是"偷鸡不成蚀把米"，两败俱伤。

网络公关只是在传播科技向前发展的过程中，采用新的工具与方法的一种公共关系管理，其目的仍然是组织品牌传播、树立企业形象、协调内外部关系。像蒙牛这样利用互联网实施诬蔑与诋毁，企图摧毁竞争对手品牌声誉和形象的恶劣行为，完全违背公关的原则与本质，已超出公关的正常范畴，俨然是不正当的商业竞争行为。这类网络公关行为人被称为"网络黑公关"。在移动互联网迅速普及的今天，怎样规范发展网络公共关系？怎样让利用企业网络广告异化行为无处遁形，让网络公关走向正轨呢？

首先，要加强相关法制建设。不仅要进一步完善针对互联网上各种侵权行为的法律法规建设，还要巩固与改善公共关系管理职业道德规范的法规建设，同时还要普及民众的依法治理理念，增强受害者善用法律武器来保护自身利益的意识。其次，要大力提升公关从业人员的职业自律。公共关系的本质属性是"公共性"，即公众性、公开性、公共舆论性、公益性。因此公共关系管理追求的是真实传播和公共利益。每一个公关从业者都要加强职业自律。同时，还要注意提升网民的媒介素养，提高网络用户对网络信息的甄别、分析、批判、运用能力。最后，要倡导企业的社会责任，遵守市场竞争法则，抵制不正当竞争。政府主管部门应该完善《中华人民共和国反不正当竞争法》，囊括新出现的不正当竞争形式，加大打击力度，给企业施以警示。另外从企业的角度来讲，

---

① 董天策：《"网络公关"为何成为不正当竞争手段》，《新闻与写作》2011 年第 6 期。

应当注重制定产品差异化战略，寻找目标市场的空隙或者挖掘潜在目标市场，避免与其他企业之间的恶性竞争。

二、康师傅与统一借反日大打出手

（一）案例简介：康统的血统之争

自 2012 年 5 月份开始，台湾方便面食品巨头康师傅控股有限公司（简称康师傅）销售受挫，股价低迷。在那时康师傅就与统一企业中国投股有限公司（简称统一）因方便面的渠道展开恶斗。康师傅实行"排统计划"——不计成本向各销售点补贴至少 500 元 / 月，欲将统一明星产品老坛酸菜牛肉面赶出渠道。因此沈阳、安徽等多个省市的超市将统一方便面扫地出门，理由是与康师傅方面签订了渠道的排他性协议。2012 年 10 月钓鱼岛局势跌宕起伏，此时正值开学季，加上天气转凉，正是方便面销售旺季。但有台湾记者爆料，某地有"抵制康师傅"的横幅，康师傅的货品和业务员也被一些高校卖点清退。同时，在微博、博客、各大论坛上，"康师傅是日资企业""抵制康师傅"的言论被大量传播。在康师傅看来，幕后黑手是宿敌统一的高层人马，并率先采取法律行动。康师傅内部有人爆料称，在这波抵制潮的背后其实是统一想利用国内民众的爱国热情进行不正当竞争。爆料人还给出疑似统一内部邮件的证据，包括 2012 年 9 月 15 日的一封邮件，主题为"请用个人微博广而告之康师傅为日资品牌的事实"。邮件称，请速通知全体将士，巧借抗日势力，宣传康师傅品牌日资股份占 85%，并用微博转发，可用大字报或布条写出"抵制日货——康师傅"。邮件提醒抵制活动中不能穿有统一品牌的促销服，似乎是担心"露馅"。有媒体发现，邮件的寄件人和转发人的确都是统一员工，但向当事人或集团发言人求证时，对方都表示"邮件是外人造假所为""坚决反对任何不正当竞争行为"。另一方面，统一公关部的工作人员表示，统一绝对没有幕后操作此事。相反，统一方面同样称受到来自对手的文宣攻击，被指责为"统一企业是日企，大发国难财，大家要一起抵制"。《中国时报》报道称，一名长沙康师傅人员散发所谓的"爱国传单"，内容包括"统一企业是日企，大发国难财，大家要一起抵制"等，引来统一企业的支持者大喊。这是康师傅先前爆出"排统计划"的续集，双方生死斗正愈演愈烈。统一声称在收集康师傅对统一攻击和抵制的证据，已提供给工商部门和政府。一时间，康统大战陷入阴谋论的无形黑洞。

（二）案例点评

企业在寻求自身利益最大化的过程中，不正当竞争会对整个行业的发展产生不良影响，往往最后没有赢家。中国虽是第一大方便面产销国，但行业却长期增长乏力，造成这一现状最主要的责任在于几家龙头企业没把心思放在如何提高产品品质上，反而苦心钻营如何抹黑、陷害竞争对手。行业间的"互掐战"，好一点的结局是零和游戏，更多的情况是两败俱伤。康师傅和统一两家企业，为了争夺方便面市场份额而互相抨击对方"日企血统"，导致的恶果是成本上升。再加上当代消费者对健康食品的注重与追求，他们间的"互掐"注定是一场没有赢家的战争。在行业发展中，龙头企业必须对整个行业的进步与发展承担责任，带领整个行业奋然前行才是光明大道。在品牌泛滥、商品过剩且同质化程度较高的今天，我们是否也要呼喊一声：暂时忘掉品牌，回归产品的本质——满足消费者的潜在需求吧！这是成功行销的不二法则！ ①

案例二　大数据与舆情分析：汤森路透

一、案例简介

汤姆森公司从 1934 年收购加拿大地方报纸《提明斯报》开始正式起家，是一个三代成功创业的家族企业，经营的业务领域先后涉及报纸、电视台、旅游、石油勘探、出版、专业信息资讯业。路透社是世界三大新闻通讯社之一，其前身是出生在德国的犹太人保罗·路透于 1851 年创立于伦敦电报事务所，是一个通过电报为商业金融界提供商情的服务机构，后发展成为全球闻名的集新闻资讯、财经服务和投资管理于一体的传媒集团，其国际金融报道业务堪称全世界一流。自 20 世纪末以来，美国的彭博社、英国的路透社和加拿大的汤姆森公司，在全球金融信息市场三足鼎立。但彭博社在市场上的竞争优势明显强于路透社和汤姆森公司。为了能够超过彭博社，2008 年 4 月汤姆森公司以现金加股票的方式，作价约 170 亿美元收购了路透集团，使得国际金融信息服务市场由彭博社、路透和汤姆森三家竞争的格局变为彭博社与汤森路透两家巨头争霸。汤姆森公司是服务和出版业的传媒巨头，路透社是世界三大新闻通讯社之一，是综合新闻和金融资讯提供商。二者合并后在业务类型和地域分布上形成了有效互补，凭借协同效应降低了经营成本、扩大了营收渠道，在营业收入和市场份额上略超彭博社，成为全球最大的财经信息产品供应商，服务领域覆盖金融与风险、法律、知识产权与科技、税务与会计、媒体五大块。

---

① 代微：《康统大战：产品力与品牌力的较量》，《现代商业》2012 年第 21 期。

二、汤森路透舆情大数据分析的实践案例

合并前汤姆森公司和路透社的身份是传统的出版服务商与新闻内容提供商,但合并后的汤森路透集团在多个业务领域运用大数据技术进行了发展探索,全面推进了数字化转型战略。大数据方法对于丰富产品结构、提升服务水平起到了重要作用。汤森路透以丰富的数据资源为依托,通过对大数据深挖细琢,提高新闻信息的附加值,加强信息集成服务,如对核心金融信息产品进行功能完善与更新升级、参与重大体育赛事的公共安全舆情监控、为特定行业提供市场分析与企业发展指南等。

(一)推出金融新闻舆情分析应用工具 Eikon

2008 年 9 月,汤森路透投资近 10 亿美元推出了 Eikon 产品项目。该软件整合了数十种数据、新闻信息、分析工具和交易工具,其基本数据库囊括了 106 个国家、166 个交易所几乎所有上市公司的历年财务数据、相关文件,以及千余家研究机构研究报告与预测,可为用户提供一站式服务。通过 Eikon 平台可以对这些信息进行网络搜索,在 PC 端和移动智能终端上都能使用。这款产品紧紧围绕汤森路透的核心业务,实现了对金融信息大数据的有效整合与聚合,还加入了社交网络功能,支持通过追踪来自 Twitter 和 StockTwits(一个面向金融领域的社交网络)的信息进行实时分析。同时汤森路透还运用业内最先进的新闻信息自动处理与系统分析技术令公司屡获殊荣的"汤森路透新闻分析"专有技术,不断丰富 Eikon 的功能,为 3 万多家上市公司提供直观的动态平均分析、社交媒体信息和最新的投资意愿分析。该项技术对通过改进用户界面,将海量非结构化数据转变为通过多种图表形式的可视化呈现,使金融市场专业人士得以快速、便捷、直观地辨别市场趋势和潜在动态,从而获取前沿资讯、形成独到见解、造就竞争优势。尤其是针对股票的数据服务,Eikon 提供的可视化数据表格,能够与公司股票价格在同一图表上显示,将市场舆情与公司股票价格之间复杂的影响关系进行可视化再现,从而使金融界专业人士更容易掌握关键趋势。与此同时,汤森路透还推出了基于云端的企业数据交易管理云平台 Elektron,通过云计算为客户进行数据管理和交易服务,并计划将所有的数据都迁移到 Elektron 上,以利用其广阔的范围,增强自身的市场信息深度。

(二)参与重大体育赛事的公共安全舆情监控

美国橄榄球超级碗(Super Bowl)总决赛堪比中国的春晚,是全美收视率最高的电视节目。在 2014 年 2 月 3 日的美国第 48 届橄榄球超级碗总决赛中,汤森路透提供的公共安全舆情监控系统,为赛事的顺利举行发挥了巨大作用。汤森路透提前一年多就参与到赛事的安全预防筹划工作中,提供了一个安全威

胁和犯罪活动识别的数据分析平台。该平台通过复杂、科学、精准的搜索算法，可以连接并梳理海量数据来源，其中包括网络公共领域的记录和社交媒体，以及路透社新闻和商业信息数据库等。随着赛事临近，汤森路透根据美国橄榄球联盟和警方要求，进一步强化了该分析平台在反恐和安保，如重要人物保护和观众人流量监控等方面的监控，通过意义连接和相关性评估为安全机构提供潜在威胁名单，用于进一步的调查。2014 年 2 月 3 日的超级碗总决赛顺利落幕，其间未发生任何重大公共安全事件，汤森路透可谓立下汗马功劳。汤森路透事后总结参与这项赛事的经验，提出了一套基于数据驱动的公共安全解决方案，并在 2014 年 4 月发布了正式版的威胁监控套件，用于在多种类型的数据来源中进行风险识别和安全预防。

（三）利用大数据进行预测分析

在科技出版领域，汤森路透知识产权与科技事业部的 Web of Science 数据库收录了全球 8000 多种高质量期刊，其中的科学引文索引（SCI）、社会科学引文索引（SSCI）和艺术与人文科学引文索引（A&HCI），不仅是重要的科技文献检索工具，而且已成为评价科研成果的重要依据。从 2002 年开始，汤森路透通过对化学、物理学、医学和经济学领域科技文献的引文分析，来识别在学术上最有影响力的研究人员，从而预测诺贝尔奖的获奖人。汤森路透根据诺贝尔奖的分类，根据研究人员科学研究成果的总被引频次，通过定量分析和预测指标来判断论文的影响力。最终选出具有高影响力的论文作者，会被冠以"汤森路透引文桂冠得主"（Citation Laureates）的称号。这些研究人员也被视为年度诺贝尔奖得主的热门人物。汤森路透自 2002 年起到 2014 年，已经成功预测 29 位诺贝尔奖得主。2014 年 7 月，汤森路透知识产权与科技事业部又发布了《2025 年世界十大创新预测》的报告。该报告通过分析全球专利数据和科学文献，预测了 2025 年的科技发展趋势。

三、汤森路透的商业模式创新

（一）价值主张创新——专业数据可视化

在如今这个移动互联时代，人们被信息洪流所包围。运用大数据方法对这些信息进行分析与管理，挖掘出信息的潜在价值，信息就变成了数据。所以说海量信息中有价值的专业信息才是大数据。汤森路透拥有庞大的专业知识数据库、软件应用工具及服务，可以便捷、快速地将专业信息数据化。随着科技与经济水平的提升，社会运行节奏和社会竞争强度日益增加，人们对专业数据的传递要求也越来越高。有价值的信息，不仅要便于分享、数据精准、内容权威，还需要便于使用与呈现。对于用户来说，不仅要易得，还要易用，即检索到的大数据是易于理解、便于利用的。一条信息的信息量，就是这条信息能够消除不确定性的程度，所以我们用熵值的变化来表示信息的信息量。用户检索信息的基本要求是能够消除自身认知的不确定性。如果海量数据仅仅是易得，而不是直接助力于用户不确定性的减少，对于用户来说这类数据与冗余数据并无不同。作为一家信息供应商，所提供信息质量及信息服务质量是至关重要的。对于用户具有吸引力、会引发高需求的数据，是便于用户直接使用的个性化成品，而不只是数据化的半成品。所以汤森路透的 Eikon 软件，提供的不是非结构化的数据图表，而是可视化的表格与图片，用户可以快速、直观地读取潜在信息，大大节省了用户利用数据的信息获取成本。

（二）客户群体高端化定位

在跨国传媒集团日益朝着综合化和娱乐化方向发展时，汤森路透走的却是一条不同的专业媒体之路。在目标客户定位上，汤森路透坚持以有着稳定需求和较好支付能力的高端客户群为目标，如表 10-1[①] 所示，这直接带来了相对稳定的利润空间和稳定的业务经营。

表10-1　汤森路透的业务部门与客户群体一览

业务部门	客户群体
金融与风险	资产管理经理、财经分析师、对冲基金经理、投资银行家、策略研究专业人士、咨询顾问、律师、理财经理、投资者关系代表、财务主管、金融主管、交易专业人士、市场数据人员、金融机构的IT专业人士、经纪人、研究分析师、经济师、策略师、投资银行的业务管理与策略团队、企业合规人员、审计人员、法律与风险管理专业人士
法律	律师、企业顾问和律师事务所专业人员、企业法律专业人士、政府机构、商标专业人士、法律系学生、法律图书馆、法律执行与调查专业人士及其他法律界专业人群
税务与会计	会计事务所、（跨国）企业税务、金融和会计部门、律师事务所、各级负责地产注册和税收的政府部门
知识产权与科学技术	商标律师、市场营销管理人员、企业和律师事务所的竞争情报分析人员、IP资产管理经理、IP专家、IP顾问、备审案宗管理人员、专利律师、研发经理人员、许可证主管人员、业务策略师、知识产权分析师、政府机构中的科学家和学者、大专院校、学术与研究机构、研究人员、学术作者、学生、图书管理员、政府部门、非营利型组织、资助机构、出版商、生命科学、制药及生物科技公司、制药和生物科技公司的科学研发专业人士
媒体	新闻媒体、出版业等

① 胡正荣、万丽萍：《汤森路透创新经营　迎接大数据的挑战》，《中国报业》2013 年第 8 期。

四、案例点评

在大数据时代，传统行业最终都会转变为大数据行业。谁掌握了数据，谁能把数据转化为价值，谁就在全球竞争中占据优势。传统媒体一直是充当内容提供商的角色，提供信息服务。但在移动互联时代，信息不再是稀缺资源，人的时间才是稀缺资源。移动互联网突破空间限制的传播方式，把人们的时间无限切分。在快节奏、碎片化的信息获取与接收过程中，人们需要的是有用的知识，而不是海量的信息。大数据时代，信息服务需要向知识服务转型。知识服务与信息服务的根本区别，在于对隐性知识的挖掘，即深度信息的挖掘，以及对信息的精确度信息需求度的把握。现有的大数据分析，大部分基于散乱的、无结构化的海量信息和数据，因此得出的分析价值与利用价值密度较低。汤森路透的优势，就在于其高价值密度的专业数据库，加上与时俱进的分析技术与工具，能够实现信息聚合与分析软件的深度融合，最终可以为用户提供高利用价值的知识数据。通俗地讲，信息服务是提供原材料，知识服务是提供成品。

汤森路透深挖用户需求，依托齐头并进的技术创新、产品创新、服务创新，在大数据时代走在了同行的前列。目前全球的传统媒体都在遭遇移动互联带来的冲击，转型、升级、融合，成为不可回避的历史选择。由两个传统行业巨头合并而成的汤森路透，很快实现了传统向现代的转变——其2013年财报显示，媒体业务收入为3.1亿美元，在集团营业收入中的占比已不足5%。从组织结构来看，汤森路透目前形成了以金融与风险、法律、税务与会计、知识产权与科技四大事业部为主体的布局，而媒体业务则放入了财报中的"公司及其他"这一类别。汤森路透已经不再是传统意义上的媒体集团，而是知识服务商。这为我国尚在探索数字化转型的传统新闻传播与出版业提供了有益的借鉴。我国的传统媒体需要探寻一条既具有社会效益，也能保证经济效益的媒体转型路径，从而打造新型主流媒体，汤森路透的转型实践值得关注。

案例三 郭美美与慈善事业的品牌声誉

一、案例简介

中国红十字会（以下简称红十字会）是从事人道主义工作的社会救助团体，是国际红十字运动的重要成员，是以发扬人道、博爱、奉献的红十字精神，保护人的生命和健康，促进人类和平进步事业为宗旨的最有国际影响的非政府组织。红十字会一直有着象征互助、公益、慈善的品牌声誉。然而，2011年6月21日，新浪微博上一个名叫"郭美美Baby"的网友，在其微博空间发布了大量炫富照片，其认证身份是"中国红十字会商业总经理"，由此引发众多网友对中国红十字会的非议、质疑，并形成长达半年之久的网络舆情热点话题，最终导致中国红十字会声誉与形象坍塌。网络炫富女是如何毁掉堂堂红十字会慈善事业品牌声誉的？让我们先对事件始做一番了解。

认证身份是"中国红十字会商业总经理"的网民郭美美，在微博上多次发布其豪宅、名车、名包等照片，引发了众多网友的质疑：红十字会的任职人员居然这么有钱？他们钱从哪里来的？我们捐给红十字会的钱到哪去了？网友们对"郭美美Baby"的身份众说纷纭，做出不同猜测。2011年6月22日中国红十字会总会表示，没有"红十字商会"的机构，也没有"郭美玲"其人。新浪微博承认认证审核有误并致歉。2011年6月22日"郭美美Baby"的实名认证被取消，经新浪微博官方查实，"郭美美Baby"原认证说明为演员，在其最新微博上也有提及。之后有网友称郭美美是中国红十字会副会长郭长江的女儿，郭长江表示否认，说自己压根就没有女儿，红十字会也没有所谓的商业总经理这种职位。6月28日，郭美美的炫富行为演变为一个网络热点议题，百度指数显示该日的用户关注度达到702968，该事件到达第一次舆情高潮。6月29日，新浪微博中的ID"温迪洛"发布了其"人肉搜索"结果，与中国红十字会总会有合作关系的中宏博爱等三家公司浮出水面，《南方都市报》等媒体纷纷报道该消息。ID"温迪洛"的发现标志着网民集体行动取得了重要进展，事件的发展开始进入一个新的阶段。[①]尽管红十字会及其副会长郭长江先后公开回应称与一夜蹿红的新浪微博博主"郭美美Baby"无任何关系，但在网络人肉搜索的推动下，事情继续发展，并再度牵扯到红十字会、郭长江和另一家名叫天略集团的企业，以致相关方面不得不继续澄清。2011年7月1日中国红十字会总会就公众关注的中国商业系统红十字会运作方式问题发表声明：邀请审计机构对中国商业系统红十字会成立以来的财务收支进行审计，并商请中国商业联合会成立调查组，调查媒体所反映的中国商业系统红十字会运作方式问题，并将及时向社会公布审计和调查结果。在此之前，暂停中国商业系统红十字会的一切活动。事情到此看似告一段落，但由郭美美引发的网络舆情传播事件，使得红十字会的慈善品牌声誉被毁，并由此引发国人对各类慈善事业的质疑。

---

① 郝永华、芦何秋：《网民集体行动的动力机制探析——以"郭美美事件"为研究个案》，《国际新闻界》2012年第3期。

整个事件的发展过程及后续进展如表10–2[①] 所示。

表10–2　郭美美炫富网络传播事件发展脉络分析

	事件/背景/结果	郭美美	网民	红十字会
2011年6月	郭美美炫富	微博炫富，21日被网友关注和质疑。22日到26日，郭美美微博解释澄清身份，后发表声明其身份是杜撰，并未在红十字会工作。	热议+人肉搜索发现与郭美美有关的一系列人物和这些人物与红十字会的关系。并指出中国红十字会下面有商业红十字会及商业红十字会的盈利模式。	网友发现疑似中国红十字会副会长郭长江微博后，郭接受采访称，没有红十字会商会，我也没有女儿。6月22日红十字会称"郭美美"与红十字会无关。28日红十字会召开记者通报会，否认有"红十字商会"机构，也未设"商业总经理"职位，更无"郭美美"其人。
2011年7月—11月	红十字会调查并向公众公布结果。	郭美美母女于8月接受郎咸平采访。	有77.5%的受访者表示红十字会在"郭美美事件"调查过程中"表现糟糕"。	公布的调查报告认定"郭美美本人与红十字会及商红十字会无关，其用以炫耀的财富也与公众捐款或项目资金无关。"红十字会同时承认，商红会的确管理混乱并与商业机构存在利益关联，并通过撤销商红十字会为事件调查画上句点。
2013年2月	红十字会社监委发言人王永正式向红十字会建议，重查郭美美事件。社监委委员刘姝威称，郭美美违反民法通则，侵害了中国红十字会名称权。	发微博"信任你们是因为我太善良，但我不是一个好欺负的人！你们从我这骗走的如果不还，我会让你们全世界出名，看你们还有什么脸活！"		中国红十字会未对社监委建议明确表态，也未追究郭美美的法律责任。
2013年4月	四川芦山地震后，中国红十字会在震后募捐中再遭信任危机。		中国红十字会活动受到普通民众的激烈批评，网络推手则加深了这一情绪。	红十字会社监会发言人王永表示，社监会内部已对重查郭美美事件达初步共识，中国红十字总会表态愿意配合，等待社监会投票。
2013年6月	重启"郭美美事件"调查仅获两位委员支持。最终，社监委认为，对"郭美美事件"重启调查，有待进一步征集实证。	"只要红十字会敢动我一根毫毛，我立即公布红十字会很多不为人知的贪污内幕，资料已寄到美国，有胆你们放马过来！"		随后中国红十字会秘书长王汝鹏否认红十字会将重新调查本事件，称仅是红十字会社监会两个委员的"个人提议"，而且尚未获得中国红十字会社监会通过。
	起诉郭美美侵权的诉讼时效即将到期。	郭美美在澳门举行盛大的生日派对。		没有回应，至今未起诉郭美美侵权。

---

① 樊小玲：《机构形象传播中主体意识的缺失与重建——"郭美美"事件引发的"红会"危机案例分析》，《华东师范大学学报》2013 年第 5 期。

可见"郭美美事件"根据时间大体可以分为三个阶段：第一阶段为"炫富—热议—人肉搜索"演变阶段。这一阶段是典型的"网民个体行为引发网络群体性事件"的代表——郭美美网络炫富的个人上网行为引发网民热议并随后进行人肉搜索第二阶段，"网民和郭美美的对峙"变成"网民和中国红十字会的对峙"。这是网络舆情发生转向的时期，中国红十字会此时已经陷入舆情危机之中。第三阶段的发展脉络是"红十字会认为处理完毕——慈善事业形象全无——郭美美反击——红十字会慈善事业品牌声誉全毁"。

二、红十字会针对郭美美事件的危机公关应对分析

在网络舆情危机事件传播的过程中，由于危机议题、危机情境不同，危机应对策略也有所不同。中国红十字会陷入危机后进行了危机公关应对，但是由于对于网络舆情判断不清，危机公关措施实施不力等诸多原因，虽然红十字会一再进行澄清，但是仍没有打消网民心中的质疑。由信任危机导致的募捐接连受挫，红十字会形象尽失，导致每次危机应对几乎都形成了新一轮负面舆情信息的反扑。表10-3[①]梳理了危机发展过程中红十字会的应对经过，从中可以清楚地看出其危机应对的基本走势和实际效果。

表10-3　红十字会应对郭美美事件的走势与效果分析

危机议题	危机情境	危机应对策略	国内外舆论	效果评价
郭美美事件	意外（非蓄意，外在造成）	否认型：直接否认，撇清关系；开新闻发布会区别自身与商红会；向警方报案证明自身清白。	负面报道/言论为主：媒体与公众对此都表示质疑与不信任，并积极寻找证明红十字会各种"丑闻"的证据。	不佳
曝出财务问题，商红会被指十年未审计	违规（蓄意，内部造成）	重塑型：暂停商红会活动并接受审计。淡化型：试图掩盖商业牟利行为。	负面报道/言论为主：重新质疑其公开透明问题：媒体调查出红十字会、商红会、中红博爱资产管理有限公司等一系列利益关系。	不佳
被曝各种丑闻、借公益搞房地产、免费广告盈利等	违规（蓄意，内部造成）	淡化型：秘书长王汝鹏发博客进行危机公关。支持型：迎合公众，开启官方微博回应热点事件，并承诺月底信息披露平台上线。	正负面报道/言论兼有：媒体呼吁透明化，期待改进；部分网友行为过激，"黑"掉地方红十字会主页；李娜捐60万给养老院，称不愿通过红十字会。	一般

① 李华君：《网络危机事件中非政府组织的新媒体公关策略——以"郭美美与红十字会危机"为例》，《电子政务》2013年第1期。

（续表）

危机议题	危机情境	危机应对策略	国内外舆论	效果评价
曝学驾照收费、违规出租救灾仓库、扣留日本赔偿中国劳工赔偿金、超声刀造假、官员贪污腐败等	过失/违规（非蓄意，内部造成）	重塑型：广州分会成立监事会，发布《贯彻"两公开两透明"承诺》，主动晒"三公费用"。否认型：对驾照收费和扣留赔偿金进行解释，消除误会。淡化型：对确实有错的事件认错或试图掩盖。	负面报道/言论为主：媒体报道兼顾批评与建议，公众依然不买账，"敌对"情绪自然化。	不佳
信息披露平台发布	过失（非蓄意，内部造成）	淡化型：对于平台出现的诸多不完善之处，红十字会以工程量庞大人力有限为解释理由。	积极评价应对措施与负面评论兼有：主流媒体对信息公开支持，公众质疑多多。	一般
曝"豪车门"以及其他"逼捐""震灾款打白条""爱心款延迟"等	过失/违规（非蓄意，内部造成）	否认型：对"豪车门"，称按照国家规定配车。淡化型：对打白条和爱心款延误15天，红十字会表示管理制度不健全，并公开道歉。	负面报道/言论为主：媒体报道兼顾批评与建议，公众依然不买账，"敌对"情绪依然存在。	不佳
年底红十字会出台了一系列改革措施	修复（内外部形象传播）	重塑型：建立捐赠信息发布平台，公开捐赠流程，改革组织管理体系。	正负面报道/言论兼有：媒体从批评转向鼓励与期待，但网友评论显示其仍需拭目以待。	良好

三、案例点评

郭美美毁掉红十字会慈善事业品牌声誉，令红十字会陷入危机，并引发中国整个慈善事业的低迷，无疑给非政府组织如何在新媒体时代进行危机公关管理，敲响了警钟。非政府组织的危机公关能力相对较弱，是此次红十字会陷入危机的一个原因。但最重要的原因，是红十字会作为涉事主体，进行舆情危机公关管理的方法、策略不当。危机传播是有阶段性的，通常分为危机潜伏期、爆发期、持续期、平息期、恢复期。在危机事件传播的不同阶段，要积极采取不同的应对策略，尤其要充分利用新媒体的传播特性，遵循互联网舆情信息的传播规律，有计划、有组织、有目的地展开危机应对。红十字会陷入慈善事业品牌形象与品牌声誉危机的过程，是一个由受损到恶化，最终坍塌的逐渐演变过程。良好的舆情危机公关管理有助于涉事主体扭转危机演变态势。

在舆情危机公关管理过程中，危机潜伏期要保持敏感性，要对网络舆情信息进行主动收集，为此后的危机公关和决策提供信息支持；当网络舆情危机信息传播开来，要尽早借助新媒体进行危机信息公开、舆论引导等措施，降低危机的负面影响，切不可掩耳盗铃；在危机信息持续期，要通过设置新媒体议程，进行公关传播活动，重树正面形象。在郭美美事件爆发前，曾有媒体报道过类似的消息，但红十字会未予重视，缺乏收集网络舆情的主动性及舆情预警的敏感性。及时掌握网络舆论动态，是舆情危机潜伏期的主要工作。只有密切关注网络舆情的发生和发展状况，才能够及时掌握和引导舆论，未雨绸缪，临危不乱。在舆情危机传播爆发期，互联网传播的快捷性、广泛性、渗透性、互动性、匿名性、爆发性使得应对危机的舆情监测与管理特别复杂。但互联网确实是一把双刃剑，同时也给涉事主体提供了化解危机的机会与时间。涉事主体可以建立灵活统一的危机公关管理协调机制，在组织系统内部设立统一的危机处理指挥中心，以协调各内部部门和外部利益相关者的危机公关行为，统一行动、统一声音、统一态度，主动为公众提供所需信息。在危机持续期，涉事主体应该主动与各类舆论引导机构联动，在各类媒体上策划公关活动。如通过新媒体传播可以缓解与公众、网民的紧张关系，主动回应、耐心交流、热心沟通，不回避、不冷漠的态度才能重拾人心；通过传统媒体可以促成媒介议程、网络议程、公众议程的重合与交融，从而有效引导主流舆论，控制大局；通过官方主流媒体可以组织策划媒介事件、新闻话题、参与热门栏目，对事件真相进行澄清，消除网络质疑，形成张力，从而有力回击谣言、谗言与流言。在危机恢复期，应该组织公关活动，积极开展矫正型、弥补型的公益活动或者宣传活动，采取多种形式进行形象传播与品牌传播，重塑良好的品牌形象，为恢复美誉度和认可度付出与投入，直至危机真正平息。

案例四　恒天然乳粉涉毒事件：
一个"自曝家丑"的危机公关成功

一、案例简介

新西兰恒天然集团（简称恒天然）是全球最大的乳制品出口企业，年加工牛奶达 220 亿升，控制着新西兰近 90% 的乳制品资源。而我国是新西兰乳制品最大的出口市场，80% 的进口奶粉皆来自新西兰。像雅士利、可瑞康等为纯新西兰进口奶源；雅培、惠氏、美赞臣等是部分用了新西兰奶源。由于近些年国产奶粉屡现丑闻，进口奶粉一直倍受国人追捧。震惊全国的三聚氰胺食品安全危机事件的爆发后，只要经济实力尚可的父母都会将进口奶粉作为自己的首选，其中新西兰奶粉"纯天然""绿色牧场"的口号吸引了大量的中国年轻父母。

2013 年 8 月 2 日，恒天然主动通报承认公司于 2012 年 5 月生产的 3 个批次的产品中均检出肉毒杆菌，将会影响到 8 家客户，其中有 3 家是中国企业。在 8 月 3 日举行的新闻发布会上，恒天然集团新西兰奶制品公司执行董事加里·罗马诺介绍，这些问题产品是在新西兰本地一家工厂生产的，涉嫌被污染的产品总量为 38 吨。据说污染源是该公司在北岛怀卡托地区豪塔普工厂的一根受污染的管道。受污染的产品，可能被用于婴儿配方奶粉和运动饮料的生产。8 月 4 日，中国国家质检总局公布了 4 家可能受到肉毒杆菌污染的企业名单：杭州娃哈哈保健食品有限公司、杭州娃哈哈进出口有限公司、上海市糖业烟酒（集团）有限公司、多美滋婴幼儿食品有限公司。此负面消息一出，中国舆论一片哗然。8 月 5 日，恒天然在北京召开新闻发布会，宣称全部问题产品将在两天内召回。同时恒天然首席执行官 Theo Spierings 在新闻发布会上表示：向中国以及世界各地受到影响的消费者道歉。各大报刊、网站纷纷刊登了这段道歉语："食品安全和各地人民的生命安全是我们最关心的问题。现在，恒天然对这次事件给消费者带来的悲痛和焦虑的心情深表遗憾。我们理解父母对食品安全问题深表关切的需求，父母有权要求婴幼儿食品及相关产品 100% 安全。"恒天然还表示，目前有三项工作重点：确保食品安全；确保为消费者解决问题；和监管机构一起，保证关于此事件的纠正性行动可以顺畅展开。[①]

8 月 5 日，关于恒天然奶粉的新闻报道数量达到最高峰值，恒天然在京召开发布会向中国消费者道歉，吸引了无数媒体的目光，各大新闻网站竞相报道。当时网络舆情传播的媒体分布情况如图 10-1 所示[②]。

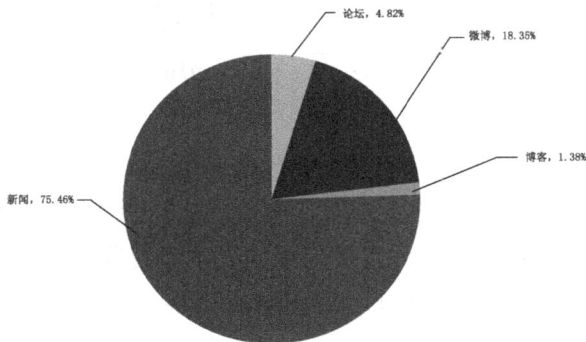

图10-1　恒天然奶粉涉毒—网络舆情传播的媒体分布图

---

① 沈李龙：《恒天然再现奶粉质量安全危机·洋奶粉神话破灭了吗？》，《中国食品》2013 年第 16 期。

② 数据来源：政安互联网舆情监测系统。

　　由图 10-1 可以看出，新闻网站对该事件进行了集中关注，其次是微博、论坛、博客。8 月 5 日事件到达舆情传播的顶峰。8 月 6 日后，由于肉毒杆菌污染产品和流向已逐步清晰明朗，加之恒天然自曝家丑、公开坦诚的态度，此事的舆情热度开始降温。此次危机舆情传播过程中百度新闻数量、天涯论坛点击量统计如图 10-2、10-3 所示[①]。

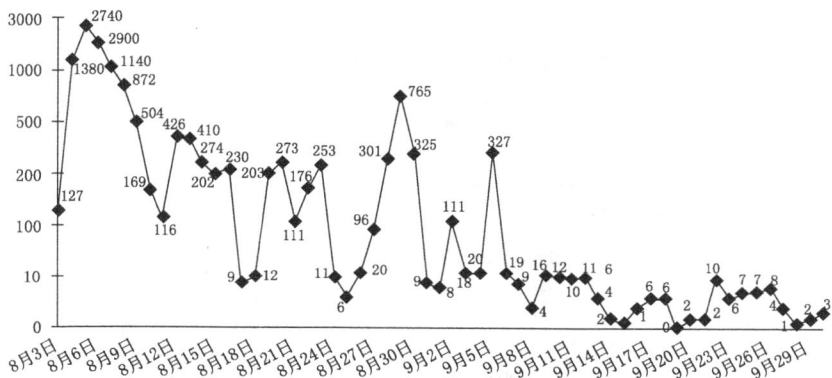

图10-2　百度新闻数量统计

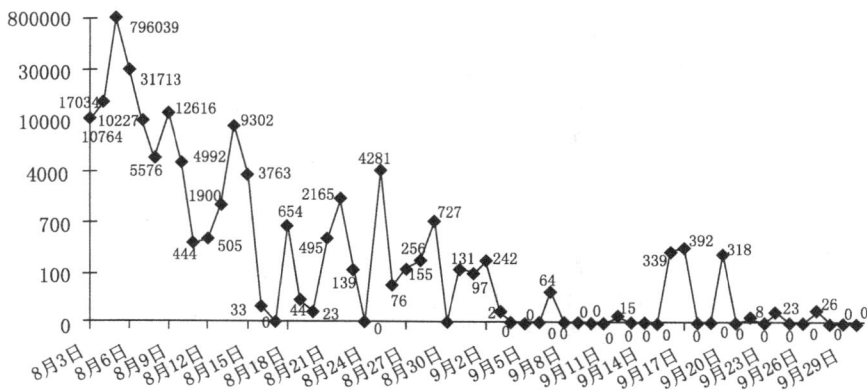

图10-3　天涯论坛点击量统计

　　可以发现，此次事件演化分为酝酿（8 月 2—3 日）、扩散（8 月 4 日）、爆发（8 月 5—9 日）、消退（8 月 10 日以后）四个阶段，舆情传播节奏较快、

　　① 蒋侃：《企业社会责任网络舆情演化过程与影响因素分析——以恒天然公司乳粉污染事件为例》，《广西社会科学》2014 年第 9 期。

周期较短。在 8 月底，舆情略有回涨之势，主要是源于当时关于恒天然涉毒产品的监测结果公布出来：新西兰官方经过多达 195 次的追加检测结果表明，恒天然产品中监测出的微生物不会像肉毒杆菌那样产生出致命的肉毒素。换言之，恒天然肉毒杆菌事件是一个乌龙事件。此时舆情热度小幅上涨，但之后是持续冷却，直至平息。该事件各个阶段舆情传播的主要议题及后续变化如表 10-4[①]所示。

表10-4　恒天然肉毒杆菌事件话题变化

阶段	时间	百度新闻主要报道	天涯论坛讨论主题
酝酿期	8月3日	恒天然披露产品含肉毒杆菌 质检总局要求召回	恒天然再爆丑闻，产品检出肉毒杆菌
扩散期	8月4日	恒天然产品检出肉毒杆菌 恒天然拒透露涉事客户信息 恒天然拖延迟报遭质疑 质检总局公布涉污企业 质检部门要求召回问题产品	中国再现毒奶粉 奶粉问题频出，该如何选择？ 进口奶该羞愧，强烈要求道歉 新西兰初级产业部公告涉事乳业
爆发期	8月5日	恒天然CEO赴华，召发布会道歉 问题乳品为何迟报 国内四家企业涉污，纷纷做回应 有涉毒乳业未被披露 恒天然致歉，未提赔偿事宜	问题乳粉遭下架 恒天然毒奶拖延迟报，性质恶劣 恒天然正式道歉 问题乳企相继曝光 洋奶粉跌下神坛了？
爆发期	8月6日	中国乳企能否索赔存疑 涉"毒"奶粉陆续下架	谁对洋毒奶粉缄默？ 毒奶粉风暴，多国下禁令
爆发期	8月7-8日	雅培遭曝光 恒天然引发信任危机	洋奶粉全面沦陷 盲目崇拜洋货，国人该失望！
消退期	8月12-13日	新西兰将彻查"毒奶粉"事件 恒天然再陷双氰胺风波 新西兰将成立调查委员会彻查事件	新西兰奶粉仍可信？ 受污奶粉检测中，莫恐慌
消退期	8月20-23日	恒天然将启动赔偿程序 新西兰总理承诺年内赴华道歉	硝酸盐超标13倍拒公开 新西兰奶粉可靠吗？
消退期	8月28-29日	检测表明恒天然乳品不含肉毒杆菌 肉毒杆菌污染是虚惊一场	恒天然风波是虚惊一场
消退期	9月5日	恒天然承认"肉毒门"为污染事件 恒天然肉毒杆菌风波引警示反思	毒奶粉警报解除 主动召回，重获信誉

---

① 蒋侃：《企业社会责任网络舆情演化过程与影响因素分析——以恒天然公司乳粉污染事件为例》，《广西社会科学》2014 年第 9 期。

二、案例点评

针对恒天然奶粉涉毒的议题，有研究者选取了中国信息网（新闻网站）、新浪时事论坛（时事论坛）、天涯论坛（BBS及网络社区）、新浪博客（博客）和新浪微博（微博）在2013年8月5日及8月9日的相关数据进行网络舆情态势分析，通过定量分析模型进行验证，指出"恒天然奶粉涉毒"这一企业危机事件8月5日的网络舆情态势评估等级为"较高"，所处的态势等级为"橙色"；该事件8月9日的网络舆情态势评估等级为"中"，所处态势等级为"黄色"。可以看出，8月9日的网络舆情态势较8月5日的网络舆情态势已经大大回落，态势等级明显下降。[①] 可见，恒天然在此次危机公关过程中，处理得到，危机平息较快。

在事故发生后，恒天然采取了及时公开、坦诚面对媒体的危机公关策略，这值得国内企业学习。"自曝家丑"的态度首先树立了负责任的企业品牌形象。之后在充分曝光的情况下，主动、诚恳地处理方式，让负面舆情的延续时间大大缩短。在舆情危机演化的过程中，恒天然危机公关的具体策略如表10-5所示。

表10-5　恒天然在肉毒杆菌事件中的响应策略分析

时间	舆情阶段	内容
8月2日	酝酿期	自爆产品缺陷
8月5日	爆发期	CEO赴华道歉，许诺48小时控制问题
8月6日	爆发期	披露要求保密的企业是雅培
8月8日	爆发期	委托第三方独立调查
8月12日	消退期	宣称启动赔偿
8月21日	消退期	证实亚硝酸盐超标
8月22日	消退期	公布检测结果：不含肉毒杆菌
9月5日	消退期	承认为污染事件

可以发现，只要关注利益相关者的需要与疑问，采取主动、坦诚、公开的响应策略，就可以改变公众的印象，挽回消费者的信息，从而扭转舆情走势。

---

① 赵萌、齐佳音：《基于 Web2.0 的企业危机事件网络舆情态势研究》，《情报科学》2014年第8期。

当然，网络舆情演化过程，往往是事件性质、媒体议程设置、企业响应策略、企业危机公关方法和政府介入等多种因素共同作用的影响。但是在这一案例中，恒天然自揭伤疤、CEO赴华公开道歉、召回问题产品、委托第三方独立调查、启动赔偿活动、公布监测结果这一系列公关策略，表现出了一个负责的企业成熟形象，快速、成功渡过危机，值得称道。

案例五　魏则西事件中的百度与中国网络舆情

一、案例简介

魏则西是一个1994年出生于陕西咸阳的学生，是西安电子科技大学2012级计算机专业的大学生。在大学期间因患恶性软组织肿瘤——滑膜肉瘤病，一度休学。2014年魏则西接连做了4次化疗，25次放疗。之后至2015年底，魏则西先后在武警二院进行了4次生物免疫疗法的治疗、25次放疗，吃了几百服中药，经历了3次手术，花了20多万元。治病的巨额花费将家里积蓄掏空。2016年4月12日在咸阳的家中去世，终年22岁。

2016年3月30日，魏则西在知乎网上记录了自己求医的经历，其中关于武警二院和百度搜索的内容引发广泛关注。据华西都市报报道，魏则西的父亲魏海全告诉记者，当初在北京的一家肿瘤专科医院里，他听了一位医师的推荐，在通过百度搜索和央视得知"武警北京总队第二医院"后，魏则西父母前往考察，并被该医院李姓医生告知可治疗，于是魏则西开始了在武警北京总队第二医院的治疗。北京武警二院和"生物免疫疗法"，都是魏则西通过百度搜索而得知的，在百度搜索中，相关信息的第一条结果就是武警北京总队第二医院的"生物免疫疗法"。

大学生魏则西的过世，让莆田系民营医院、百度推广、部队医院承包体制及医疗监管制度等话题又成为全民关注焦点。根据政安网络舆情监测系统提供的数据，关于"魏则西事件"的舆情传播地域分布图如图10-4所示。

图10-4　"魏则西事件"网络舆情传播地域分布

图 10-4 显示魏则西事件引发了全国范围的讨论，其中在福建省舆情热度最高，原因是此次网络舆情热点事件的一个焦点话题是福建莆田系游医。

这里面，因为百度推广官微第一个发声，很快被大量网民舆论推到风口浪尖。网民们纷纷讨论：则西之死，究竟谁的责任最大？得知被欺骗的魏则西将经历发布到知乎的一个回帖中，回答了：你认为人性最大的"恶"是什么？直指百度的恶。他不幸去世的经历被广泛传播，最终触发了百度此次危机。在这次事件中，百度受到的舆论声最为猛烈。2016 年 5 月 2 日，国家互联网信息办公室会同国家工商行政管理总局、国家卫生和计划生育委员会和北京市有关部门成立联合调查组进驻百度公司，集中围绕百度搜索在"魏则西事件"中存在的问题、搜索竞价排名机制存在的缺陷进行调查取证。5 月 9 日，调查组对百度提出了三点整改要求，对医疗、药品、保健品等相关商业推广活动，进行全面清理整顿；改变竞价排名机制，不能仅以给钱多少作为排位标准，严格限制商业推广信息比例，每页面不得超过 30%；建立完善先行赔付等网民权益保障机制，对网民因受商业推广信息误导而造成的损失予以先行赔付。

二、舆情研判

魏则西事件引发网络舆情热点话题的持续周期与话题热度，都远远超过其他类似热点事件。如图 10-5 所示。

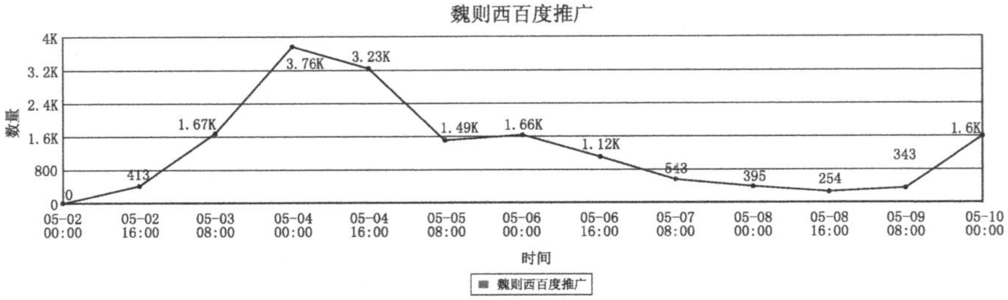

图10-5　魏则西百度推广舆情传播热点话题持续周期与热度分析

在此次舆情传播的过程中，热点话题的媒体分布图如图 10-6 所示。事关中国网络搜索巨头百度，可以看到百度新闻并不是此次新闻传播的热点平台。事件爆发以后百度公关及时做出回应，但却未能像以往处理"3Q 大战""百度文库侵权""血友病贴吧被卖"那样化解危机。微信公众平台、凯迪社区、天涯论坛都对该事件进行了热烈的讨论。

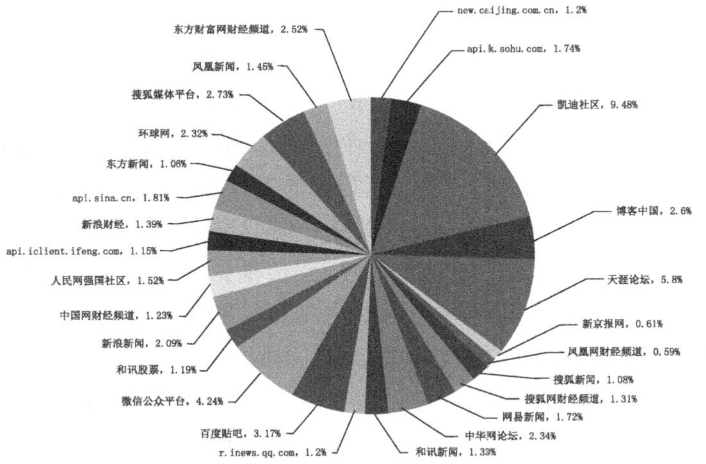

图10-6　魏则西百度推广舆情传播热点话题媒体分布

作为互联网三大巨头之一的百度，在掌握网络舆论方面一直具有所向披靡、无坚不摧的力量。因为通过对于信息入口的把关，不利于百度企业的信息可以统统屏蔽，这一能力一度让百度在危机公关中稳居上风。然而在这次"魏则西事件"中，百度却似乎"败走麦城"，在网络舆情的漩涡中越陷越深。魏则西事件引发的网络舆情热点话题包括百度推广、莆田系民营医院、部队医院承包体制及医疗监管制度等话题，其中"百度推广"直指百度的社会责任与企业形象。网络舆情演变的后续发展证明，百度此次在网络舆情中被推向了风口浪尖，各种针对百度的负面舆情信息充斥互联网。百度公关危机反映了新媒体时代下企业危机公关传播环境的变迁。所以本书此处仅就魏则西事件中折射出的网络舆情传播生态的变化展开点评。

三、案例点评

从魏则西事件的信息缘起及其扩散路径来看，基本是"知乎"—微信公众号/微博—微信朋友圈—门户网站—传统媒体及其网络平台—社会舆论。也就是说，与很多人所知晓的信息传播路径恐怕已经有很大区别，因为"知乎"与微博、微信比起来，依然是个较小众的网站，而它却成了最受关注的信息原点。从此意义上讲，"知乎"隐喻了社交媒体时代的信息扩散新路径。原有的媒体式与机构化自上而下的信息传播路径，正在被大幅度修正。与此相关的是，我们所熟知的舆论引导，在这样的信息扩散中，几乎不再奏效。百度的品牌口碑已经陷入困境，魏则西事件不过是一个导火索，激发了大众长期以来对百度的不满情绪。百度掌控着中国网络一半以上的搜索信息，正因为这种近乎垄断式的经营模式，造就了它如今"傲慢"的态度。近几年，不断出现的恶意植入软件、被搜索推广的电话骚扰等负面新闻，很多用户心中的百度已经是"无良"搜索引擎的品牌形象。而新媒体时代下公关传播环境已经发生变化：信息渠道增多，搜索引擎不再是获取资讯的首要平台，信息传播模式正在改变；网络公共领域崛起，信息传播的开放性凸显，把关人的垄断地位相对失灵；企业真诚、积极、负责人的品牌形象建设日趋重要。

魏则西事件引发搜索引擎行业进行反思：在赚取商业利益的同时，更要注重自身的社会责任。百度的竞争对手借势营销——5月3日，360搜索发布致用户的公开信：即日起360搜索放弃一切消费者医疗商业推广业务，承诺向广大网民提供安全、干净、可信赖的搜索服务。360搜索还解释自己从2015年开始就在尝试建立严格的审核机制，但发现无法从根本上杜绝虚假医疗信息造成的伤害。360搜索声称在"魏则西事件"后公司义无反顾做出这一重大决定，并呼吁所有搜索企业在相关的法律和制度完善之前，为了生命和健康暂时放弃商业利益。作为中国排名第二的搜索引擎，360的这则声明可谓是及时、精准，其果断的举措和社会责任感，迅速赢得了众多的支持和好感。与此同时，也令没有如此回应的搜狗稍显被动。当然有人质疑360搜索如此借势营销、居心叵测。针对这部分质疑，360搜索方面的工作人员回应，愿意舍弃如此巨大的商业收入，绝非是出于炒作的目的，未来的实际行动将是最好的证明。360果断放弃"医药广告推广"这方面的业务，算是给行业大佬百度"补刀"，直击其缺乏企业社会责任的不良品牌形象；另一方面，也是站在道德的制高点，获取了更多的用户好感。而且，在监管部门对此严查之前果断放弃，不失为是一种明智之举，也算是给百度及其他同行上了一次生动的公关课。

可见，在互联网舆论生态环境发生变化的今天，即便坐拥行业大佬地位的百度也要注重自身的品牌形象建设。毕竟，有道德、敢担当的企业才会走得更为长远。占据互联网垄断地位的百度，已经不仅仅是一家商业公司，而是承担互联网信息入口这一社会基础服务的社会公共企业。这意味着百度不可能只负责检索，而不负责检索结果的准确性、正确性、真实性及公共性。魏则西事件后百度竞价排名的商业模式之罪被不断揭开，不仅疾病名称可以被百度用作词条推广医疗机构，百度竞价排名影响所及涉及各行各业，包括期刊名称、企业名称、品牌名称等都可以用来牟利。百度的危机可以说是一个警示。互联网产业的公众形象，也走到了一个关键的十字路口。互联网的天然经济特征导致集中性和垄断化，在今天 BAT 分别掌握着整个社会的信息入口、交易入口及社交入口。这三大入口对传统行业的重新盘整，对社会经济体重新建构。针对这样的垄断企业，对它的监管及它们自身的品牌建设，无疑是史无前例的巨大挑战。

第十一章　文化传播中的网络舆情事件

案例一　涉疆网络舆情传播的文化性成因

一、案例简介

危害社会稳定、危机平民的生命与财产安全的一切形式的活动都是恐怖活动，近些年针对平民的爆炸、袭击和绑架等暴恐事件频率较之前有所提高，我国的恐怖活动有所反弹。自 2009 年开始我国暴恐事件包括：

2009 年 7 月，新疆乌鲁木齐发生打砸抢烧暴力犯罪事件。

2011 年 7 月，新疆和田发生暴力恐怖事件，新疆喀什美食城发生劫持卡车事件，之后喀什市中心发生爆炸事件。

2011 年 12 月，新疆皮山县发生暴力恐怖团伙劫持人质事件。

2012 年 2 月，新疆叶城发生步行街砍杀五谷群众事件。

2013 年 4 月，暴力恐怖团伙在新疆巴楚县色力布亚镇砍杀社区干部和民警。

2013 年 6 月，新疆鄯善多名暴徒袭击当地派出所。

2013 年 8 月，新疆喀什发生暴力恐怖事件。

2013 年 10 月，北京发生金水桥事件。

2013 年 11 月，新疆发生暴力恐怖分子袭击色力布亚镇派出所事件。

2013 年 12 月，在新疆疏附县，民警遭多名暴徒投掷爆炸装置并持砍刀袭击。

2014 年 3 月 1 日发生震惊全国的 3·1 昆明火车站暴恐事件：十余名蒙面暴徒在昆明火车站砍杀无辜群众，造成 29 死 143 伤的惨剧。

自 2009 年开始阿富汗局势呈现"疲态"，恐怖主义势力不仅没有被消除掉，反而开始回潮。新疆一直是暴恐事件发生的核心区，近几年来有向内地扩散、故意寻找国家重大会议、节日前夕策划恐怖活动的趋势。暴力恐怖分子实施恐怖袭击，其目的就是为了引起舆论关注，制造社会恐慌。每当恐怖袭击事件发生，舆情都会迅速升温，民众对同期举行的重大会议与活动的关注度会呈下降趋势。由于暴恐事件发生的频率提高，民众的社会安全感下降，进而导致民众对社会公共安全的整体认知出现偏移，社会心态显得敏感而脆弱。一旦出现类似事件，特别容易引发集团恐慌和群体极化。

民众对暴力恐怖事件的发生，早期基本是将原因归结为民族和宗教原因。但随着暴恐事件回潮，民众开始逐步从感性认识过渡到理性思考，有的对强力维稳、民族政策和宗教政策进行探讨与反思；有的对社会安全的情报工作和警方力量配置工作产生质疑与不满；有的对警方的反恐能力提出疑虑。新疆是一个多民族聚集的地区，同时也是一个对国家安全而言地理战略位置特别重要的地区。新疆的政治、文化、经济等问题，都具有独特之处，尤其是新疆网络舆情环境，特别需要从文化视角探讨。

二、案例点评

新疆地处中亚，就地缘政治而言，一直是国际社会关注的焦点。文化安全是国家安全的重要标准。随着互联网时代的到来，文化安全与政治、经济、宗教等传播活动渗透、交叉在一起。这种大背景使得新疆的网络舆情，往往是国际形势、国内形势、新疆区情共同助推而产生的。首先是泛伊斯兰主义和上世纪末猖獗起来的"三股势力"，一直在试图以掀起宗教狂热的手段制造民族分裂主义。其次是我国改革开放过程中伴随出现的社会矛盾，在社会转型期出现激化态势。在新疆的网络舆情表现出三种倾向：一是以宗教为建设良好道德的催化剂；二是以宗教作为应对细分文化入侵的工具；三是对宗教的意识形态特征认识模糊，将宗教认同置于国家认同之上。[①] 最后，新疆特殊的区情——多个民族、多种宗教的现状，使得涉疆网络舆情一旦涉及宗教问题就会出现激烈回响。久而久之演变成一旦出现网络舆情事件，势必和宗教问题攀上瓜葛。这些特征使得涉疆网络舆情工作中维护国家文化安全、保证网络舆情安全的任务艰巨无比。

新疆地域文化是新闻网络舆情传播的根源。涉疆网络舆情传播热点事件发生的原因，首先需要考虑文化性成因，在新疆首当其冲的是民族文化因素。在

---

① 张立斌：《涉疆网络舆情的文化性成因及对策》，《青年记者》2016 年第 3 期。

新疆这样一个多民族地区，民族凝聚力、政治认同感、社会向心力特别重要。但各个民族往往都有不同的民族信仰、生活方式、价值取向。一系列恐怖袭击事件的发生，如何修补和新疆地区人民的友谊，促进汉族和少数民族同胞友好相处，成为亟须解决的问题。在民族多元文化环境中，交往冲突的起因不在于文化的多元性，而在于文化间的隔阂。社会转型所积累的矛盾，经过文化隔阂的持续发酵，便酿成了暴力冲突的恶果。要走出这一困境，便只有以积极、开放的对话促成民族间文化交往，用平等、真诚的沟通来消解因隔阂而产生的恐惧与仇恨。针对新疆地区少数民族在发展历程中遭受的困难，我们也应当更多地抱以"推己及人"的心态，思考"如何站在穆斯林的角度找出路，不但要找经济的出路，也要找心灵的出路"。①

涉及民族矛盾的网络舆情事件，会对我们国家的民族文化造成冲击，并使得网络舆情的引导难度增大。这对于新疆地方政府工作、国家文化安全建设工作都提出了不小的挑战。在新疆，需要特别重视把经济发展的成果，运用并转移到政治文化领域。面对层出不穷的跨文化冲突和根深蒂固的不平等权力结构，用开放、真诚的对话来增加不同文化的彼此认知，消解横亘其间的隔阂与偏见已是刻不容缓的时代议题。②抵制西方敌对势力的文化渗透、坚守社会主义核心价值体系、引导新疆本土原生态文化的健康发展，需要加强新疆各民族的国家认同感、社会认同感，从而改变涉疆网络舆情工作的被动态势，构筑基于文化安全的网络舆情安全防线。

案例二 《舌尖上的中国》热播：文化传播的力量不可小觑

一、案例简介

《舌尖上的中国》是中国第一次使用高清设备拍摄的大型美食类纪录片，第一季只有7集，从2011年3月开始大规模拍摄，历时13个月，摄制组行走了包括港、澳、台在内的全国70个拍摄地，动用前期调研员3人、导演8人、15位摄影师拍摄，并由3位剪辑师剪辑完成。《舌尖上的中国2》于2014年4月18日起在中央电视台综合频道（CCTV-1）与中央电视台纪录频道（CCTV-9）开播，并在爱奇艺、乐视网等多个网络平台同步播出。

---

① 黄章晋：《十字路口的新疆》，《凤凰周刊》2013年秋刊。

② 跨文化传播研究小组：《2013—2014跨文化传播事件评析》，《中国媒体发展研究报告》2014年。

2012 年 5 月 14—21 日，7 集纪录片《舌尖上的中国》每晚 22：30 在中央电视台 CCTV-1 综合频道《魅力纪录》栏目播出，这是央视纪录频道 2012 年继《故宫 100》《春晚》之后，推出的又一部精制原创大片。5 月 23 日该片又在 CCTV-9 记录频道再次播出，并相继在 CCTV-2 财经频道、CCTV-10 科教频道等多个频道重复播出。该片以美食为载体，用精美的具有视觉张力的画面，"旁观"与"介入"共生融合的纪录理念，展现美食背后的人物、故事、情感、生存方式，表达中国文化价值理念及中国人勤奋、乐观、积极进取的精神风貌，描绘出"舌尖上"生动、鲜活、立体可感的"中国形象"。目前《舌尖上的中国》已经被翻译成 6 种语言，销售到 75 个国家和地区，其中包括美国和欧洲一些主要国家，海外销售额达到 226 万美元，销售单价甚至超过热播电视剧。①

二、网络传播状况介绍

《舌尖上的中国》热播，和网络媒介的迅速扩散是密不可分的。据央视网络电视台 CNTV 的统计，截至 2012 年 6 月底通过网络观看的观众人数已经超过 2000 万人次，通过网络平台和手机观看的观众超过 67%，而通过传统电视平台观看节目的不到 33%。② 网民在互联网上观看了这部视听盛宴后，引发了国民对这部纪录片的热议。根据博约网络舆情监测平台提供的数据（见图 11-1），可以看到在纪录片第一次播出即将到最后一集时，网络舆情的热度在一天之内到达峰值。

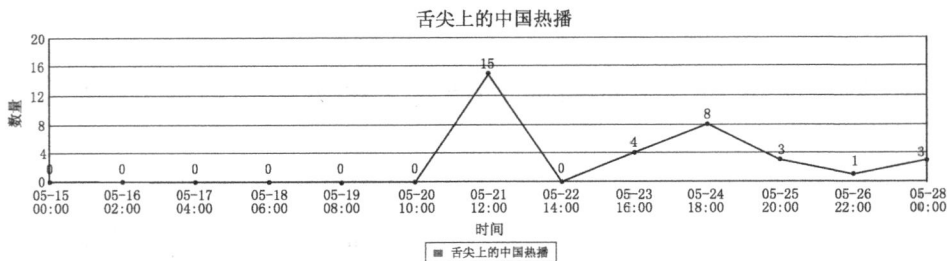

图11-1　《舌尖上的中国》网络舆情传播时间趋势

视频网站的评论、豆瓣、天涯论坛等网络媒体，一时间都在推播该片。其中，微博迅速地异军突起成为众多媒体中新的网络舆情领导力量，在网络上占有大

① 杨欢欢：《〈舌尖上的中国〉的文化分析——基于微博和微话题的考察》，华中师范大学出版社，2014 年版，第 15 页。

② 张同道、胡智锋等主编：《2013 年中国纪录片发展研究报告》，《现代传播》2014 年第 4 期。

片舆论阵地。根据博约网络舆情监测平台的数据，在 2012 年 5 月下旬，聚焦《舌尖上的中国》的网络舆情热点的媒体发布情况如图 11-2 所示。

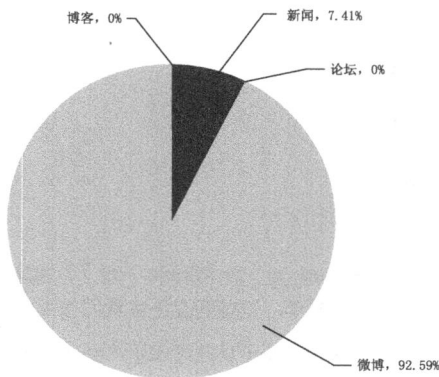

博客, 0%　　　新闻, 7.41%

论坛, 0%

微博, 92.59%

图11-2　《舌尖上的中国》网络舆情传播媒体分布

　　由于微博的热议，"舌尖"一词也迅速成为新浪微博的实时热词排行榜第一名。截至 2012 年 5 月 23 日第一次播出结束，"新浪微博中关于该片的话题微博近 150 万条，CCTV-9 的新浪官方微博中关于该片播出消息的微博被转发 4 万余条，单条消息被评论了 1 万余次"。[①] 以下为网友微博截图（图 11-3）。

汗汗猪：看了两集的《舌尖上的中国》，真的喜欢。一烩一饮间，一箪一瓢中，你可以了解到中国人千年来的饮食文化，可以感受到中国人在吃食中蕴含的亲情和智慧，可以体会中国人在吃食流变里不变的是家的味道！！ps:央视一套22:30播出！ @不知春_武夷人 @神马才是千里马 @流拍 @breezy_bb @秋风硕 @肖文涛

2012-5-15 23:59　来自MOTO戴妃三防智能手机　　　　转发 | 收藏 | 评论(8)

蔡晓米：一不留神，看了《舌尖上的中国》第二集，主食的故事。明知是个抚慰我们被食品安全桑透了的心肠的宣传片，我仍然为其中各种朴素手工面食技艺倾倒，也喜欢五岁的女娃跟着祖奶奶做年糕的温暖。这个点儿，好想来一碗兰州拉面；还有，好想念能够用白纱布滤出红豆沙的外婆。

2012-5-16 23:54　来自新浪微博　　　　转发 | 收藏 | 评论(1)

① 张同道、胡智锋等主编：《2013 年中国纪录片发展研究报告》，《现代传播》2014 年第 4 期。

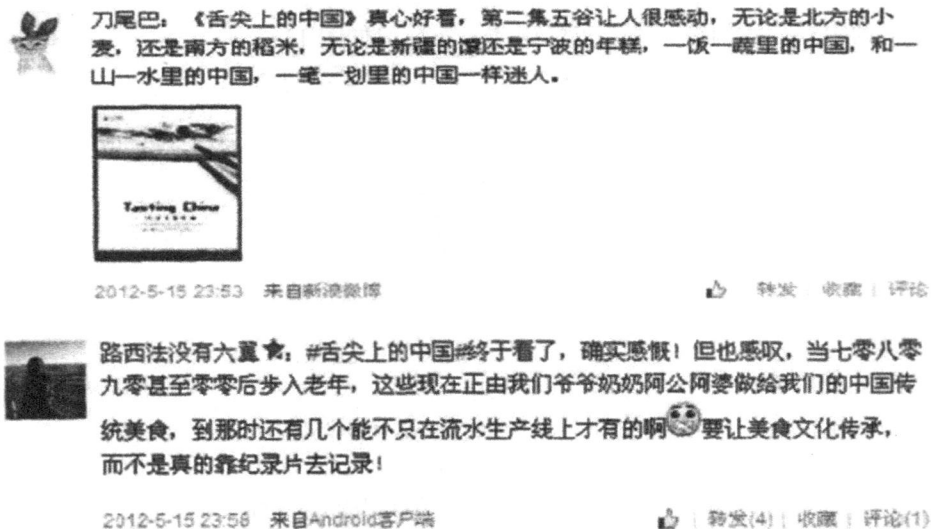

刀尾巴：《舌尖上的中国》真心好看，第二集五谷让人很感动，无论是北方的小麦，还是南方的稻米，无论是新疆的馕还是宁波的年糕，一饭一疏里的中国，和一山一水里的中国，一笔一划里的中国一样迷人。

2012-5-15 23:53　来自新浪微博　　　　　　赞　转发　收藏｜评论

路西法没有六翼：#舌尖上的中国#终于看了，确实感慨！但也感叹，当七零八零九零甚至零零后步入老年，这些现在正由我们爷爷奶奶阿公阿婆做给我们的中国传统美食，到那时还有几个能不只在流水生产线上才有的啊要让美食文化传承，而不是真的靠纪录片去记录！

2012-5-15 23:56　来自Android客户端　　　　赞　转发(4)｜收藏｜评论(1)

图11-3　2012年5月关于《舌尖上的中国》微博截图

微博用户对《舌尖上的中国》开展热议，内容主要包括三个方面：第一，由美食所吸引勾起关于亲情和乡情的触动和感悟；第二，被食材包含的劳动者的艰辛所震撼，纷纷感慨要珍惜食物；第三，从传统文化的传承角度出发，称赞纪录片把中国的传统和文化的魅力表现得恰到好处，于无声处展现了中华文化的内在精神。总的来说，《舌尖上的中国》是一部立意高远、制作精良、视野开阔、内容丰富、真挚动人的中国文化纪录片，它是一次成功的文化传播事件。还有研究者认为《舌尖上的中国》是一次成功的国家形象传播事件——从饮食这一最为日常的生活行为出发，通过对中国各个地域、各个民族最具代表性的美食的介绍，实现了对中国国家形象的建构和传播，同时又在很大程度上淡化了其中的主流意识形态色彩。由此，这部纪录片以一种"润物细无声"的方式，很好地实现了对中国国家形象的柔性传播。[①]

三、案例点评

在食品安全问题日益突出的今天，《舌尖上的中国》重新唤起了人们对中国传统美食的骄傲和感动。这部纪录片以美食作为窗口，让海内外观众领略中

---

① 张书端：《〈舌尖上的中国〉：国家形象柔性传播中的一次成功尝试》，《电视研究》2012年第10期。

华饮食之美，感知中国的文化传统和社会变迁，同时深入描绘了中华美食中所蕴含的处世哲学和文化内涵，是一个典型的中国文化传播的成功案例。《舌尖上的中国》作为在国际文化传播领域中国纪录片品牌建构的代表，其积极借助新媒体进行传播、营造网络舆论的气候环境，这一策略值得学习。

在中国新媒体发展历程中，2010 年微博元年；2011 年政务微博元年。2012 年是微博已经深度卷入中国民众生活的一年。在这一年，《舌尖上的中国》将"许多观众重新拉回到电视机前"是对首轮播放"收视热度"的描述。但与此同时，还有更多的人在微博网络舆情传播的影响下，打开电脑在视频网站上观看《舌尖上的中国》。以微博为代表的社交媒体，将大众传播与人际传播的特征叠加、融合在一起，使传播发生裂变效果。《舌尖上的中国》热播，提醒我们在新媒体时代，要加强国际传播、对外传播的影响力，增强我国文化传播的影响力，弘扬中华传统文化，需要充分发挥互联网传播的特性，积极主动地运用新媒体把传统文化的魅力发扬光大。

案例三 "读书无用论"与高考减招事件：文化强国不容忽视

一、案例简介

在教育历史上，"读书有用"的信条后总伴随着"读书无用"的阴影。近些年，新一轮"读书无用论"在我国一些地区流行起来。但与此同时，我国还出现过家长为了孩子能上大学，因为听闻教育厅减少高考招生名额而集体抗议的群体性事件。为何有人觉得"读书无用"，而有人认为上大学非常重要？这背后的诱因与原委究竟是怎样的？读书到底有用吗？

（一）"读书无用论"

"读书无用论"由来已久。最早的主张者也许是孔子的得意门徒仲由，即子路。他曾对老师说："有民人焉，有社稷焉，何必读书，然后为学？"（《论语·先进》）这就是说，有了人，有了土地（社）、粮食（稷），还读什么书？有饭吃就是"学"了。书能当作饭吃吗？普通老百姓相信"读书无用论"，反映的是一种缺乏远见卓识的小市民意识。作为社会宣传"读书无用论"，则是不折不扣的愚民政策。新中国成立以来，"读书无用论"引起了两次关注。一次是改革开放初期，由于市场刚刚开放，体制不完善，一大批人通过下海经商成为暴发户，出现了一些脑体倒挂的现象，"搞导弹的不如卖茶叶蛋的，拿手术刀的不如拿剃头刀的"等流行语广泛流传。①另一次就是近几年重新流行起来的新"读书无用论"。2006年3月14日，据重庆涪陵区招生办统计数据：2006年，该区有10%应届毕业生没有参加高考报名。早在2004年，东北师大农村教育研究所在辽宁、吉林、黑龙江、河南、山东、湖北6省17所农村初中进行的一项调查发现，学生平均辍学率超过40%。在中国社会转型的现阶段，因为读书贵、就业难、起薪低等原因，社会上特别是大学生群体中也开始流行"读书无用论"。这实际上指的是庞大的教育成本，置换来相对较低的回报，造成人们对读书的现实功效的一种否定与怀疑。受教育的高成本、高投入与严峻的就业现实存在较大差距，所学无处用，所用非所学，是造成此现象的普遍原因。

（二）高考减招事件

2016年5月11日起，江苏、湖北两省的部分高考学生家长分别在两省的教育厅门口大规模聚集，表达对高考生的省内录取率，尤其是一本录取率的担忧，呼吁"教育公平"。此事缘起于两天前的一则新闻，《教育部和国家发展改革委关于做好2016年普通高等教育招生计划编制和管理工作的通知》。通知中透露，江苏、湖北等12个"高等教育资源丰富"的省份将向中西部地区省区增加招生计划，其中，湖北省计划调出4万个高考招生名额，江苏计划调出3.8万个支持中西部省份，让中西部考生受益。同时家长们还发现北京没有调出名额支持中西部的任务。这一消息对湖北人和江苏人来说，无疑是一大打击，一些家长聚集在当地教育局门口打出了"反对减招"的标语。有家长表示，家里就一个孩子，全家人的希望都寄托在孩子身上，家长所耗费的心血不比学生少，面对一下子要减少这么多本省考生的名额，内心无法接受这样的事实。"马上就要高考了，现在突然告诉我们江苏省要减少这么多考生名额，把这些名额给中西部地区……如果要出台这样的政策，是不是应该早一点告诉我们？"网上流传一张2013至2015年3年各省一本录取率数据：北京、天津、上海在这3年内的平均录取率分别为：24.42%、24.05%、21.52%，而江苏只有9.66%。为此，有家长表示，北京、天津、上海等地的录取率远高于江苏，为何不先从这些地区"动刀"？针对考生和家长如此激烈的反应，5月13日晚，湖北省教育厅刘传铁厅长接受了《楚天都市报》记者采访，表示省属高校2016年在湖北的本科招生总计划不低于上一年。江苏省教育厅也在13日发出一则回应公

---

① 龙安邦：《教育价值选择的困境与对策——解读新"读书无用论"》，《河北师范大学学报》2009年第8期。

告（如图 11-4 所示）。

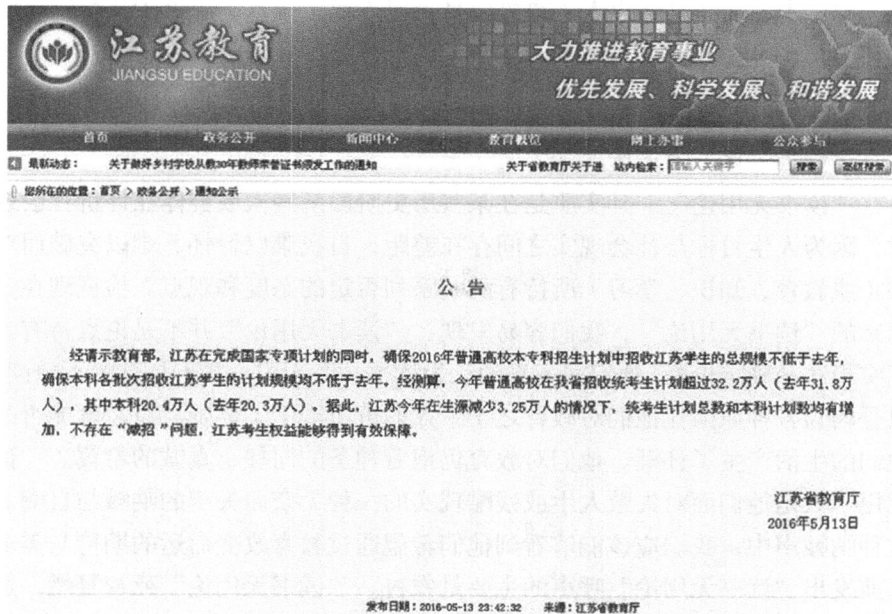

图11-4　江苏省教育厅关于"高考减招"的公告

尽管官方强调不存在"减招"问题，高考减招是误传，纯属乌龙事件。然而，家长们并不领情，官方的公告和表态显然很难平息家长们的熊熊怒火。到 5 月 14 日，依然有大量高考考生家长到当地教育部门陈情，要求"教育公平"。一些家长还手持"还我 211""还我 985""教育公平"等标语，集体喊口号表达心声。

以上两个案例，也可以用下面两个同一版本不同内容的小故事来介绍。

故事一：

中国一青年历经十年寒窗终于圆了大学梦，家里砸锅卖铁供他读书，无奈毕业后历经坎坷才找到了一份月薪数千工作，该青年仅能养活自己而无法回馈家人。更可悲的是不久他发现雇用他的老板，竟是他当年不学无术、高考落榜，而今却家财万贯、事业有成的中学同学。在高校扩招导致就业难的背景下，这个段子被用来说明"读书无用论"。

故事二：

一个家长没有能力辅导孩子写作业，在家里打工的保姆把题目拿过来后轻轻松松就把问题给解决了。二人一聊，原来是同年参加的高考，保姆还比雇主多考了若干分，结果保姆没考上，雇主却上了一本，因为前者是江苏（也可能是湖北）人，后者是北京人（也可以是天津或上海人）。这个故事针对的是2016年5月爆发的高考减招事件。

二、舆情研判

（一）"读书无用论"

"读书无用论"，其实质是在某些历史阶段某些人或群体在评价社会现象时，因为人生目标与社会现实之间存在差距，自我难以释怀、难以突破而对读书（或教育、知识、学习）所持有的一系列否定的态度和观点。检视现在流行起来的"读书无用论"，我们容易发现："读书无用论"并不是论点持有者的真实想法和确定论断。他们并不真的认为读书"没有用"，并不是真的不想读书，只是因为各种原因让他们对教育之于个人的价值产生了怀疑，对教育能否改善他们的生活产生了怀疑。他们对教育仍抱着神圣的向往、真诚的希冀。"读书无用"只是他们面对失败人生或残酷现实的一种无奈而失望的呐喊与自嘲。从这种呐喊声中，我们应该能够看到他们希望通过教育改变命运的期待与需求。目前发出"读书无用论"呼声的主要是农村。"读书无用论"死灰复燃，这是一个相当危险的信号。这种论调的危害首先体现在动摇农民对知识的追求和对教育的投资，直接导致中小学辍学率不断攀升，对农村女生造成的危害更甚。同时，这种论调会消解千百年来中国社会世代相传的"读书信仰"或"学习追求"，熄灭人们对美好人生的理想和期待，这种精神上的击毁、思想上的消沉才是更致命和可怕的。[1]

（二）高考减招事件

苏鄂考生家长们争取"教育公平"的群体性行动，以一场乌龙事件结尾，主要是对政策的误读导致的。但这件事还是引发了一系列热烈的网络舆情话题。首先，针对"教育公平"这样的敏感话题，国人需要汇集各方声音，理性与情感汇融。对于利国利民的"支援中西部地区招生协作计划"，教育系统的宣传解读工作做得不够，这是首先需要问责的一方。地方教育部门没有第一时间说清楚指标外调与本省录取率的关系；在制订调出计划时，政府部门应该第一时间公开具体涉及的批次和院校；调出之后高考的总体录取情况应该明文公示，以证实"划出"与"减招"的关系。政府工作应该做细致，这是"高考减招"事件的第一重点。

但与此同时，我们所有人都应该知道，目前我国经济社会发展存在较大的

---

① 余惠琼、张礼军：《透视农村新"读书无用论"》，《中国青年研究》2006年第9期。

地域差异。中西部地区不乏有志有才青年，却可能因为经济困难或教育资源短缺而被挡在大学校园外。他们对美好人生的期待和生活的悲情与坚忍，需要发达地区的人们深切体谅。我们的孩子，同在蓝天下，本应享有同一片灿烂的阳光。通过高考录取线、生源指标的调节，给他们增加一些受高等教育的机会，不仅事关人文情怀，也是国家整体现代化发展的需要。[①] 社会转型期，出现一些利益摩擦和极端个案本不奇怪，问题在于如何给国人以安全感、稳定感和尊严感，增强其对体制和法制的信心与认同。在一些社会事件发生后，除了指责各有关政府部门未能认真说明情况、未能积极回应民众疑问，我们更应该考虑：如何能让人心回暖，修复官民互信，创建同舟共济的民族认同。

三、案例点评

在推进社会转型、全力建设小康社会的今天，在网络舆情纷繁混杂的移动互联时代，以文化之"药"疗治网络舆情这个社会之"病"，才能治标又治本。只有柔性的文化才能促进社会机体和社会心理的调理与康复。文化铸就民族精神，传承民族认同感和归属感；文化提供价值体系，为社会系统的运行提供了指南和旗帜，为人们的日常实践建立规范与标准；文化引领时代风尚，改变人类行为；文化推动文明的进步。文化就是人的良心。只有文化回归本位，舆情才能回归主流。文化的柔性力量与温性效果，可以丰富主流舆论的内涵，增添正向舆论的风采，凝聚民心，启发民智，汇聚民力，集聚社会前进的力量。舆论是社会的皮肤，网络舆情危机好比是社会经历了一场病痛，此时社会机体与社会心理都需要疗养与抚慰。文化治理的作用，此时就是促进社会整体的康复，这对于社会长足的稳定与发展而言特别重要。不管是击破"读书无用论"的咒语，还是避免"高考减招"这类群体性事件的再发，都需要从构建社会主义核心价值体系、建设社会主义优秀文化阵地的高度来入手。

案例四　"韩媒坚称活字印刷术起源于韩国"事件

一、案例简介

印刷术是我国四大发明之一，是我国古代人民对人类文明进步做出的卓越贡献，也是国人引以为豪的精神财富。但是，20 世纪 60 年代中期以来，韩国在两个方面对我国印刷术发明权提出了挑战：一是大肆炒作出土于庆州的《无

---

① 祝华新：《高考"减招"风波：如何调和鼎鼐》，《人民周刊》2016 年第 11 期。

垢净光大陀罗尼经》，得出印刷术起源于韩国的结论；一是以高丽铸字印本《佛祖直指心体要节》为依据，得出金属活字发明于韩国的结论。[①]与此同时，韩国将他们所谓的重大成果作为重要卖点和旅游资源，并将其内容编入小学课本，广为宣传。2014年冬奥会闭幕式上，名为"与平昌同行"的8分钟表演将世界的目光由索契引向下一届主办地韩国平昌。演出最后，用韩国书法书写的英文"平昌见"辉映索契的天空。其展示方法与中国举办奥运会时呈现的活字印刷术类似。网友吐槽：是在向中国文化致敬还是赤裸裸的没文化的表现？针对这一争议，韩国wikitree网站表示，这是中国自古以东洋文化宗主国自居而带来的误会。文章称，事实上，世界现存最早的活字印刷品是韩国在1239年印刷的《南明泉和尚颂证道歌》。此文一出，引发网友热烈讨论，一度在网上展开骂战。

在百度百科中，有一条"韩国起源论"，释义如下：韩国起源论指的是韩国基于民族优越主义的观点，将中国、日本乃至世界的文化、人种或技术宣称为韩国所发明，或宣称某名人具有韩国血统的现象。"韩媒坚称活字印刷术起源于韩国"正是这一现象的典型代表。此外，在日本的互联网上曾有讹传，指出韩国为了保持韩医的独立性，有把其作为韩国固有医术来申报世界文化遗产的动向，由此与中国医学会发生论战。

二、案例点评

韩国历史上从来没有强大过，自身亦没有独立性的优秀文化，其民族文化因古代长期模仿学习带有强烈的中华色彩，连语言文字都受到汉语浓厚影响，至今韩语词汇的近70%都是汉语词。加上历史上饱受凄凌，韩国产生了不正常的民族主义情绪，由此才有坚称"活字印刷术起源于韩国"的闹剧。杜撰、歪曲、篡改历史的结果，只能换来汉文化圈国家和地区厌韩、反韩的情绪，并被世界主流所不齿。但在文化全球化传播的时代，互联网裹挟着各种舆情信息在全球化的范围内传播，"韩媒坚称活字印刷术起源于韩国"事件也带给我们警醒与反思——如何在文化全球化背景下，治理网络舆情，维护文化安全？

文化全球化的时代背景下，本土文化与外来文化、传统文化与现代文化之间的矛盾，给后发型现代化发展的中国带来了文化风险与文化安全问题。以美国为首的西方发达国家，通过互联网有意识地传播资产阶级腐朽的价值观及意识形态，不断对我国进行"西化""分化""颠覆"，网上思想舆论阵地的争夺日趋激烈，网络已成为西方敌对势力对中国进行政治战、思想战、心理战的

---

① 牛达生：《试论中韩金属活字印刷术起源之争》，《陕西历史博物馆馆刊》2014年。

工具。传统的政治斗争手段在互联网上，可以通过崭新的高效方式实现。如利用互联网串联、造谣、煽动，比在现实社会中操作容易得多，也隐蔽得多。国际反华势力造谣污蔑、恶意炒作、煽动不满情绪、挑起社会矛盾、破坏我国社会政治稳定的互联网恶劣行为越来越多。由于绕过了传统媒体运作时"议程设置"和"把关"等环节，虚假信息、谣言和极端言论在网上大量聚集，网络舆情形成的信息来源鱼龙混杂、良莠不齐，这种状况严重干扰网民的视听，也严重扰乱正常的社会秩序，对国家和社会的安定团结形成了一定的威胁。保障网络文化安全已经逐渐被各个国家所重视。在传播科技迅猛发展的今天，实现全面、准确、及时地掌握网络舆情，必须依靠先进的科技平台，运用信息化手段，构建网络文化安全监管系统。目前每个国家都开始逐步建立起自己的安全预警平台，来保证国家的文化安全、网络安全。

第十二章　社会类网络舆情传播典型案例

案例一　民意下的"PX魔咒"：广东茂名PX项目事件

一、案例简介：

2014年3月20日，茂名市下辖的高州市召开PX项目推进会，要求茂名市部分学校、单位签署《支持芳烃项目建设承诺书》，这种"硬性摊派"的做法引发群众的抵制，成为这次矛盾爆发的导火索。

3月30日上午，部分民众因当地拟建芳烃（PX）项目在市委门前聚集游行，夜间，有部分闹事者出现打砸行为，对公共设施肆意进行破坏。31日，刘先生在21CN聚投诉上反映"茂名PX项目是拿生命在开玩笑，请公开说明污染危害"，引起北京多家重要官方媒体的关注。当天茂名市人民政府发布告全体市民书，政府新闻发言人称，PX项目仍处于普及知识阶段，上马与否需听取民意才决策。如绝大多数群众反对，茂名市政府部门决不会违背民意进行决策。

4月2日，针对网上"茂名反PX项目游行造成15死300伤""坦克车进城"等传言，茂名市政府新闻办工作人员称，游行当天，警方采取了清场行动，有两人受伤，但没有人员死亡。

4月3日，茂名市政府就PX项目及事件总体处置情况召开新闻发布会。茂名市公安局副局长周沛洲称，执法处置过程中，没有打死人，在清理现场过程中，执勤民警可能误伤了围观群众，为此表示诚恳的致歉。在考虑项目上马时一定会通过各种渠道听取市民意见再进行决策，在社会没有达成充分共识前决不会启动。

自2007年厦门市民"散步"反对PX项目，至2011年大连市民反PX"游行"，以及 2012 年、2013 年发生在宁波与昆明的抗议 PX 项目事件，在公众心中演化成了环境的"天敌"，"PX 恐惧"在全国蔓延。面对这种舆论环境，茂名市政府针对 PX 项目采取了一系列预防、善后措施，但仍未能破解"PX 魔咒"。

二、舆情分析

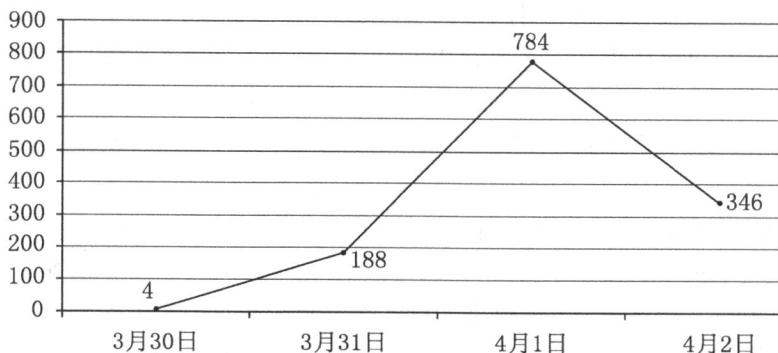

图12-1　茂名PX项目媒体关注趋势

据人民网舆情监测室监测数据显示（图 12-1），2014 年 3 月 30 日，民众聚集游行发生后，境外媒体首先对茂名市民的游行行为进行报道，给当地政府造成负面影响。国内媒体反应较慢，30 日当天未跟进报道。31 日，当地政府发布告全体市民书，国内媒体开始频频发声，报道量上升至 188 篇，舆情出现升温迹象。31 日凌晨，茂名新闻网《广东茂名市民游行反对 PX 项目政府：不法者挑唆》，引发网友大量关注，4 月 1 日呈现出飙升态势，达到峰值。此后，《茂名政府回应 PX 事件：决不会违背民意》被众多媒体转发，为政府创造了较好的舆论环境，促进危机化解，舆情趋于平息。

三、舆情点评

（一）环境事件频发唤起公众的环保意识

空气、水、土壤污染和身体健康损害问题是突发环境事件的核心问题。在过去中国经济高速发展的过程中，化工企业对环境造成损害的事例层出不穷。企业排放的废水、废气、废渣严重超标，对人们的健康产生很大损害，人们直接感受到了经济快速发展所付出的环境代价，拒绝用破坏生态换 GDP 快速增长的经济发展模式，呼吁减少污染物排放，要求问责失职官员。自 1996 年以来，一系列轰动社会公众的集体抵制环境污染项目的群体性事件相继发生，我国进入"环境敏感期"。以国内 PX 项目事件为例，从 2007 年厦门到 2014 年的茂名，网民通过微博等自媒体技术进行广泛传播，使得事件进一步发酵，群体性事件爆发升级。

（二）PX项目妖魔化，凸显政府与社会沟通障碍

面对身边出现四川沱江特大水污染事件，广东北江镉污染事故，太湖、巢湖、滇池暴发蓝藻危机，甘肃徽县血镉超标等，人们对自己身边的环境表达利益关切可以理解，但是，也要合法、科学、理性。任何工程性活动特别是化工项目都会对环境产生威胁，在美国、日本都有PX项目，离居民区也非常近，PX项目本身的安全性是可控的，主要是企业安全与环保控制措施是否严密周全、严格执行。PX项目在中国日渐被妖魔化，从辽宁大连到厦门、浙江宁波、昆明到广东茂名，不少PX项目的动工都招致当地民众反对，广东茂名PX项目在上马之前尽管做足了正面宣传，却仍未逃脱民众游行抗议的命运。虽然环保部门和化工专家对PX项目进行过多次解释说明，但仍能看到公众"散步"抗议不断重演，仍能看到"一闹就停"和"迁址复出"的拉锯不断重演，一个重要原因是缺少有效的沟通对话。

（三）"一闹就停"，影响政府公信力

在工业化进程中，重化工项目上马难以避免，重化工项目是资本密集型产业，投资大效益好，投资往往上百亿，能拉动地方GDP，因此，都被列入政府重点项目，成为书记市长项目。但从国内各地一次次的PX项目"一闹就停""迁址复出"的结果来看，公众的权利未被尊重、利益诉求没有回应，政府以"通告""告知"的形式单向度向公众传递信息，不能满足公众的关切，人们就将群体抗议作为最有效的手段。这种"群众反对就作罢"的措施，看上去是尊重民意，实际却给公众留下了"PX项目果然有问题"的印象，结果不仅当地政府的公信力受到质疑，也为PX项目在其他地方上马制造了障碍。在"环境敏感期"，政府应通过科学合理的顶层设计，建立政府、企业、社会公众平等的利益博弈平台，畅通表达、沟通渠道，通过听证会，公开环评报告、企业环境保护措施、受损群众利益补偿等信息，提高决策的民主参与度、运行透明度，实现社会利益最大化。

案例二　敲响公共管理警钟：上海外滩踩踏事件

一、案例简介

2014年12月31日23时35分，正值跨年夜活动，因很多游客、市民聚

集在上海外滩迎接新年，上海市黄浦区外滩陈毅广场东南角，通往黄浦江观景平台的人行通道阶梯处底部有人失衡跌倒，继而引发多人摔倒、叠压，致使拥挤踩踏事件发生。

2015年1月1日凌晨4时，上海市政府新闻办发布消息称：踩踏事件致35人死亡，43人受伤。事件发生后，上海市连夜成立工作组。中共中央政治局委员、上海市委书记韩正，时任上海市委副书记、市长杨雄要求全力做好伤员抢救和善后处置等工作。1日晚，上海市公安局官方微博对所谓"撒钱"导致踩踏事件做了澄清，称根据视频监控显示，抛撒"美金"一事在拥挤踩踏事件之后。1月2日，上海市政府新闻办官方微博发布消息称，"12·31"外滩陈毅广场拥挤踩踏事件已致36人死亡，47人受伤。

2015年1月21日，上海市公布12·31外滩拥挤踩踏事件调查报告，认定这是一起对群众性活动预防准备不足、现场管理不力、应对处置不当引发的拥挤踩踏，并造成重大伤亡和严重后果的公共安全责任事件。黄浦区政府和相关部门对这起事件负有不可推卸的责任。调查报告建议，对包括黄浦区区委书记周伟、黄浦区区长彭崧在内的11名党政干部进行处分。2015年1月21日，上海市公布上海外滩踩踏事件遇难者家属将获80万抚慰金。

二、舆情分析

（一）舆情发展时间趋势图

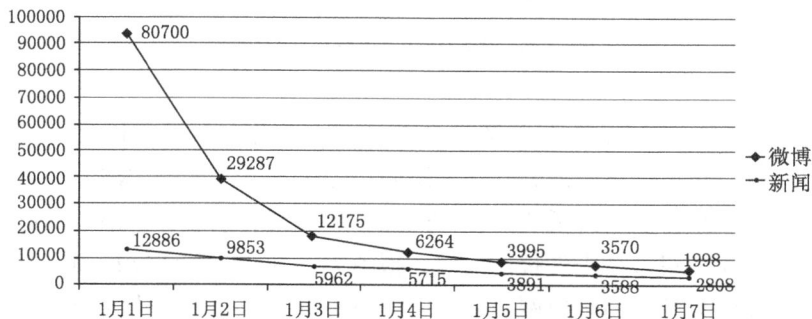

图12-2 上海踩踏事故媒体关注趋势

据人民网舆情监测室数据显示（图12-2），舆情传播互动速度较快，传播爆炸性特征明显，自媒体平台彰显信息发布的优势。从事件的传播路径来看，微博平台成为事件重要的传播源。截至2015年1月7日16时，相关网络新闻已超过4万篇，相关传统媒体报道为3324篇，相关微博超过13万条，相关微信文章超过1000篇。2014年12月31日23时30分，网友"Direction"

发微博称"外滩发生踩踏事故了，太恐怖了"，成为此事件最早的曝光源之一。2015年1月1日零时31分，上海市公安局官方微博发文称："小编刚才在市公安局指挥中心看到，有游客摔倒后，执勤民警立即赶到围成环岛，引导客流绕行。"这则微博成为新浪、搜狐、网易等商业门户网站新闻传播点。

（二）舆情发展站点分布图

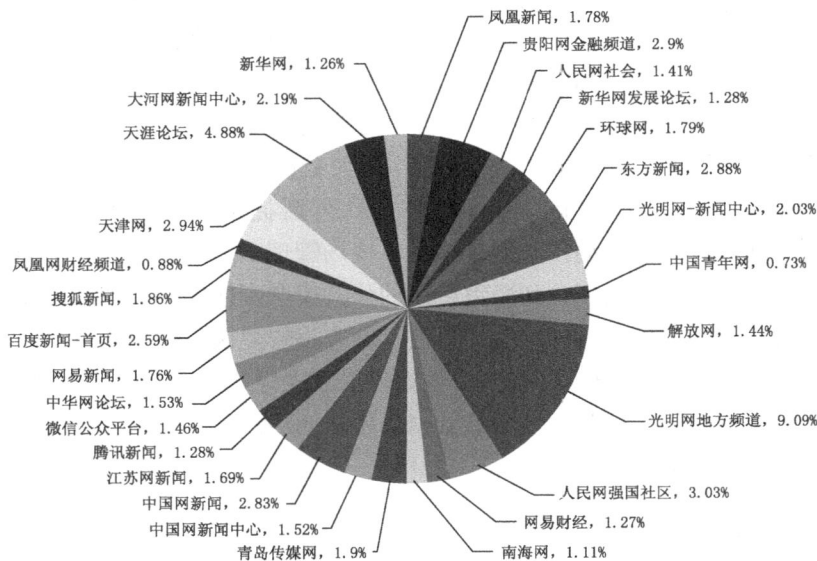

图12-3　上海踩踏事故媒体站点分布

据政安舆情监测系统数据显示（图12-3），此次舆情危机属于突发性社会灾难事件，虽发生在上海，却在一瞬间引起全国大范围的关注，并且关注度持续走高。该事件连续几天成为新闻热点，凤凰网、网易、新浪、腾讯等媒体纷纷从不同层面对整个事件报道追踪，报道力度强大，关注度极高，以上海为中心，形成强大的舆情辐射网。对于整个事件的报道，上海当地新媒体表现不俗，一直坚持滚动直播，进行快速全面的报道。

三、案例点评

（一）公众存在"和平麻痹"意识，应急预案可操作性不强

上海作为国际都市化的城市，有高耸的摩天大楼、琳琅满目的商品，也是国际资本投资中心。然而，30多条鲜活的生命让人们看到硬件建设已经达到了国际先进水平的上海，在城市软件管理水平上存在一定差距，包括公众安全

意识和政府应对机制。由于人们长期处于太平盛世，不少公众存在"和平麻痹"意识，缺少应对危机的意识、应对的方法、自救的措施，只是在防灾减灾日或某处发生灾难、造成伤亡后，才会开展有针对性的教育。踩踏事故是因为人流量瞬间激增导致通行混乱所致，对这些高危地带，政府应有应对人流量多的特别预案，事先应做出更为充分的分析和评估，包括警力配备、志愿者力量、各种保障措施等。

（二）媒体、社会各方联动，有效疏导负面情绪

对于整个事件的报道，上海当地新媒体一直坚持滚动直播，进行快速全面的报道。上海官方政务微博在事件发生后，立刻将彩色头像变更为肃穆的黑白色，来寄托对遇难者的哀悼。上海当地报纸开始反应迟钝，2015 年 1 月 2 日开始《解放日报》《文汇报》等报纸用多个版面报道了令人心碎的跨年夜。微信平台推出"微公祭"活动，数百万民众通过"敬请点击献花"表达哀思。上海本地高校也对此做出了各种回应，上海交大通过微博发布消息称：同学们，你们的安好是家人最大的牵挂。请给家人打个电话、报声平安！复旦大学官方微博推送呼吁媒体尊重逝者，不要刊登照片、挖掘隐私，让逝者安宁。各方力量联动，有效、快速平息事故带来的影响。

（三）借鉴他国经验，提高城市公共安全管理水平

安全是个体生命的保障，是国家和谐的前提，也是发达社会的重要标志。上海"跨年夜踩踏事件"引发人们深思，我国虽然已成为世界第二大经济体，公共安全还存在许多"隐患"，社会管理上仍然存在许多薄弱环节，需要大力改善提升。在同样国际大都市美国纽约，每年也都在时代广场举行欢庆新年活动，在活动现场，警察在街道上每隔一段就竖起隔离栏和防护带，严格监控现场人流，对人流流向实施明确规定。因此，在纽约时代广场虽然人群川流不息，但在严密的警戒下显得井然有序。

案例三　搭建留守儿童健康成长港湾：
毕节留守儿童被围殴致死事件

一、案例介绍

2015 年 7 月 17 日 19 时许，澎湃新闻刊发了一篇题为"毕节 15 岁留守学生遭多名同学拖出学校围殴致死，警方正调查"的新闻，最先曝出围殴事件，引发中国网、凤凰网、腾讯转载报道，也引起部分网友关注讨论。

7月17日23时41分，贵州省纳雍县公安局官方微博@平安纳雍发布微博通报此事，称犯罪嫌疑人已于当日全部抓获。

7月18日，新华网、央广网、观察者网分别以"又是毕节！贵州15岁留守学生被同学围殴致死""疑因未给同学抄袭，毕节15岁留守学生遭多名同学围殴致死""毕节15岁留守学生遭多名同学拖出学校围殴致死，保安亲眼看见未阻止"为题围绕围殴事件进行再报道，迅速推升舆情热度。其中，新华网的相关报道经新浪网转发后，共吸引17.5万人参与讨论，评论5385条。此外，微博平台上，@头条新闻对该篇报道的推送也获得超过7000次转评。综合网友评议，主要聚焦于毕节频出留守儿童事故、学校不负责任、保安形同虚设、吐槽《中华人民共和国未成年人保护法》等，其中不乏激烈言辞。

7月19日，《京华时报》《北京晚报》《北京青年报》《东南快报》《重庆商报》等众多传统媒体集中介入报道，从报道内容来看，多与此前网络报道一致。7月20日，舆情热度大幅下降，部分媒体继续发表相关评论。如《中国青年报》发"中小学校应有适当的惩戒教育"，新华网发"花样少年为何频伸暴力之手？"集中于对教育方式及防治暴力文化的探讨。

二、舆情分析

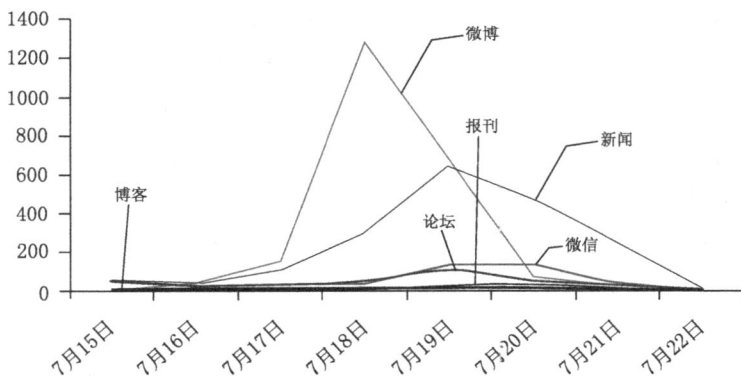

图12-4　毕节留守儿童被围殴致死事件舆情关注度走势

据人民网舆情监测室数据显示（图12-4），2015年7月17日19时许，澎湃新闻最先曝出围殴事件，引发中国网、凤凰网、腾讯转载报道，也引起部分网友关注，舆情开始急速升温。7月18日，新华网、央广网、观察者网对围殴事件进行再报道，迅速推升舆情热度，新闻关注度到达峰值。7月19日，《京华时报》《北京晚报》《北京青年报》《东南快报》《重庆商报》等众多传统媒体集中介入报道，微博、微信、论坛等自媒体纷纷加入，进一步推动舆情发展。7 月 20 日，舆情热度大幅下降，趋于平缓。

三、舆情点评

（一）校园暴力频发，映射社会积淀问题

近年来，校园斗殴、性侵、敲诈财物等暴力事件频繁发生，严重性和隐蔽性都有逐渐增加的趋势。据调查，有三分之一的中小学生有偶尔被同学欺负的经历，一半多是因"日常摩擦"引起的，女生之间的暴力逐渐增多，校园暴力行为除了殴打等身体侵害外，还有恐吓、侮辱等精神伤害行为，而且呈现低龄化、群体性、网络化特点。中小学生处于自我认识、人格形成期，行为习惯多来自于效仿。如今，电影、电视、游戏泛滥的暴力情景，加上现实生活中，通过拳头、力量解决矛盾通过网络的放大效应被未成年人效仿，导致孩子为了获得"存在感"与"成就感"，就用暴力方式来表现自己是强者、胜者。学校在追逐升学率目标的应试教育模式下，思想品德教育被习惯性地忽视。而在家庭，"独生子女"式的社会结构，父母长辈的过分溺爱，只关心学习成绩、是否能上名校，留守儿童缺少父母情感上的关注和呵护，养成了孩子"不能吃亏""不肯吃亏"的心理，助涨了校园暴力情绪。

（二）关注留守儿童，搭建健康成长安全港湾

由于我国农村劳动力的大量剩余，农村经济发展水平较低，农民工进城务工是我国经济社会快速发展过程中必经过程，他们为了解决温饱问题、过上富裕的生活，背井离乡到城里打工。在城市里，他们大多从事底层工作，收入不高，无立足之地，无法将子女带进城里，不能陪伴在自己孩子的身边。全国留守儿童共有 2000 多万，留守儿童由于缺乏亲情滋养，常常会感到遭受歧视、孤独无助、悲观寂寞，因此，或多或少有自卑、焦虑、暴躁等心理问题。各级政府和社会各界应关爱留守儿童，制定相关政策措施，给那些困难的家庭伸出援手，民政部门要加大对弱势群体的救助，将"三元免费午餐""上学路上""爱心妈妈"等制度化、长期化，各种慈善组织、基层村居和学校要做好留守儿童的照护工作，包括物质与精神、生理与心理关照，营造一个安全的社会环境。

（三）修改未成年人保护法，遏制校园暴力

校园应是阳光、宁静、安全的地方，频发的校园暴力，损害了中小学生的身心健康，社会、学校和家庭要及时阻止、教育或惩治，避免这些年幼的孩子走上歧途。但在现实生活中，多数校园暴力事件大都是由学校批评教育、纪律处分等内部处理方式，有的甚至由涉事学生家长道歉赔偿来摆平，使事情不了

了之，对欺凌者没有起到教育警示的作用。美国对校园暴力行为采取零容忍政策，一旦发现这种情况，学校立刻行动，对严重行为可以直接开除，"三名留学生施虐同胞案"的三名被告以绑架、折磨等重罪被指控，分别被判最短 6 年，最长 13 年的监禁。我国也应加快对刑法、未成年人保护法等相关法律的修订，加大对校园暴力的制约和法律惩处力度，该追究刑事责任的必须追究刑事责任。

案例四　被"虾"黑的城市形象：青岛"天价虾"

一、案例简介：

2015 年 10 月 4 日，有网友爆料称，在青岛市乐凌路"善德活海鲜烧烤家常菜"吃饭时遇到宰客事件，该网友称点菜时已向老板确认过"海捕大虾"是 38 元一份，结果结账时变成是 38 元一只，一盘虾要价 1500 余元。经游客报警之后，经过警察协调，买单 1300 多元。10 月 5 日，一则"青岛一大排档兜售天价大虾"的消息被"青岛交通广播 FM897 官方微博"转述后，引发广大媒体、网民的热切围观。

2015 年 10 月 5 日，青岛工商局 12315 指挥中心石主任说，该事已经引起青岛物价和工商部门的高度重视，目前，青岛市工商局已安排市北区市场监管局去现场调查，会视具体调查情况依法进行处理。6 日上午，青岛市物价局官微通报称，该烧烤店涉嫌误导消费者消费，青岛市物价局已责成市北区物价局根据有关法律法规予以立案处理。7 日，青岛市人民政府新闻办公室官方微博的消息称，青岛市消费者保护委员会发布《关于维护消费者合法权益的声明》。此外，青岛市旅游局、工商局、物价局、公安局还联合发布《关于进一步治理规范旅游市场秩序的通告》。

二、舆情分析

（一）舆情发展时间趋势图

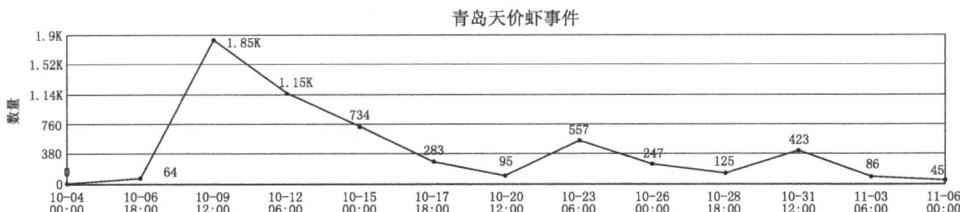

图12-5　青岛天价虾媒体关注事件趋势

据政安舆情监测系统数据显示（图12-5），10月5日，@青岛交通广播FM897：有网友发微博称，在青岛一家名为"善德活海鲜烧烤家常菜"的大排档遭遇"天价虾"。随后该微博经@头条新闻转发，转评量迅速突破5万次，吸引舆论目光。截至10月8日8时，共有相关新闻报道4162篇，论坛帖文1221篇，博客文章482篇，各类报刊报道223篇，以及新浪微博评议574920条，舆情达到峰值。

（二）舆情发展站点分布图

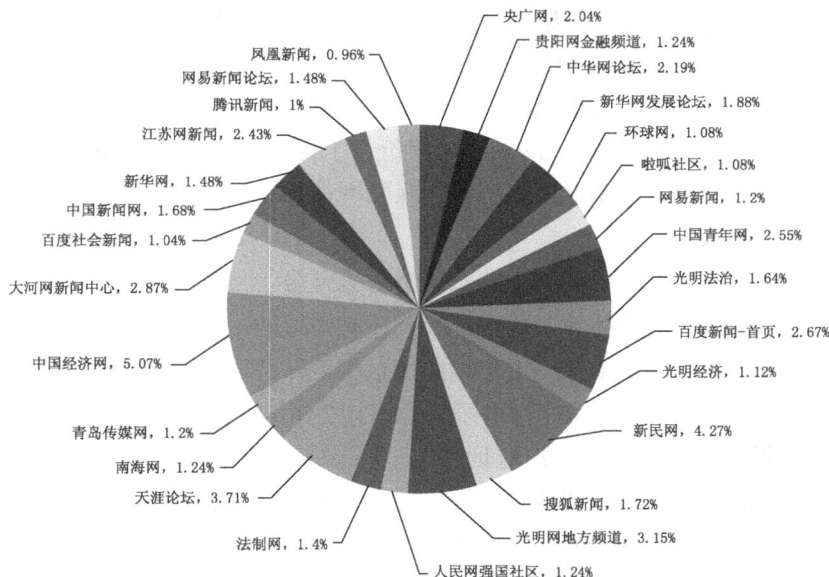

图12-6　青岛天价虾媒体站点分布

据政安舆情监测系统数据显示（图12-6），央视新闻客户端、澎湃新闻、人民网、新华网及《新京报》等诸多主流媒体的介入，"青岛天价虾"事件迅速在"十一"长假后期引发热议。自媒体微博、论坛等表现突发，加剧舆情的热度。

三、舆情点评

（一）旅游市场缺乏规范，宰客现象屡见不鲜

随着人们生活水平的提高，周末或者节假日一家人外出旅游，欣赏美景、享受美食、放松心情已是越来越多人的选择，特别是"十一"黄金周，风景区更是人满为患。同时，景区吃饭被宰，导游强迫在指定购物点买东西，黑导游对游客进行人身攻击等频频发生，成为特定时间的舆情事件。青岛天价虾、哈

尔滨万元鱼、云南被导游侮辱借助"天价""宰客""旅游""物价、公安等政府部门不作为"等词汇，而迅速在互联网发酵，各种娱乐化表达聚集成舆论，特别是针对旅游市场不合理低价团、虚假广告、购物点违法经营、非法"一日游"等问题。

（二）宰客事件严重影响地方形象

从城市形象建设及口碑塑造上来看，有的地方政府不惜巨资在央视黄金时间做广告，如"好客山东欢迎你"，但一个良好城市形象的建立与维护，仅依靠政府的力量是不够的，更需要广大的市场经营者与普通市民的积极参与。"青岛天价虾"事件发生后，10月5日至8日四天时间，新闻报道4000多篇，新浪微博评议57万条。从网上信息统计情况看，35%信息是关于宰客事件已严重影响青岛旅游城市形象，32%是对物价、工商部门不作为的批评。不少网友以博客、评论的方式调侃宰客事件，互联网信息的快速传播，宰客事件已严重影响地方形象。

（三）政府危机处置不力，助长舆情危机升级

从事件发生之初的公安、物价部门，还有当地约12345都相互推诿，到事件在网上发酵第三天，书记、市长做出批示相关部门才有了相应，地方政府反应迟钝，为网络舆论升温提供了时间。与2012年的"三亚海鲜宰客事件"政府部门的所谓"零投诉""没有证据""将对恶意攻击者依法追究责任"回应，都是政府缺少应对舆情危机的管控意识，还是以为随着时间过去就能大事化小、小事化了的工作作风，也表现出了一种权力的傲慢，只会导致舆情危机升级。

案例五　医改之痛：浙江温岭杀医案

一、案例简介

2013年10月25日8点27分，浙江省台州市温岭市第一人民医院3名医生被捅，其中耳鼻咽喉科主任医师王云杰因抢救无效死亡。行凶男子连恩青此前为该院的患者，曾于2012年3月20日，在医院做了鼻中隔纠正及双侧下鼻甲下部分切除的微创手术。因感觉不适，连恩青多次到医院投诉，并多次到其他医院就医，但均无进展。2013年10月17日，由于多家医院的复诊结论都说手术没问题，于是连恩青到温岭市卫生局反映自己的诊断结果被多家医院串通一起骗他。10月25日，连恩青持刀闯入温岭一院将耳鼻喉科主任医生王云

杰连捅数刀，之后他又捅伤了另外两名医生，血腥的现场和悲剧性的结果，引起社会震动。27 日，院方未征得死者家属同意，试图擅自将王云杰遗体送往殡仪馆火化，遭死者家属及医护人员阻拦。温岭警方出动警车赴现场维持秩序，温岭有关领导也赶往现场处理。29 日，台州市立医院上百名医护人员自发来到该院门诊大楼前静坐，以"拒绝暴力，还我尊严"为口号以此声援。

2014 年 1 月 22 日，该案在浙江省台州市中级人民法院（以下简称中院）公开开庭审理。当月 27 日，中院对该案做出一审判决，以故意杀人罪判处被告人连恩青死刑，剥夺政治权利终身。随后，连恩青不服，上诉至浙江省高级人民法院。4 月 1 日，浙江温岭杀医案终审维持死刑判决，将报最高人民法院核准。温岭杀医案震惊社会，医患纠纷再次牵动整个舆论场。4 月 8 日，国家卫生和计划生育委员会新闻发言人毛群安在举行的国家卫生和计划生育委员会例行新闻发布会上表示，暴力伤医属于违法犯罪行为，必须实行零容忍，按照有关法律严肃惩处。

二、舆情分析

温岭杀医案从 2013 年 10 月发生，到 2014 年 4 月杀人凶手伏法，舆情的发展经历了两个阶段，根据政安网络舆情监测系统提供的数据（图 12-7，图 12-8），呈现不同的发展趋势。

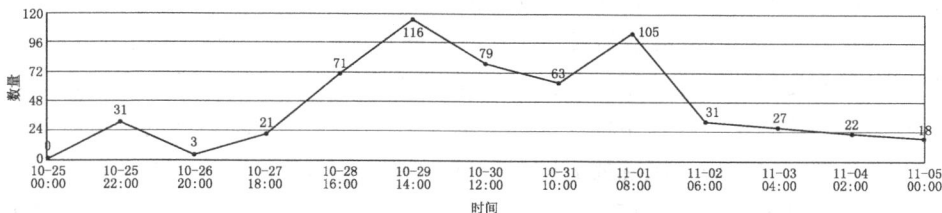

图12-7   温岭杀医案第一阶段媒体关注时间发展趋势

2014 年 10 月 25 日，网友微博爆料，温岭一院发生杀医事件。随后，浙江温岭公安在其官方微博"@温岭公安"发布了事件的经过。迅速引起全国人民广泛关注。此后，话题舆情热度快速上升。29 日，受害医生进行遗体告别仪式，并发生医生在医院举行的抗议活动，引发网友对事件的广泛关注，相关信息传播量达到第一次高峰。30 日，舆情热度略有回落，但因涉及医患关系，网友的关注并未减弱。11 月 1 日，《新京报》援引"中国政府网"官方微博报道，并受到中新网、搜狐网、中国网、凤凰网、腾讯网等大量媒体的关注，使媒体传播量呈现再次上升趋势，信息传播量达到第二次高峰。

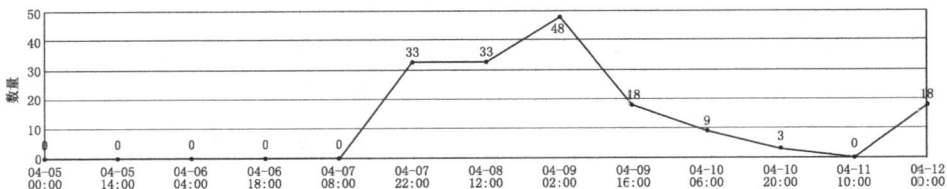

图12-8　温岭杀医案第二阶段媒体关注时间发展趋势

随着温岭杀医行凶者的判决，2014年4月媒体开始继续追踪报道。4月1日，央视报道称，高院对温岭杀医案件维持原判。4月7日，央视《面对面》栏目对被告人连恩青进行了独家专访报道，迅速引起网民强烈关注，相关舆情热度迅速上升。4月8日，国家卫生和计划生育委员会新闻发布提及浙江温岭杀医案件，引发网民热议，舆情热度较高，9日信息传播量达到高峰。各主流媒体新华网、凤凰网、《光明日报》《河北青年报》纷纷跟进报道，推动了舆情的发展。

三、舆情点评

（一）以药养医的医疗体制，激化医患矛盾

近几年，我国医患纠纷所引发的肢体冲突事件频频发生，2013年10月下旬，半个月时间就发生6起伤医事件，如此高频率的伤医事件已成为影响社会稳定重要因素之一。医患矛盾是不成功医疗改革的后遗症，而非医护人员单方责任。中国持续十几年的医疗改革，医院经营模式从传统的公立医院的救死扶伤，转向市场化、营利化的经营主体，卖药开大处方创收成为医院盈利的一个重要途径。因此，面对疾病，医院要做的是挣钱，而病人则是要疗效。患者要忍受疾病的痛苦，付出高额的医疗费，有时还落得人财两空，看病贵没有换来高水平的医疗服务，使患者和家属出现心理失衡，导致双方矛盾不断恶化。

（二）加快医疗体制改革步伐，消除医患对立的根源

从世界范围来看，奥巴马推行的美国医改方案就充满争议，而且引起强烈的抗争，医改是个世界性难题。我国有13亿人口，人均收入水平低，全国仍有7000多万农村贫困人口处于温饱线以下，城乡、区域差距大，这些基本国情，决定了医改任务更加艰巨，推进医改就要有破釜沉舟的勇气，才能打破利益集团固化的藩篱。要全面深化公立医院综合改革，健全全民基本医保体系，优化医疗卫生机构布局，合理配置医疗资源，促进基本公共卫生服务均等化，增加供给能力，弥补医疗供不应求的巨大缺口。

（三）建立独立的第三方医患纠纷调处机制，化解医患矛盾

医疗纠纷处理中的调查难、定性难、处理难，在于医患双方立场不同、诉求不同，在矛盾冲突中，缺少权威、公正、独立第三方。在温岭杀医案中，温岭一院也对这起医患纠纷进行了调解补偿，请权威专家给他免费看病，当地卫生行政部门多次进行了解释、沟通，但相互之间的不信任，最终还是走上了极端的解决之路。法院的判决虽然公正又有一定的权威性，容易得到各方的接受，但由于医疗纠纷高度的技术专业性，必须有专业机构的医疗责任鉴定才能作为判决的依据，还是离不开第三方。江西省人大率先立法明确引入第三方调解机制化解医患纠纷，从实践来看取得了较好的效果，医疗纠纷数量下降 37.7%、"医闹"事件下降 78.7%，权威的且利益独立的由医学专家、法学专家、律师、社会工作者等组成的医患纠纷第三方调解机制值得借鉴。

案例六　一座没有新闻的城市：
天津港危险品仓库爆炸事故

一、案例简介：

2015 年 8 月 12 日，位于天津市滨海新区的瑞海国际物流公司（简称瑞海公司）危险品仓库发生火灾爆炸事故，造成 165 人遇难，8 人失踪，798 人受伤，304 幢建筑物、12428 辆商品汽车、7533 个集装箱受损。截止到 2015 年 8 月 13 日早 8 点，距离爆炸已经有 8 个多小时，因为需要沙土掩埋灭火，大火仍未完全扑灭。据市民反映，事发时 10 公里范围内均有震感，爆炸造成较大伤亡、严重损失。

发生爆炸的瑞海公司仓库属于当地三大危化品中转仓库之一。国家特别重大火灾爆炸事故抢险救援处置、善后工作和事故调查工作组高度重视，先后召开了 7 次视频会议，做了 29 次批示，要求坚决贯彻落实习近平总书记、李克强总理的重要指示批示精神，确保不发生次生灾害、不发生新的人员伤亡，确保受灾群众生活不受影响。经调查，事故的直接原因是：瑞海公司危险品仓库运抵区南侧集装箱内硝化棉由于湿润剂散失出现局部干燥，在高温（天气）等因素的作用下加速分解放热，积热自燃，引起相邻集装箱内的硝化棉和其他危险化学品长时间大面积燃烧，导致堆放于运抵区的硝酸铵等危险化学品发生爆炸。瑞海公司严重违反有关法律法规，违法建设危险货物堆场，违法经营、违规储存危险货物，安全管理极其混乱，安全隐患长期存在。

此次事件的信息传播量大，中央媒体、门户网站等均有大量相关报道，微博信息转载、评论量大，话题热度高。

二、舆情分析

（一）舆情发展时间趋势图

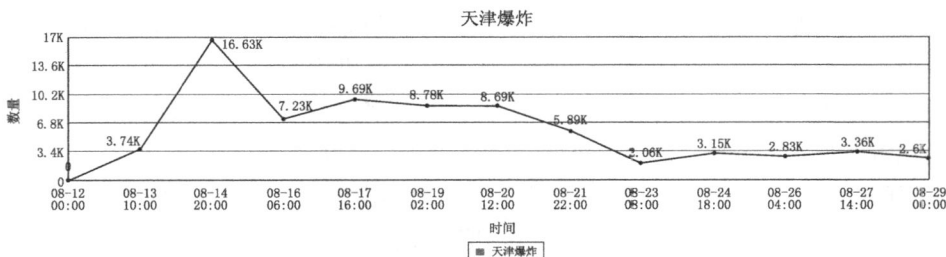

图12-9　天津港危险品爆炸事件媒体关注时间趋势

据政安舆情监测系统数据显示（图 12-9），信息发布整体呈现高位波动走势。事故当日信息发布量 103 条，主要是微博信息引起转载；次日信息量上升达到最高峰，共有相关消息 16238 条，其中事故发生次日相关信息最多，相关舆情量在 8 月 14 日达到顶峰。

（二）舆情发展站点分布图

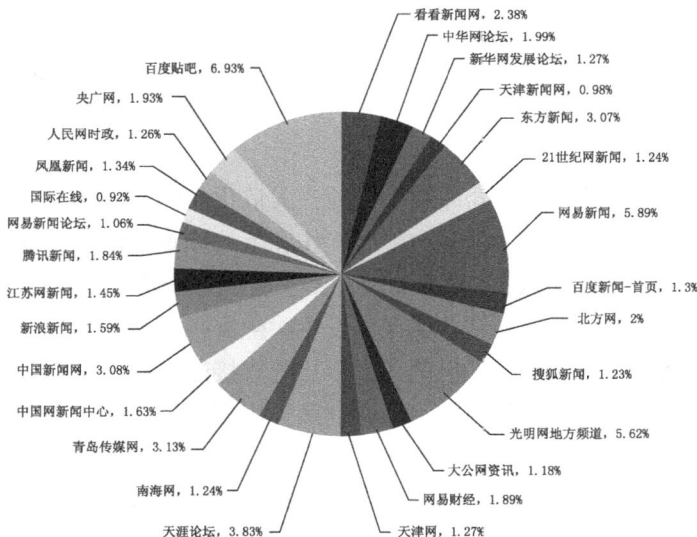

图 12-10天津港危险品爆炸事件媒体站点分布

据政安舆情监测系统数据显示（图12-10），人民日报、央视新闻、人民网、光明网、网易、凤凰网、新浪等主流媒体和门户网站，成为此事故信息的主要汇集窗口。面对事件不断升温，几大主流媒体充分发挥自身优势，主动设置议程，强化舆论话语权。主流媒体的介入报道使得灾情信息透明度大幅提升，极大满足了公众的知情权。百度贴吧、天涯论坛等自媒体关注度高，对舆情的发展产生较大影响。

三、舆情点评

（一）政府、企业、中介的失职渎职是爆炸的主要原因

瑞海公司作为危险货物经营主体，由于日常管理混乱，储存的危化品账目不清，在爆炸发生后无法立即准确说清储存的危化品地点、数量、种类。作为安全管理主体的天津市滨海新区有法不依、执法不严、监管不力、履职不到位，违法违规进行行政许可和项目审查，还有政府工作人员贪赃枉法、滥用职权。而本应独立公正的中介及技术服务机构，没有严格执行行业标准，反而为了自身利益弄虚作假，违法违规进行安全审查、评价和验收。在各方不作为下，爆炸只是时间问题。

（二）自媒体抢先发声，谣言肆虐

在互联网时代，大部分突发事件都是先从自媒体开始传播，2015年8月12日午夜，天津港大爆炸发生后的第一时间，微博、微信就充斥爆炸相关的信息、图片、视频。爆炸发生2小时后的"天津消防官方微博"是首发的官微。13日凌晨，才有主流媒体和官方微博介入报道，而天津卫视次日还在播放韩剧，16：00时才插播报道事故情况，因此网络中出现了"世界在看天津，天津在看韩剧"的舆论热点。

事故发生当晚，"爆炸污染物漂到北京"等大量谣言出现，成为微博、微信转发的热点。经过13日的发酵，网民对该舆情关注度在14日到达顶峰。@天津网警在事故发生后12小时左右，才发布首条相关辟谣消息。天津港"8·12"特别重大火灾爆炸事故发生后，国信办查处了360多个传播涉谣言信息的微博、微信账号，50家传播涉天津港火灾爆炸事故谣言的网站。直到《人民日报》专门撰文对相关爆炸谣言汇总分析，天津港事故谣言才慢慢散去。

（三）政府舆情应对能力不足，引发次生舆情

天津市政府14场新闻发布会中，开始的6场发布会由于准备不充分，反而引起人们对政府应对能力的质疑，发布会上政府主要官员缺席或失语，发言人准备不充分，自说自话，对媒体的提问一问三不知，前6场发布会媒体记者

的提问超过 60 个，过半的问题当场未得到答案，每次都导致 4 个以上次生舆情，因而成为舆论槽点。前 6 次发布会都是直播至记者提问环节就中断，与此同时，微博、微信、论坛、贴吧上，许多身在现场的网民发出图片和视频，不断拼接事故全貌，催生各类次生舆情的产生。从第七场发布会开始，除了官方公布的基本救援和环境信息外，天津官员在回答记者提问时的表现才有所改观。同时通过互联网及时发布政府掌握的信息，一定程度上遏制谣言传播。

参考文献

［1］喻国明.中国社会舆情年度报告（2015）.人民日报出版社，2015.

［2］喻国明.中国社会舆情年度报告（2014）.人民日报出版社，2014.

［3］喻国明.中国社会舆情年度报告（2013）.人民日报出版社，2013.

［4］喻国明.中国社会舆情年度报告（2012）.人民日报出版社，2013.

［5］喻国明.中国社会舆情年度报告（2011）.人民日报出版社，2011.

［6］喻国明.中国社会舆情年度报告（2010）.人民日报出版社，2010.

［7］陈崇山，孙五三.媒介·人·现代化.中国社会科学出版社，1997.

［8］陈卫星.网络传播与社会发展.北京广播学院出版社，2001.

［9］陈力丹.舆论学：舆论导向研究.中国广播电视出版社，2005.

［10］崔保国.媒介变革与社会发展.南京师范大学出版社，1999.

［11］G. W. 奥尔波特，L. 波斯特曼.谣言心理学.辽宁教育出版社，2003.

［12］郭庆光.传播学教程.中国人民大学出版社，1999.

［13］刘建明.舆论传播.清华大学出版社，2001.

［14］施拉姆.大众传播媒介与社会发展.金燕宁，等，译.华夏出版社，1990.

［15］沃特尔·李普曼.公众舆论.阎克文，江红，译.上海人民出版社，2002.

［16］张咏华.大众传播社会学.上海外语教育出版社，1998.

［17］陆扬，王毅.大众文化与传媒.三联书店上海分店出版社，2000.

［18］彭兰.中国网络媒体的第一个十年.清华大学出版社，2005.

［19］喻国明，李彪.社交网络时代的舆情管理.江苏人民出版社，2015.

［20］中国传媒大学网络舆情研究所.网络舆情及突发公共事件危机管理典

型案例.中共中央党校出版社，2014.

［21］刘上洋.中外应对网络舆情100例.百花洲文艺出版社，2011.

［22］燕道成.群体性事件中的网络舆情研究.新华出版社，2013.

［23］弗朗索瓦丝·勒莫.黑寡妇——谣言的示意及传播.唐家龙，译.商务印书馆，1999.

［24］让-诺埃尔·卡普费雷.谣言：世界最古老的传媒.郑若麟，译.上海人民出版社，2009.

［25］古斯塔夫·勒庞.乌合之众：大众心理研究，冯克利。译.中央编译出版社，2004.

［26］王国华，曾润喜，方付建.解码网络舆情.华中科技大学出版社，2014.

［27］严励，邱理.自媒体时代网络谣言的产生与变迁.新闻爱好者，2014（1）.

［28］姜胜.网络谣言的形成、传导与舆情引导机制.重庆社会科学，2012（6）.

［29］黄培光.防范网络谣言及其社会风险的法律思考.四川行政学院学报，2012（4）.

［30］胡泳.2011中国网络舆论的三大变化.党政干部参考，2011（2）.

［31］陶长春.非理性网络话语的舆论力量——以个体的视角.新闻界，2012（6）.

［32］顾丽梅.网络参与与政府治理角色变迁之反思.浙江社会科学，2011（1）.

［33］王曙光.略论网络舆论的法律规制及其理论前瞻.法学杂志，2011（4）.

［34］时飞.网络谣言的法理意蕴——基于信息纠偏、社会公正和社会公议的视角.科技与法律，2013（3）.

［35］李昌祖，许天雷.舆论与舆情的关系辨析.浙江工业大学学报：社会科学版，2009（4）.

［36］刘萍萍，汪祖柱.我国政府应对网络舆情管理的研究综述.情报探索，2012（3）.

［37］刘彦超.公安现役部队处置突发事件信息传播策略.青年记者，2014（24）.

〔38〕李波.网络舆情中微博意见领袖的培养和引导.新闻大学，2015（1）.

〔39〕郑瑜.新媒体时代的舆论引导与控制.当代传播，2008（3）.

〔40〕胡泳.我们需要什么样的网络意见领袖？.新闻记者，2012（9）.

〔41〕张涛甫.当下中国舆论引导格局的转型.当代传播，2014（2）.

〔42〕陈广娟.打通"两个舆论场"构建新闻传播新格局.新闻世界，2012（7）.

图书在版编目（CIP）数据

网络舆情理论与案例 / 蒋小花，张瑞静著 .-- 北京：
中国时代经济出版社，2017.4
ISBN 978-7-5119-2664-7

Ⅰ.①网… Ⅱ.①蒋… ②张… Ⅲ.①互联网络—舆
论—案例—世界 Ⅳ.① G206.3

中国版本图书馆 CIP 数据核字（2017）第 025900 号

书　　　名：**网络舆情理论与案例**
作　　　者：蒋小花　　张瑞静

出版发行：中国时代经济出版社
社　　　址：北京市丰台区玉林里 25 号楼
邮政编码：100069
发行热线：（010）63508271　 63508273
传　　　真：（010）63508274　 63508284
网　　　址：www.icnao.cn
电子邮箱：sdjj1116@163.com
经　　　销：各地新华书店
印　　　刷：北京市金星印务有限公司
开　　　本：710 毫米 ×1000 毫米　　　1/16
字　　　数：307 千字
印　　　张：16.25
版　　　次：2017 年 4 月第 1 版
印　　　次：2017 年 4 月第 1 次印刷
书　　　号：ISBN 978-7-5119-2664-7
定　　　价：48.00 元

本书如有破损、缺页、装订错误，请与本社发行部联系更换

版权所有　　侵权必究